本书由北京高校高精尖学科建设项目中国传媒大学"互联网信

对话与变革

智能媒体技术驱动下的国际传播

田智辉 等著

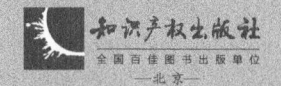

知识产权出版社
全国百佳图书出版单位
北京

图书在版编目（CIP）数据

对话与变革：智能媒体技术驱动下的国际传播 / 田智辉等著. —北京：知识产权出版社，2022.2

ISBN 978-7-5130-7832-0

Ⅰ.①对… Ⅱ.①田… Ⅲ.①智能技术—应用—文化传播—研究 Ⅳ.① G0-39

中国版本图书馆 CIP 数据核字（2021）第 231074 号

内容提要

本书以对话与变革为主线，探讨智能媒体技术下新闻传播模式面临的新变化，重新考量新闻价值与定位，梳理社会化媒体的发展与演变进程，通过案例分析社会化媒体与用户之间的双向互动机制，探究智能技术构建的新型文化寓意。全书结合国内外媒体数字化转型的发展模式和国际主流媒体对华传播的策略研究，探析媒介环境渐变下媒体新闻实践的未来走向。

本书适合互联网技术研究、新闻传播、国际传播、互联网文化研究等专业的高校师生、相关领域研究人员使用。

责任编辑：李石华　　　　　　　　责任印制：孙婷婷

对话与变革——智能媒体技术驱动下的国际传播
DUIHUA YU BIANGE——ZHINENG MEITI JISHU QUDONGXIA DE GUOJI CHUANBO

田智辉　等著

出版发行：知识产权出版社 有限责任公司	网　　址：http://www.ipph.cn
电　　话：010-82004826	http://www.laichushu.com
社　　址：北京市海淀区气象路50号院	邮　　编：100081
责编电话：010-82000860转8072	责编邮箱：lishihua@cnipr.com
发行电话：010-82000860转8101	发行传真：010-82000893
印　　刷：北京中献拓方科技发展有限公司	经　　销：新华书店、各大网上书店及相关专业书店
开　　本：720mm×1000mm　1/16	印　　张：15.25
版　　次：2022年2月第1版	印　　次：2022年2月第1次印刷
字　　数：240千字	定　　价：78.00元

ISBN 978-7-5130-7832-0

出版权专有　侵权必究
如有印装质量问题，本社负责调换。

前　言

来自全国各地的优秀学生成为我的硕士研究生，使我感到非常荣幸和自豪，同时也倍感压力。从一入学的大学毕业生，经过 2～3 年的学习和训练，将变成怎样的硕士毕业生？最终找到理想的工作才是真正的考验。作为导师，在日常生活中的引导，关键时刻的推动，学术交流的磨合，毕业论文的撰写指导等，能够做到心中有数也是不容易的。自从 2005 年开始带硕士研究生，至今已经 16 个年头了。教学相长，年轻人的新思路和闯劲给我提供了不少动力。可以说，这本书是教学实践、研究实践的结果。

技术、传播、网络、传媒、国际是我们一直关注的话题。随着智能手机的普及，App 逐渐成为一种生活方式，传播方式更便捷了。学生的成长过程也是一个自我发展的过程。一棵大树的成长，是年轮的盘旋，有众人的呵护，也有风风雨雨的侵蚀。学术交流与成就彼此是师生的日常。每周的见面话题有生活、学习、研究、研讨，甚至有争论，这就是难得的师生缘分。

十年种树确实能收获一些果实。这本书是师生共同努力、互助成长大树上的果实。以此作个留念。

一位老先生说："医生要感谢病人，教师要感谢学生，二者只有相辅相成，共同成长，才能做到相得益彰。"感恩！践行！

目　录

I 对话篇

建立对话机制的可能性——社会化媒体在中国 …………………………… 2
新闻是一种对话——新闻价值与定位的重新考量 ……………………………… 9
论用户制作内容对新闻传播的影响 ………………………………………… 16
社会化媒体环境下的传媒教育 ……………………………………………… 26
社交媒体平台的新闻传播模式 ……………………………………………… 42
爆红手游《王者荣耀》社交属性研究 ……………………………………… 50
"互联网+"时代背景下对传媒艺术人才的需求及培养对策 ……………… 61
媒介融合背景下微录（vlog）新闻的内容传播策略 ……………………… 66

II 变革篇

互联网技术特性衍生的文化寓意——更新、缓冲与纠错 ………………… 74
《纽约时报》的积极转型与创新融合 ……………………………………… 84
科技博客——是扩大认知还是创造鸿沟？ ………………………………… 93
国外媒体融合发展现状研究 ………………………………………………… 98
算法主导下的新闻业隐忧 …………………………………………………… 108
新媒体技术——新闻生产的变革力量 ……………………………………… 118

中国主要报纸的新媒体应用调查与分析……126
App 时代新闻信息生产的新特质……134
从电视购物到直播电商——逻辑演进与未来发展……141
短视频的未来内容与商业模式创新……149
短视频浪潮下 MCN 与广电的融合创新及发展前景……156
短视频的媒介环境渐变与内容产业生态……164
融媒体时代短视频的传播特色与创新……172
我国移动传播的研究状况……177
智慧媒体研究综述……187

Ⅲ 国际传播篇

主流媒体应对博客策略探析……196
《赫芬顿邮报》——互联网报纸的典范……204
谷歌与 21 世纪媒体……208
新媒体时代海外华文媒体全球传播路径研究……216
海外在华媒体数字化转型探析——以《金融时报》(FT)中文网为例……223
互联网时代对华传播的策略研究——以国际主流媒体网络中文版为例……231

I

对话篇

建立对话机制的可能性
——社会化媒体在中国

田智辉　周晓宇　翟明浩[*]

【内容摘要】在进入互联网主导的数字时代以后，人与人及其他主体之间交流的目的、方式、成果较以往都有显著变化。在中国，相对宽松的网络平台开始成为越来越多民众借以发声的工具。笔者在本文中试图聚焦于社会化媒体平台，从对话研究的理论出发，借助文献分析法阐述社会化媒体中建立对话机制所需的理论、硬件和软件及个体态度等要素，借助个案分析进行验证，从而判断政府与民众间建立网络对话机制的可能性及其未来发展的趋势。

【关键词】社会化媒体；对话机制；数字化时代

一、传播思想史中的对话研究

对话，是人类交流和沟通的一种活动和方式，自从人类拥有了语言，进入了口语传播时代以后，对话就已经产生并伴随人类发展至今。西方关于"对话"的讨论和研究，大致经历了从苏格拉底（Socrates）的古典对话哲学到西方当代对话理论与对话学说的发展历程。苏格拉底的"辩证法""完美交流"最早体现了"对话"的某些特质，开启了有关"对话"讨论的自发的萌芽期。19世纪末以来，西方思想家开始关注"交流""交往"及与之相关的"媒介"问题，涌现了一些重要的思想潮流，对话研究作为其中的一部分参与到了这场大型的讨论中来。20

---

[*] 田智辉系中国传媒大学互联网信息研究院教授；周晓宇、翟明浩系中国传媒大学2011级、2012级硕士研究生。

世纪末，随着网络的迅猛发展，人类的传播方式发生着巨大的变化——从大众传播时代媒体的"独白"转向了社会化媒体时代侧重人际传播的"对话"。"面对当代社会独白流行和技术性传播观念处于主宰的现实状况，无论是从立场还是伦理角度，对于传播研究而言，对话思想都比独白意识和技术思维具有更大的思想价值和实践意义。"❶

尽管学界普遍认为苏格拉底的对话最早体现了现代对话的某些性质，但也有人质疑和反思，对于苏格拉底的"辩证法"能否放在现代对话研究的框架中需持审慎的态度。❷对话理论的集大成者是苏联思想家米哈伊尔·巴赫金（Mikhail Bakhtin），在其对话理论中包括了三个关键词：参与、互动、对话关系。首先，参与是对话得以进行的必要条件，而沉默也是参与的一种方式。米哈伊尔·巴赫金认为，广义的对话将所有人都卷入其中，人们进入参与性对话和事件中，参与成为一种责任，也是人之所以存在的证明；其次，互动是人与人的交往交流过程中必不可少的另一个条件；最后，米哈伊尔·巴赫金所谓的"对话关系"指的是对话主体之间的关系，即对话中人与人之间的关系。❸

在《交流的无奈：传播思想史》一书中，作者约翰·达勒姆·彼得斯（John Durham Peters）也表达了与上述类似的观点。虽然该书中鲜有涉及电视、电影及因特网等20世纪出现的新媒介，但是却强调了交流作为"跨越时空的准物质连接"的特性，也就决定了交流行为本身并不限制于距离和表现形式上的障碍。在该书第一章中，作者就对比了苏格拉底和耶稣（Jesus）两种思想对于交流的不同见解。其中，在柏拉图（Plato）《斐多篇》中苏格拉底认为，如文字书写般的撒播"永远不可能达到适合接受者的境地"，它"摧毁正宗的对话，不亲切"，这种对于技术影响交流的反思实际上已经被用于评说印刷术、摄影、录音、电影、广播和电视等。苏格拉底的见解于我们的启示在于，真正的交流应该是"亲切、自由、鲜活、互动"的对话。与此相反，《对观福音书》中则极力讴歌撒播，视之为一种公平的交流形式，把如何理解、消化信息的任务交给了广大的接收

---

❶ 邱戈. 巴赫金理论的传播思想史意义 [J]. 浙江大学学报（人文社会科学版），2009（5）：21.

❷ 林功成. 对话与独白：现代交谈文化的两种模式 [D]. 西安：陕西师范大学，2005.

❸ 米哈伊尔·巴赫金. 巴赫金全集第5卷 [M]. 白春仁，顾亚铃，译. 石家庄：河北教育出版社，1998：242.

者。这两种针锋相对的意见实际上代表了两种不同的对话模式,即重视交流对象(单个个体)特性的对话模式和重视交流对象(群体)公平性的对话模式。

传播学界有关对话的研究开始于20世纪六七十年代。这方面最早的著作是美国学者阿什利·蒙塔古(Ashley Montagu)等人于1967年出版的《人的对话:透视传播》(The Human Dialogue: Perspectives on Communication)。他在这本书中对比了独白和对话两种传播观念,前者将人类的传播活动看作一种线性的、集中的传递行为,控制是这种传播活动的最终目的;后者则被理解为代表了一种特殊的交流过程。可以看出,早期研究对话的传播学者对于这个概念的认识比较模糊,但正是他们首先提出了对话研究的重要性。

20世纪80年代,西方传播学研究的转向为对话研究开辟了广阔的空间。随着对传统传播研究的反思和质疑——不论是从"认知范式"还是从"理论视角",传播研究的视野开始从关注"What"与"Why"转向"How"。描述的和定性的研究方法得到了传播学界的认可,传播是如何构建现实的这一重大课题摆在了传播学者们的面前。正是在这样的背景下,对话研究的地位愈凸显其重要性。

二、社会化媒体中的对话特性

(一)社会化媒体的概念和范畴

在进一步讨论社会化媒体的对话特性之前,我们有必要回顾一下大众媒体传播理论发展中的几个标志。在报纸、广播等依旧凸显影响力的20世纪前几十年,"魔弹论",或者称为"皮下注射理论"而大放异彩。特别是在1938年哥伦比亚广播公司的广播剧《火星人入侵地球》造成了大规模的社会恐慌以后,人们越发相信大众传播能产生奇迹般的巨大效果,也进而促进"魔弹论"成为当时主流的传播理论。虽然这一理论过度放大了大众传播对社会所造成的影响,但也令学者们开始讨论如何控制大众媒介的问题。20世纪40至60年代的主流观点"有限效果论"就是对"魔弹论"的否定。

传播理论研究热度的不断升温,令大众媒体成为传播学界关注的焦点。大众媒体,顾名思义是拥有大量受众的媒体,实现这一交流特点的技术手段各异,我们所接触到的媒介均涵盖其中,社会化媒体也不例外。

社会化媒体(Social Media)作为一个基于网络技术发展而来的新概念,其内涵和范畴在国内外一直没有统一的定论，尤其在国内，这一概念常常被译为"社交媒体""社交网络"等。虽然所指代的对象没有太大差异，但为避免混乱，本文中将 Social Media 统一为"社会化媒体"。

如果要对"社会化媒体"本身下一个定义，我们首先可以看看在国外的相关研究中对其概念的不同阐述。丹尼尔·内申斯（Daniel Nations）认为，社会化媒体是"一个社会化的传播工具，它提供信息并且保持与用户的互动"，这一定义较为简略，但是其中提到了最重要的两个特点，即信息和互动；扬·基茨曼（Jan Kietzmann）、克里斯托弗·赫-姆肯斯（Kristopher Her-mkens）、伊恩·麦卡锡（Ian McCarthy）和布鲁诺·西尔维斯特（Bruno Silvestre）在 Social media?Get serious!Understanding the functional building blocks of social media 一文中也对社会化媒体做了解释，他们认为社会化媒体是"一个为社交互动服务的媒介，是社会传播活动的父集"，这一说法虽然没有涉及具体含义的解释，但提出了社会化媒体在社会和传播学科中所处的范畴；安东尼·梅菲尔德（Antony Mayfield）在 What is Social Media? 一书中则提出了社会化媒体的以下几个特点：参与性、开放性、对话机能、社区机能、相互链接机能。以上研究侧重的角度略有不同，但在核心问题上有共通之处。对这些说法进行整合，我们得到"社会化媒体"的简要定义：社会化媒体是一个基于 Web 2.0 技术运作，通过建立或再现用户关系网来多向传播、整理和聚合用户生成内容的网络媒介。

安德烈亚斯·卡普兰（Andreas Kaplan）和迈克尔·海因（Michael Haenlein）在 Users of the world, unite!The challenges and opportunities of Social Media 一书中将社会化媒体分为了6种类型，分别是协作项目（Collaborative Projects）、博客与微博客（Blogs and Microblogs）、内容社区（Content Communities）、社交网站（Social Networking Sites）、网络虚拟游戏（Virtual Game Worlds）、网络虚拟社交（Virtual Social Worlds）。由此可以看到，社会化媒体涵盖了许多我们常用的网络服务，并已经渗透到网络生活的方方面面。

（二）社会化媒体的载体发展

广播、电视等传统工业化媒体的登场赋予人们获取周遭信息的更便捷的方式，但它们同时也成为阻碍面对面、一对一交流对话的一道屏障。对于这类从一点散发向广泛受众群的媒介，反馈的作用是有限和延时的，反馈的主体处于被动状态。时至今日，工业化媒体的成熟已经使我们难以追求苏格拉底式的理想对话，每个人处于话语交流的"孤岛"上，直接的联系局限于最迫切被需求的关系，如依靠血缘和情感建立的联系，更间接的关系建立几无可能。

然而20世纪末期社会化媒体的兴起发展提供了这样一个新的可能性——借助虚拟关系网，用户有能力通过互联网所提供的捷径连接随机或者特定的对象，这样一来，对话研究发展到网络平台上，研究者可关注的领域和角度就有了更多变化。

首先，社会化媒体的一大特征就是用户的参与性，这直接导致了其中信息的流动变得多向且交错。单个个体在这一媒介中所发出的声音纵然微弱，但是通过相同意见的汇合、碰撞、扩散就能够获得更大的影响力，那些工业化媒体也或主动或被迫地加入并发出声音。

其次，技术的扩展也令社会化媒体的影响力不断加强，特别是移动设备的便捷化、小型化、高速化和智能化加速推动了其影响力。如今几乎任何人都可以借助手机、平板电脑登录到特定平台发表意见。据中国互联网络信息中心（CNNIC）发布的第32次《中国互联网络发展状况统计报告》显示，截至2013年6月，我国网民规模达到5.91亿，其中手机网民数量达到了4.64亿。此外，2012年交流沟通类和信息获取类手机应用仍旧是手机的主流应用，用户规模和使用率均有较大幅度的增长；休闲娱乐类和电子商务类手机应用渗透率虽然相对较低，但发展速度较快，整体领域使用率看涨，成为亮点。❶可见，除硬件上的支持以外，软件部分的发展也为对话的建立提供了良好的基础。

（三）社会化媒体中的对话机制

基于社会化媒体平台展开的对话与苏格拉底时代追求的"完美对话"相去甚远，与米哈伊尔·巴赫金的对话理论亦有异同之处。问题的关键在于，参与社会化媒体平台的用户在初期其实更看重借助身份创造和自我满足来实现的自我认同，包括论坛社区中匿名或虚拟身份的建立，以及网络游戏中的角色设定、合作

---

❶ 中国互联网络信息中心（CNNIC）．第32次《中国互联网络发展状况统计报告》[EB/OL]．（2013-07-17）[2020-10-06]．http：//www.cnnic.cn/hlwfzyj/hlwxzbg/hlwtjbg/201307/t20130717_40664.htm．

对象的选等。通过网络，人们"获得了表达多种多样、往往是未曾开掘过的自我的层面的机会，他们把玩自己的身份，试验新的认同"❶。网络之所以能够同现实社会剥离开，就在于这种重构的社会带来的更多可能性。

随着使用熟练程度的加深，用户的使用目的也开始悄然发生变化。他们乐此不疲地创造话题、踊跃交换意见、建立更多联系节点、力图成为事件引导者、组织者和集体活动的参与者等。由于心态和需求上的变化，用户不再处于各自的"孤岛"上，而是开始接受更多意见的交换表达。基于这一变化，用户之间一对一的关系得以建立，微博平台上对于特定用户的关注和屏蔽行为，对于特定信息的转发、评论、收藏都是这种关系性的重复确认和加强。用户可以借此确认谁能成为朋友、哪些信息能够提供帮助、哪些个体或群体适合更进一步的交流等，它们共同构成社会化媒体平台的社交纽带。

社交纽带建立以后，用户在线上线下对于某一集体活动的协同和执行也开始通过社会化媒体对话来实现，包括发生于2010年年末至2011年年初的北非"茉莉花革命"，及同样始于2011年的美国纽约"占领华尔街"集会运动等，社会化媒体在其中都功不可没。因此，帮助建立和强化社交纽带的社会化媒体对话协同能力不容小觑。由此可见，社会化媒体正如其名，对于社会化这一特性的强调，可以被认为是从工具角度创造了新的对话机制建立的可能性。

三、社会化媒体平台的对话尝试与效果

由于互联网和社会化媒体行业发展得日渐成熟，如今国内社会化媒体用户的使用习惯与国外差异不大，以新浪微博为例，新浪微博风云榜❷公布的微博名人榜和网站排行中，娱乐类所占比例都比较大，这与推特（Twitter）的统计数据十分相似。然而正如上文所述，中国用户同样也更倾向于将这一平台作为同政府沟通对话的有力渠道。

---

❶ 胡泳.众声喧哗：网络时代的个人表达与公众讨论[M].桂林：广西师范大学出版社，2008：124.

❷ 新浪微博风云榜[EB/OL].（2011-05-01）[2021-11-28].http://data.weibo.com/top?bottomnav=1 & wvr=5.

根据2013年5月6日新浪发布的《2013年第一季度新浪政务微博报告》显示，新浪认证的政务微博数已经达到7万余个，发博总数超过4000万条，被网友转评超2.1亿次。该报告还显示，我国政务微博对评论与私信这样的互动功能的使用行为在总体使用行为中的占比已经提升至50%，这表明政务微博已经实现了从发布平台到互动平台的转型，提供了新的对话可能性。例如，2011年11月30日，北京市人民政府新闻办公室官方微博更名为"北京发布"，旨在及时发布权威的北京政务信息，并开展与网友的互动交流，包括北京市发改委、北京市公安局等多个北京市政府微博账号都加入其中。"北京发布"账号主页开通了留言、咨询、投诉、表扬、投票调研等功能，它们都在一定程度上展现了政府尝试积极沟通的态度。"北京发布"账号中多以公告、服务信息为主，网民用户在此基础以社交媒体为中介，通过发布博文、@相关账号、转发内容、使用评论等功能尝试与政务微博进行对话，促进政府相关部门对社会问题的注意与跟进。

四、结语

基于以上分析，我们可以得知，在社会化媒体平台上建立对话机制，有许多条件已得到满足：相关技术已经日趋成熟，硬件设备和相关应用的获取使用对于民众和政府而言都并非难事，社会化媒体上的基本特性满足了信息传播的条件、用户的交流欲望及建立对话的基本需求，民众借助该平台向政府发声的积极性也越来越高。就目前而言，政府能否及时优化网络监管模式、重视民意、积极主动建立和打开对话渠道，是进一步提高社会化媒体对话机制建立可能性的重要一环。

新闻是一种对话
——新闻价值与定位的重新考量

田智辉　梁丽君　高　枝[*]

【内容摘要】 新闻的发布不再仅仅是单条消息报道，公众舆论发酵下的后续跟进，发掘事件背后的人物关系、事态成因，对新闻事件的评论等，信息的N次传播中，对话成为新闻的一种表达方式。在当下社交媒体广泛参与的媒体环境下，新闻再度派生出对话功能。信息的再加工、记者的深度评论、网友的首曝线索、公众的评价须通过彼此的对话完成，对话也必然成为新闻从业者必备的素养，成为整个新闻业新的从业机制。

【关键词】 新媒介；新闻；对话；新闻的新内涵

在我国，长期以来被学界和业界普遍认可的有关新闻的定义，即为1943年9月1日陆定一在《解放日报》上发表的《我们对于新闻学的基本观点》中提到的："新闻的定义，就是新近发生的事实的报道。"[1] 该定义站在传者的角度强调了新闻的客观性。而范长江先生在1961年发表的《记者工作随想》一文中提到的新闻的定义，即"什么算是新闻呢？我觉得，新闻是广大群众欲知、应知而未知的重要的事实。这个说法不一定全面，但是，它贯穿了一个为群众服务的精神"[2]。该定义则是从受众的需求角度强调新闻的价值和真实性。综合来看，经典的新闻定义强调新闻对事实的忠诚，但却只是站在单向度的传播角度。

---

*田智辉系中国传媒大学互联网信息研究院教授；梁丽君、高枝系中国传媒大学2013级硕士研究生。

[1] 雷跃捷．新闻理论 [M]．北京：中国传媒大学出版社，1997：3.
[2] 范长江．记者工作随想 [J]．新闻战线，1979（1）：15.

对话与变革
——智能媒体技术驱动下的国际传播

随着媒介技术的日新月异，媒介环境的改变使新闻传者和受众之间的界限变得模糊，使新闻的呈现方式不再是静态的事实报道，而是成为动态拼接出的信息图景。在"抗战胜利70周年大阅兵"等事件中，传统媒介、网络媒介、移动媒介的媒介联动，传统媒体的报道、普通民众的分享共同还原了"正在发生"的新闻现场原貌。更为难能可贵的是，双向互动的公众评论成为新闻的重要组成部分之一，"看新闻必看评论，甚至专看评论"所折射的正是当前媒介环境中的受众新闻素养。公众对事件的看法，不管是质疑性的追责问责，还是感性化的情感认同，都在某种程度上催化了新闻事件的后续跟进，从而还原了新闻中事实的真相。诚然，在评论当中有众多带有个人倾向的"一面之词"，但正是这些不同观点从不同侧面拼接了事实原貌，以及由不同意见的"交锋"所诱发的事实背后的深入思考，更加培植了公众的理性。必然，在评论中有情感宣泄的"噪声"，但这同时也是舆情表达的一种方式，言之有物的观点是舆情，情感偏向也是舆情态势的指标。在"传者—传者""传者—受众""受众—受众"的动态互动及多维媒介的对话中，"微博社交媒体发酵的新闻议程设置、传统媒体的调查报道、公众自发的信息分享、受众评论的舆论效应、新闻报道的不断推进"共同完成了新闻的动态传播，也不断修正、印证着多方信息，从而还原新闻的真相。

一、受众的需求从获取信息到解读信息

美国纪录片制片人查尔斯·斯特林（Charles Sterling）在《大众传媒革命》一书中写道："传统新闻媒体的聚合及当今新闻报道向网络的迁移，正在彻底改变并扩展传统的新闻定义。"[1] 传统的新闻定义将新闻看作传者或者受众的单向度表达。其实，作为信息传播的新闻实践应该完整囊括传者、受众、媒介三要素，只有三者形成传播的闭合链条，传播关系才能成立，所以"传者—媒介—受众—媒介—传者"的双向互动和对话成为新闻实践中必不可缺的一环。受众必须接触到某个媒介或者看到、听到某条信息，这样这个传播过程才成立，媒介、传者、受众之间的互动关系才出现。否则，再丰富的信息，没有被受众接收到的信息便

---

[1] 查尔斯·斯特林.大众传媒革命[M].王家全，崔元磊，张祎，译.北京：中国人民大学出版社，2014：14.

失去一切意义，成为在信息空间中的僵尸或幽灵。❶

在当下复杂的媒介环境中，海量信息爆发，传播媒介并用，新闻对于人们而言不再是过去时，而是进行时。加之媒介技术的即时性、网络催生的人与人之间的"黏性"，使更多人在短时间内共同"亲临现场"，围观事件。每天被各种信息包围、各大新闻 App 的实时推送、朋友圈或微博的刷屏、传统媒体的跟进报道使大众自觉或不自觉地参与到新闻事件的了解中。从人的需求层次而言，媒介技术和网络黏性使受众"获取信息"的需求在当下能够很容易得到满足。相应地，获得基本满足的需要就不再是一股激励力量。❷ 在此基础上，受众将寻求更高层次的"解读信息"的需求，事件本身已人人皆知，而背后的深层原因和评论分析则成为受众的真正关注点。受众与事件本身之间的互动和对话则成为新闻新的表达方式。任何一条新闻的发布不再仅仅是单条消息报道，公众舆论发酵下的后续跟进，发掘事件背后的人物关系、事态成因，对新闻事件的评论则以更高的视角看待事件趋势和舆情态势。在受众的接收过程中，新闻的交互性和议论性增强，促使新闻成为一个发现的过程。新闻可能不在大众媒体中产生，而在反馈、交互和议论中逐渐产生、二次发现新闻，再次进行传播，从而形成新闻。❸

二、新闻的表达从"传者导向"的话语模式到多样媒介表达的"众声喧哗"

传统时代，新闻的五要素（时间、地点、人物、事件、原因）以线性组合的方式呈现，体现编辑意图的事件报道按照事件逻辑展开，完整的新闻信息源很大程度上集中在传者手中。而在新媒体语境下，新闻以非线性的超文本的方式传播，点对点的传播，倡导对话和互动，更多呈现出的是短小零散的"信息碎片"。这些作为新闻要素的信息碎片，还算不上严格意义上的新闻，只有当其被按照一定逻辑进行组织、集成后，才能算得上新闻。一条微博的传播："一般来说，某

---

❶ 陈响园."新闻是新近信息的媒介互动"：试论新媒体传播背景下"新闻"的定义[J]. 编辑之友，2013（11）：45.

❷ 马斯洛. 人类动机的理论[M]. 许金声，等译. 北京：中国人民大学出版社，2007：46.

❸ 谭天，刘云飞，丁卯. 新媒体语境下的"新闻"界定[J]. 新闻界，2012（12）：6.

一层次的需要相对满足了,就会向高一层次发展,追求更高一层次的需要。在信息往往是残缺的新闻中,只有时间和地点是确定的,但是人物身份、事件原因往往缺失,这样的信息在新媒体语境下比比皆是。"[1]清华大学的彭兰教授认为:"虽然每个网民只是提供了一些零散的'碎片',但是,当关键的碎片拼贴在一起时,当它们与专业媒体所提供的图景组合在一起时,最终呈现出来的景象,会比仅仅由专业媒体所描绘的景象,要更为丰富、立体、真实。"[2]

首先,大量新闻报道遵循"社交平台上的碎片事件—网络的热评和讨论—传统媒体的跟进报道—社交媒体的核裂变式传播热议—新闻的后续跟进"这样的传播路径,新闻的表达方式成为一种动态的、过程性的、对话性的信息聚合。碎片化信息在滚动中最终倒逼拼凑出新闻的事件原貌。

其次,新闻的表述方式不仅仅局限在"高、大、全"的宏观叙述中,更多的新闻以微观视角、故事化叙述展开,两会报道中除却各项提案政策的官方文本,更多关注的是提案背后的民生事件、政策解读落地的百姓实惠,人文的、故事化的新闻语态正契合了新媒体语境下的受众语言,也更加使传者和受众之间的对话可以进行,从而使新闻信息能够在民生百态中得到印证、补充和还原。

再次,多样化的媒介表达方式,集文字、图片、音频和视频于一体的全媒体的传播语态,使传者和受众的对话更具有情境性和互动感,摆脱了生硬单一的文本模式。与此同时,任何一条新闻的发布,都不再是单一的媒介形态"独当一面",报纸、电视广播、互联网、手机社交媒介联动发布是当下新闻表达的常态。游离在各种媒介接触中的受众,不断地获得信息,再不断地整合信息、发表评论,从而进行二次传播。

最后,复杂媒介环境中新闻表达方式的转换为受众的意见表达、二次传播提供了可能;反过来,受众意识的觉醒和媒介素养的提高,使新闻的表达突破"传者导向"的话语模式,从而呈现出多样媒介表达的"众声喧哗"。

---

[1] 谭天,刘云飞,丁卯. 新媒体语境下的"新闻"界定 [J]. 新闻界,2012(12):6.
[2] 彭兰. 碎片化社会背景下的碎片化传播及其价值实现 [J]. 今传媒,2011(10):8.

三、新闻的从业机制从编辑报道权独大到与受众互动合作模式

互联网技术打破了传统新闻业传受双方的明显界限,新媒介环境中,人人都是受众,同时人人都可以是新闻的传播者。这使传统的新闻业不得不重新思考一个问题:新闻从业者该何去何从?

首先,人工智能(AI)技术的发展使传统新闻业的记者和编辑得以"解脱"。2014年7月,美联社宣布即将启动一种全新的财报新闻撰写方式:机器人写作。这个技术平台能够接收几乎任何数据格式(APIs、XML、CSVs、Spreadsheets等),然后通过算法找出数据特点趋势与内容的来龙去脉,生成叙述性的长短文章、报表、可视化图形。目前,AI有超过3亿模版可供不同的新闻源使用。仅2013年,这个平台就生产了3亿篇新闻,比地球上所有媒体加起来的新闻还要多。❶ 确实,新闻五要素的必备表达、倒金字塔结构的固定程式,使传统新闻业的记者和编辑从简单的、重复的传统新闻语态中脱离出来,但从侧面也说明,传统新闻传者的编辑权在某种程度上正在被技术消解。

其次,群众记者的崛起。得益于社交媒体的即时性、低门槛、广泛性特点,突发事件发生时,闻风而动的传统记者的信息的传播效度远远不如亲临现场的目击者好。甚至,传统媒体报道中的图片和新闻线索也来源于群众记者的一手材料。2008年12月,发生在印度孟买的连环爆炸案震惊世界。在新闻传播领域,此次孟买爆炸案的报道则具有划时代的意义,它标志着以社交网络为传播渠道的"群众记者"报道形式正式登上历史舞台。连环恐怖袭击事件后,以推特为代表的社交网站用户不断更新文章,用直播方式公布事件的最新进展,美国知名杂志《福布斯》甚至称之为"推特时刻"。这些都凸显了新闻报道中群众发挥着日益重要的作用。在第一次袭击发生5秒钟之内,推特网站上已经出现了80条消息。一些帖子对现场进行更新报道,有些博客内容表示可以向新闻界提供线索帮助。❷ 这样,传统新闻记者的报道任务在某种程度上被更多的普通民众分担。

---

❶ 赵赛坡.机器人写新闻:人与机器的赛跑,到底谁是赢者?[EB/OL].(2005-10-06)[2020-10-06].http://tech.ifeng.com/a/20150109/40937447_0.shtml.

❷ 程义峰.网络"群众记者"新军涌现 带来舆论变革[EB/OL].(2015-10-06)[2020-10-06].http://news.xinhuanet.com/newmedia/2010-01-25/content_12868394.htm.

但是，机器人写的新闻毕竟难免流于生硬的"格式化新闻"，量多而未必质高，在当下丰富的新闻语态表达下，资深记者人性化的、用词考究的新闻思维、深度的新闻评论和分析成为当下新闻的"看点"，也更加成为当下受众的新闻诉求点。群众在新闻线索和现场发布方面固然抢占先机，但一篇上乘的新闻报道则需在万千信息碎片中去粗取精、去伪存真，用专业的叙述逻辑和完整表达还原新闻事实真相，从而赢得新闻的公信力。

在这个过程中，信息的再加工、记者的深度评论、网友的首曝线索、公众的评价都是通过彼此的对话完成的：传者与新闻事件的对话、新闻各个信息碎片间的对话、专业记者和群众记者的对话、受众与新闻报道的对话等，正是这样的一种互动和联通，使新闻事件呈现出完整、真实、多角度的原貌。而对话也必然成为新闻从业者必备的素养，成为整个新闻业新的从业机制。

四、新闻的功能从传递信息本身到成为传受双方的互动传播路径

中国人民大学的杨保军教授从本体和派生两个层次的角度认为："新闻的功能有两个层次，一是本体功能、二是派生功能。本体功能就是新闻作为一种特殊的事实信息的功能，它是新闻最基本的功能、定位功能、表层功能；派生功能则体现为政治功能、经济功能、舆论功能、文化功能，它是新闻的深层功能。"[1]

诚然，在新媒体环境中，新闻传达信息的功能及通过有效信息聚合来了解某个事件的概况，随着时间累积可了解某个领域、某个行业的概况，从而衍生出新闻监测环境、政治参与、舆论引导的功能，久而久之，影响整个社会的文化氛围。但这些功能更多的是以"新闻业"为传播主体为定位的，在当下社交媒体广泛参与的媒体环境下，新闻再度派生出对话功能，即新闻本身传达的不仅仅是一种事实信息，更加建构了传受双方可供互动、互联、互通的传播路径。

《多种声音，一个世界》的作者之一肖恩·麦克布赖德（Sean Macbride）这样写道："在整个历史进程中，人类一直在设法改进对于周围事物的消息情报的接收能力和吸收能力，同时又设法提高自己本身传播消息情报的速度、清晰度，并使方法多样化。这种努力之所以必要，首先是为了创造条件对在他面前可能潜伏的

---

[1] 杨保军.论新闻的本体功能和派生功能 [J].理论月刊，2010（3）：7.

种种危险心中有数，然后也为了能和大家一起看到共同对付这些危险的可能性。"❶正是基于这样的受众诉求，而新闻又恰如其分地提供了对话的路径和表达的话题。

例如，2015年国庆期间"青岛38元一只虾事件"却在民众中激起千层浪。从事件传播的路径来看，2015年10月5日，当事人肖先生通过微博社交媒体爆料事实，引爆舆情，专业记者及时介入，呈现新闻事实。

微博曝光为公众设置了媒介议程，在整个事件本身的过程中，不管是微博的碎片化新闻，还是后续跟进的媒体报道，新闻本身具有了"话题性"信息和可供对话的表达路径。正是通过对此条新闻所构建的对话路径，当事人与网友对话，引发情感共鸣；碎片化新闻与记者对话，推动新闻调查；舆论与事件相关部门对话，监督执行效度。新闻所承载的不仅仅是"青岛38元一只虾"的话题谈资，而是一种路径，是更多民众通过此条新闻所传达的意见表达和价值诉求，并且这种舆论最终会推进新闻调查、落实处理意见，甚至影响政策出台。而新闻所提供的这种路径就是新闻的对话功能。

基于新闻的对话功能，它使新闻对本体功能，即传达事实信息本身的功能得到延伸，又使新闻的监督功能得以实现和保障。新媒体环境下，一切的新闻都会走到"网上"，但新闻的对话功能使新闻不可能再像之前的报道，让百姓"一阅而过"，而是公众议程的开始，使新闻事件再度线下还原、线下处理甚至线下反思。总之，新闻的价值存在于受众的接受过程中。新闻与受众对话的交互性和议论性增强，促使新闻成为一个发现的过程。在反馈、交互和议论中逐渐产生、二次发现新闻，再次进行传播，从而形成新闻。新闻业的发展不得不依赖对话模式来重新发掘新闻的价值和定位，新闻本身所衍生的沟通路径使新闻的对话功能得到进一步深化，使新闻的内涵更加丰富，突破了单向度的文本线性模式，而表现为一种新闻传受双方的互动和对话。

---

❶ 肖恩·麦克布赖德等. 多种声音，一个世界[M]. 北京：中国对外翻译出版公司，1981：2.

论用户制作内容对新闻传播的影响

田智辉[*]

【内容摘要】近年来，互联网用户制作内容的影响日渐广泛和深远，从"9·11"事件、美国弗吉尼亚理工大学枪击案、伦敦爆炸案到海啸灾难等，由于用户的参与，这些重大新闻事件的报道与传播更快捷、公开和透明。本文将从用户制作内容如何影响新闻传播模式及大众如何参与改变新闻报道等方面进行探讨。

【关键词】传播模式；用户制作；受众反馈；互联网用户

一、谁在制作网上内容？

网络技术颠覆了传统受众的概念，受众从被动的接受者变为"内容贡献者"或"内容制作者"，博客让个人门户成为可能，播客/视频共享让个人电台、电视台成为可能，而炫客则使互联网用户将博客、播客、个人相册和闪客技术完美地融合起来。网络新技术的形成对新闻传播模式的冲击是非常大的。博客、简易信息聚合（RSS）等新型传播手段将信息传播主动权还给了大众，为个体提供了一个信息生产、积累、共享传播的独立空间，形成了个人信息管理的一种自媒体。最大的在线传播市场已经出现，因为内容制作的费用极低，不用为内容提供者付费，图片无须处理，不用纸张，也不需发行频道。因此，目标最明确的、最容易衡量的广告方式也会随之而来。

从传统意义上来说，报纸是文字的传播载体，是制作文字供读者阅读各种新闻的渠道；电视是观众观看视频新闻的唯一来源。然而，现在人们在网上可以制

---

[*] 田智辉系中国传媒大学互联网信息研究院教授。

作文字新闻、视频新闻、Flash新闻、幻灯片新闻、个人网站、博客及图片收集等。传统媒介机构与网络时代传播者的最大区别是,前者是一个机构,一个组织或一个团体来做的,而网络是供个人施展的平台,个人能在网络平台上借助免费软件完成报纸和电视的编辑、制作和发行工作。可以说,内容制作、新闻制作的模式完全被颠覆了。提供免费制作文字、图片的网络工具服务提供商如博客、雅虎网络相册既是一个网站,也是网民的社区。它是一个集工具、内容、发行于一体,完全网络化的信息提供频道。

传统的大众媒体、主流媒体,其优势是有新闻源、有公信力、有记者报道,最主要是有绝对的发布优势,如通过报纸、电视、广播或杂志等,实现了"内容为王"一统天下的格局。面对互联的网络,面对网民的创作热情,面对媒体使用的简易技术,任何人制作的内容都可以发布是所有媒体机构及人员需要思考的问题。

二、从受众到用户的嬗变

数字化时代带来的一个最大变化是媒介传统意义上服务对象的角色转变,即媒体面对的不再是传统意义上仅具有选择或者不选择权利的被动的受众,而是产生一种"用户型"的全新受众模式。马歇尔·麦克卢汉(Marshall McLuhan)认为:"一切形式的货物运输和信息传输,包括隐喻的运输和交换。每一种形式的运输都不只是简单的搬运,而且涉及发讯者、收讯者和讯息的变换和转换。"[1]自大众媒介产生以来,受众是传播媒体的内容发送目标。随着互联网的发展,受众完成了向用户蜕变的过程,拥有了像传播媒体那样的发布能力。大众传媒时代,受众是新闻传播机构船上的乘客,而现在,他们则有了属于自己的船。过去产生分化的受众如今可以彼此相互联系,与世界进行交流的工具可以轻易获取。过去,读者是报纸发行对象;如今,用户有了一个廉价的出版方式——博客,能告知全世界。博客的功能是点击出版,超链接,按逆时间排序,易于使用,"零技术,零编辑,零风险"。曾经,听众只能按照电台的调频来听喜爱的广播;如今,

---

[1] 马歇尔·麦克卢汉.理解媒介:论人的延伸[M].何道宽,译.北京:商务印书馆,2000:127.

播客将电台给了听众。使用者的制作能力甚至超过广播台的制播人员。曾经，拍摄、剪辑和发布视频是属于电视的专利，只有电视台有能力为观众提供电视画面；如今，视频制作对于用户来说也是触手可及，而且"前观众"参与制作的网络视频内容既好又快。曾经，编辑是受众的新闻把关人，决定什么是头条；如今，用户可以自己编辑新闻，自己选择主页的内容。凡此种种深刻表明，用户制作内容正极大程度上改变着传统新闻的传播模式。

受众被动接受信息的缺陷在互联网时代已经逐渐消失。新闻不是独白，而是一种对话，是共同分享事实，共同回答问题、表达思想和意见。微软公司技术政策高级指导安迪·莫斯（Andy Mos）说，"用户制作内容"将意味着用户真正在创造自己。随着摄像机和编辑设备价格的不断下降，在线网站将使业余爱好者也能够制作出精良的作品，还能因此获得赞助。这种根本性改变将会由13岁到20岁的年轻人引领。安迪·莫斯认为："我们是在个人电脑上成长起来的，而他们是和互联网社区一起成长起来，并能创作自己的内容。这是另一种全面的转移。"鲁伯特·默多克（Rupert Murdoch）也有同感："女儿是数字土著，我是数字移民。因此，我的空间、脸书（Facebook）等社会网络站点备受瞩目也就毫不奇怪了。"

用户是积极参与的、可以互动的受众。用户媒体倡导者丹·吉尔默（Dan Gilmor）认为，"以往的受众"是指那些被新闻从业人员用来提高注意力的工具，是单向传输及自上而下的媒介消费旧模式。前路透社媒介执行官、著名的新媒体专家杰夫·贾维斯（Jeff Jarvis）就受众问题提出了一条媒介法则："把控制媒介的权利给受众，他们就会利用它。如果不把控制媒体的权利给受众，你将会失去一切。"美联社首席执行官（CEO）汤姆·柯利（Tom Curley）向人们揭示了这一点："用户自己将决定他们参与媒介的所有关键因素——运用什么样的方式、使用什么样的设备，在什么时间、什么地点。"英国广播公司（BBC）总裁马克·汤普森（Mark Thompson）更是创造了一个术语——"积极的观众"，专指那些并不愿意只是被动地接受信息，而是积极地投入参与、讨论、创作、交流及分享之中的受众—互联网应用者。在网络上，用户倾向于在他们喜爱的空间里创建社区。如果要吸引周围社区的注意力，必须提供一些新颖的东西，一些高质量的内容就能引起用户的足够兴趣并将他们的创作进行参与、整合。媒介巨头鲁伯特·默多克曾就受众这一问题告诫美国的报纸编辑们："受众希望能够控制媒体而不是被媒体控制。"博客的创始人之一戴夫·维纳（Dave Winer）在1994年的时候就认为："受众一旦拿到了控制权就再也不会将其归还。"

三、媒体面对用户制作内容的发展路径

面对用户制作内容对新闻媒体日渐强烈的影响，媒体如何有效利用、吸收用户制作内容，这将是摆在媒体面前不容回避的问题。

（一）聚合用户内容

让用户参与已经成为主流媒体工作的一部分。用户制作内容的发展过程，从信息发布历史来看，个人是最早的信息内容制作者。之后，随着借助各种传播工具的发明，由控制传媒机构的人或单位进行传播或信息发布。互联网时代与用户一起创作，不仅要开放内容，还要邀请用户参与创造内容。主流电视媒体应变策略之一就是要推出自己的用户参与视频频道，或把节目放在公共视频制作网站上，如 You Tube。

2006年7月31日，CNN以CNN Exchange交换所的名义推出自己的用户自制内容网"我的报道"（iReport），以应对"You Tube"和"我的新闻"（OhmyNews）这样的用户制作网站。该网站依附于CNN.com，所有人均可以给这个网站提供文章、图片和视频，同时也可以以邮件的方式提供素材。使用交换所能为CNN.com的用户创造一个类似一站式的商店，与其他互联网用户分享他们的内容。北京时间2007年4月17日，在美国各媒体报道当地时间2007年4月16日发生的弗吉尼亚校园枪击事件的过程中，博客、拍照手机提供的新闻成为第一手新闻来源。弗吉尼亚理工学院研究生贾迈勒·阿尔巴古蒂（Jamal Albarghouti）距事发地不到200米，用手机摄下第一现场，并把素材发到I-Report。枪击事件发生之后，一个网名为"icantread01"的博客用户在自己的博客上贴出了女友遭到枪击并受伤的经历。随后，加拿大新闻世界、美国全国公用电台及MTV新闻网的记者都纷纷在他博客里留言，试图与他联系并希望能通过他了解其女友的具体情况。

CNN.com资深副总裁兼执行总编米奇·盖尔曼（Mitch Gelman）说，无论是线上还是线下，用户制作内容对新闻传播的发展具有潜在的巨大作用。各大媒体

对话与变革
——智能媒体技术驱动下的国际传播

对博客的兴趣表明，用户的现场资料不仅成为新闻的主要来源，也是记者了解事件详细经过的主要渠道。网络的发展使新闻中间人消失，现场目击者能够直接迅速地将自己的经历与所有人分享，而记者则需要追踪目击者或者潜在目击者，以便知道整个事件的来龙去脉。

"BBC 新闻 24"推出了被称为英国第一个完全基于用户制作内容的新闻栏目——*Your News*。该新闻栏目于 2006 年 11 月 25 日试播出，内容包括新闻故事、特写和视频，而且这些节目在电视和网络中受到了大众的喜爱。"BBC 新闻 24"主管凯文·巴克赫斯特（Kevin Bakhurst）说："Your News 将使用大量用户提供给 BBC 的素材，其中一些是真正具有新闻采集价值的。"BBC 显示用户内容则推出聚合网页来完成 BBC 的资料，包括合适的另类新闻网站、博客、社区网站和官方网站。此外，还引进了维基（Wiki），以提高更新数据网页，提供全球的大众新闻，在主页增加视频的内容，鼓励更多的记者成为像政治编辑尼克·罗宾逊（Nick Robinson）那样的活跃博主。《华盛顿邮报》则推出了一个十分有趣的、新的用户自制视频节目"在线上"（Onbeing），其理念是"让我们彼此更了解些"。这是报业进军互联网后的又一次视频革命，有着不寻常的意义。同样，芝加哥论坛也推出一个网站——"特里布洛卡尔"，允许本地读者上传故事、撰写博客，取名为"市民投稿"。该网站虽有四个记者，但是大部分内容都无须编辑，只要自查就行。

美联社与一个拥有全球 6 万撰稿人的新闻参与网站合作，将市民制作内容引入新闻采集系统中，内容包括见证人的叙述及原创内容。2007 年 2 月，《纽约时报》先后推出用户制作内容网站，一个是汽车收藏站，允许注册会员上传他们的汽车图片和关于汽车收藏的故事，同时也允许其他会员点评。另一个是关于"我们如何相识"的用户内容。结婚夫妻可以在《纽约时报》的婚礼或庆典网站上传关于他们相识的视频故事。但是，这些内容都要编辑审核。同样，2007 年 2 月，微软全国广播公司也推出了用户制作内容网站"第一人称"，内容包括用户上传的故事、关于身边事情的博客、旅游照片、视频等。社区自制视频服务网站放大化的总裁史蒂夫·罗森-鲍姆（Steve Rosen-baum）说："电视的未来不再是内容的制作，而是内容的发现。"电视的未来不再是内容制作，因为内容已经足够充分了。取代它的是内容发现——发现网站独有的受用户喜爱的内容，视频发现是后 TV 时代的核心。

（二）借助用户创作平台推节目

随着大媒体对You Tube的青睐，越来越多的媒体公司开始与You Tube开展合作，如BBC把节目放在You Tube上，让人们随意浏览和观看。BBC与视频分享网站You Tube签署协议，将为You Tube提供新闻和娱乐短片。You Tube将开辟三个专门的BBC频道，包括一个新闻频道和两个娱乐频道。事实上，美国全国广播公司（NBC）在2006年的夏天就开始了与You Tube的合作，在You Tube上推广其新的秋季节目。You Tube分别与哥伦比亚广播公司（CBS）、索尼音乐娱乐及宇宙音乐集团签订协议，在You Tube上播放这些公司的视频内容，其中CBS和新索音乐与You Tube分享广告收入。益百利全球研究总经理比尔·堂瑟（Bill Tancer）说，这一举措是满足那些在自制内容中使用品牌内容的用户。最近的广播电视晚间节目统计的数据显示出可观的增长。与You Tube合作以来，CBS的"大卫·莱特曼脱口秀"的观众增加了20万人，增长了5%。同时，"克雷格·弗格森晚间秀"的观众增加了10万人，增长了7%。虽然与You Tube的合作并不是节目收视率上升的唯一原因，但是双方都认为是You Tube给节目带来了新的重要的电视观众。美国公共电视台（PBS）也加入了与You Tube合作的队伍，在You Tube上加了一个"董事账户"，在You Tube有他们的节目网站、网址的链接。对此，PBS的总裁保拉·克格（Paula Kerger）说，节目的服务要到最前端，即眼球所在之处。一天内You Tube有一亿点击率，而且其拥有超过7000万的用户。BBC总裁马克·汤普森道出了真言："我们把节目放在You Tube是为了在全球影响更多的受众。You Tube是一个关键的路径，通过它，我们能让更多国内外新的观众参与。BBC拥抱新的方式来影响更多的受众是很必要的。"

（三）与用户协同参与新闻报道

2005年7月7日，伦敦爆炸事件当天，BBC收到观众从现场发来的300幅图片和2万封电子邮件。在新闻圈内，大家认同伦敦爆炸是用户参与制作新闻内容的分水岭，BBC制片人凯文·安德森（Kevin Anderson）认为，在伦敦爆炸案中，用户制作内容至少在下列几方面发挥了新闻报道的重大作用：现场的目击者利用最佳位置告知、展示了现场发生的一切；是大众成员，不是职业摄像师，为BBC提供了当天的新闻图像；"用户制作内容"表示观众不是被动的用户，他们会利用手中的媒介，讲述自己的故事。所以，他们制作的内容比BBC制作、包装的内容更重要。电视台与观众合作是因为传播机构认识到见证者的讲述在某些方面更有力量，这是一种合作，对电视台来说，是多边获取信息源。在网络社会化时代，不应该只是向观众推送内容，不应该只是从他们那得到内容，而是协同工作为目标。参与的技术是简单的，但是参与的文化是复杂的，这才是真正的革命所在。是技术允许我们与以前概念中的观众建立新的、更强的关系，但是如果还要把广播时代的模式用于社会网络变化的时代，我们就会失去机会。我们的观众现在自己决定什么故事是重要的，所以他们需要制作内容的平台。正是这些想法促成了挖掘网、红迪网、尾级网的出现和新的网页主页。渐渐地，人们开始相信那些他们信任的社会网络用户所推荐的信息，而不再依赖传统的新闻议程。

与用户协同工作是新闻传播机构的目标之一。用户当中，有的是专家，他们掌握事实和各种信息，当信息得到聚合时，对新闻业发展也会带来意想不到的效果。正如纽约大学的教授杰伊·罗森（Jay Rosen）所说的："用户知道的新闻比我们多。"过去，收到给编辑的信是成功的象征之一。现在可以直接得到上千封的邮件，当你打开与公众的对话之门时，也打开了接受批评之门。让用户参与媒体的关键是诚实、透明，而这是传统媒体所缺乏的。对批评的回应是与观众对话不可缺少的部分。传统记者还是有获取新闻的优势，一些事件的报道只有记者才能进行，如政府、军队、大型企业及公司的新闻发布会。无论发生什么变化，记者仍然是一个与大众沟通的重要渠道。记者与新闻报道是共生的关系。报纸的读者在减少，电视观众在分化，培养受众的忠诚度比任何时候都重要。在协同获取新闻的过程中，公众可以在一个事件被报道之前就参与其中：提供事实、找出问题、给出建议。新闻记者可以依靠公众来帮助报道该事件。新闻记者能够并且应该就此事件作一系列相关工作，如有关信息来源或者信息来源的博客。在该事件公布后，无论是在网上还是见诸报端，无论是在哪里，公众都能够继续提供修改意见，列出事实和提出观点，更可以通过链接来深入了解追踪该事件。当新闻记者意识到他们在进入和新闻相关的谈话中扮演的角色更倾向于润色者而不是主创者时，协同的意义更为凸显。

（四）为新闻传播提供新的服务功能

随着各种技术和应用的逐步推广，Web 2.0 呈现了新的新闻传播时代的实践图景。关于 Web 2.0，专家认为："这种让全民共同决定和编织传播的内容与形式，让每个个体的知识、热情和智慧都融入其中，让人们在具有最大个性选择的聚合空间内实现共享，这恰恰是新传播时代的价值真谛。"❶

实现新闻的个性化订制功能。如果用户要成为作者和编辑，技术也允许，那么媒体的任务是什么呢？路透社社长汤姆·格洛瑟（Tom Glocer）给了三个答案：第一个任务是要成为播种机，第二个任务是成为工具提供者，第三个任务是成为把关者与编辑。

因为人们对各种新闻的需求多了，而且可根据自己的需求来定制，如果新闻机构不做调整，不提供服务，用户当然会转向能提供自己所需信息的地方，如我的页面、回复、博客、维基超链接等。人们的选择多了，要求也更明确了。一些门户网站开始进行跟踪服务，如雅虎等。人们根据自己的需要在网上定制自己需要的内容，整合成一个网页，既方便又实用。但是，如果主流媒体的新闻服务也越来越好，如守护网，有新闻、搜索、标签、回复和美食等，大众将更愿意利用这些品牌媒体来定制所需内容。

传播工具变得越来越重要，由于其方便用户创造、传播、分享，人们对它的依赖也越来越强。根据评分公司颁布的资料表明，谷歌（Google）网站浏览量在2007年3月第一次超过了微软和雅虎。随着技术的不断改进，媒体的作用与性质也不断地发生变化，以搜索见长的谷歌拥有了世界上最大的内容聚合网站。大众现在需要用个性化的或可接近的方式来接受信息。谷歌可以免费为大众提供各种技术来使用各种媒体渠道，如文字、图片、声音、音频和多媒体等。无处不在的网络互联，辅之以日趋精湛的软件工具，服务与技术也是新闻传播的动力。❷最重要的是谷歌重视用户的体验。正如其服务宗旨所言："我们的目标是为用户提供最好的在线体验，我们根据用户的需要和参与来开发产品。"

这是一个全新的现象。年轻人总是在线上以新的方式传播、构筑新的社会环境、以新的环境、新的朋友、新的方法来互动，这种方式对政治、社会、社区、新的商业模式的影响是无法预测的。

---

❶ 喻国明.关注Web2.0：新传播时代的实践图景[J].新闻与写作，2007（1）：15-16.
❷ 田智辉.谷歌与21世纪媒体[J].现代传播（中国传媒大学学报），2006（1）：117-119.

（五）使大众媒介成为大众的媒介

曾经一度占据统治地位的媒体品牌受到挑战已是不争的事实。读者和观众转向新兴媒体获得新闻和娱乐。任何人只要有键盘和网络接口就可以任意上传自己对世界大事的看法。尽管传统媒体想方设法地留住受众——如 CBS 晚间新闻换成了凯蒂·库里克（Katie Couric），还有报业为 18~34 岁读者群提供免费的报纸——传统媒介公司仍然想尽一切办法在如今分众化、互动性时代里留住他们的受众。我们真的必须思考互动性的媒介环境和需要与我们交流的读者代表什么。《纽约时报》媒介顾问迈克尔·罗杰斯（Michael Rogers）说："当这些新媒体到来的时候，一切都将很快分化成两极——报纸和博客竞争，用户自制内容和广播电视竞争。"迈克尔·罗杰斯说，媒介公司面临的挑战就是要知道如何"留住经过多年建立起来的必要的权威，但同时又能让我们的观众参与进来"。

面对公民的热情与参与，媒体机构应该发挥携手共创的作用，对于突然出现的近亿的用户，除了变革，还应应付如何解除威胁。根据埃森哲新的调查，用户制作内容是他们面临的最大的挑战。"正在变化的媒体景观已经开始了，媒体内容环境变得更分散，用户获得越来越多的控制权"。埃森哲媒体与娱乐数字媒体部主管加文·曼（Gavin Man）说："传统的权威内容提供商为了保证收入稳定，要适应和发展新的商业及挣钱模式。成功的关键是要接受新的内容模式，与传统优势互补。"CBS 执行主编莱斯利·蒙维斯（Leslie Monves）相信未来用户将拥有更多的选择，技术将继续改变信息发布景观，允许人们按照自己的时间选择内容，无论在哪里，无论是哪种方式。目前，技术驱动的发布渠道日益增多，新渠道不断呈现。但是没有竞争力的内容，每个新的平台也不过是空壳而已。具有一流的内容，又有强有力的全球范围或当地的发布渠道，才能有竞争的优势。越来越多的内容会来自互联网用户本身。加州研究机构"未来研究所"的保罗·萨波（Paul Safo）先生说："我们正处在一个从大众媒体向个人媒体的巨大转变中，只要你愿意，你可以提供反馈并且自己创作内容。"正是由于这些用户自制媒体工具的推出，使大众媒体转向大众的媒体成为可能。

四、结语

凭借新技术的发展，用户制作内容使新闻与媒体的基本构架逐步发生了变化：新闻的控制点日益淡化。无论是谁——目击者、罪犯、受害者、上班族、官员或记者——当新闻事件发生时，都可以成为新闻事件的记录者和报道者。用户制作内容对新闻传播在新闻线索的获取、新闻报道方式的改变、新闻传播功能的转变等方面都有较大的影响，这些都十分值得我们关注和探讨。

社会化媒体环境下的传媒教育

田智辉　梁丽君　赵　璠*

【内容摘要】 社会化媒体的崛起带来了互联网文化环境的变革：更新、缓冲、测试三位一体的互联网文化对传媒教育提出了新的要求，既要求技术层面的技能认知，又要求文化层面的观念更新，因而，传媒教育的变革势在必行。本文分析了目前的三种传媒教育培养模式：国外"实验室"传媒教育培养模式、国内"共建"模式和"借助国外"模式，同时分析了国内和国外传媒教育课程的不同创新之处，提出新闻教育必须与多学科相融合，才能够培养出多技能、全媒体的从业人才。同时，本文还探讨了传媒教育在社会化媒体环境下的出路问题。

【关键词】 传媒教育；社会化媒体；培养模式

技术和文化的互补孕育了新的社会环境，信息传播在速度上表现为极速化传播，在数量上呈裂变式增长，而信息传播的方式也从人际传播到PC互联网时代的人机传播，再到现在的人机合一的移动传播。新的媒介环境给受众提供了更多机遇，也不可避免地带来了挑战。如何驾驭新的媒介形态，如何运用新的媒介手段，如何培植和提升用户的媒介素养，既是对每一个受众的要求，也是对从事传媒工作者的考量。

传媒生态环境的改变，意味着对从业者的理念和思维的转换，而如何培养合格的传媒从业人才，甚至如何培育受众的媒介素养成为传媒教育的重要任务。当前，因为媒介融合的可能性和发展性，使关于它给新闻教育带来资源的想象被成

---

* 田智辉系中国传媒大学互联网信息研究院教授；梁丽君、赵璠系中国传媒大学2013级、2014级硕士研究生。

倍放大。首先，新闻教育的超规模扩张，未来的结构性调整，引而待发的融合媒介新闻教学点的激烈竞争促使新闻教育机构唯恐失去可能的资源，从而失去未来大发展的踏板。希望和焦虑同在，这种氛围同时弥漫于媒介机构和教育机构。输掉现在还来得及，输掉未来就太可怕了。融合媒介对于新闻教育来说，更大程度上就是那个可能被放大的未来。❶其次，从传媒教育属性来看，如何实现连接学校传媒理论培养地和社会风云变幻的传媒实践场地对接是关键。从传媒类学科属性来看，由于其具备的时代前沿性、技术先导性，媒体的实践应用往往都领先于传媒教育理论，如何实现理论和实践的并驾齐驱是难点所在。特别是当前传统媒体方兴未艾，新型媒体崛起，互联网思维渗透到社会各个领域，新的传媒格局对传媒人才的素养和要求不断刷新，传媒教育也必然被推到时代的风口浪尖上。

一、社会化媒体

社会化媒体是一个基于 Web 2.0 技术运作，通过建立或再现用户关系网来多向传播、整理和聚合用户生成内容的网络媒介。❷社会化媒体最大的特点是媒体大众化，大众媒体是让媒体面对大众，社会化媒体则是大众媒介化，是大众的媒体。

社会化媒体，从含义上来看，其外延远远大于社交媒体。在这里，社会化媒体指的是一切以信息传播为目的，包括传统媒体、社交媒体等在内的媒介形态。

社会化媒体既包括以报纸、广播、电视为媒介的传统媒体的网络传播模式，也指基于互联网，以人际互动、群体共享的社交媒体形式。社会化媒体是一个建立对话的机制，也是一个对话平台。❸

社会化媒体，从自身属性来看，一个是"社会性"，即它对社会文化的依附性。当下互联网时代，技术所衍生的互联网文化，基于用户不断需求的更新文化，不断更新催生的缓冲文化，不断调试带来的测试文化，以及由于人与人之间黏性联系增多，从而培植的圈子文化，这些都是社会化媒体存在的背景。另一个

---

❶ 刘洁. 资源追逐和技术神话：追问媒介融合对新闻教育的影响 [J]. 新闻教学与学术研究，2010（11）：149.

❷ 田智辉，周晓宇，翟明浩. 建立对话机制的可能性：社会化媒体在中国 [J]. 现代传播（中国传媒大学学报），2014（3）：125.

❸ 同 ❷.

则是指"传播性"，以传播目的为导向的媒介形式，无论是基于交往需求的人际传播，还是基于公知需求的大众传播，甚至是基于商业推广的品牌传播，这种传播性决定了社会化媒体所占的地位举足轻重。

二、当前互联网的文化环境——传媒教育变革的前提

作为传媒教育变革的背景和前提，互联网所构建的文化环境则是基本色，互联网为我们构建了新的思维空间和生活领域，其自身的存在已经远远超过了技术本身，更加引申为一种文化的寓意：以用户诉求为动力的更新文化、以尝新试错为手段的缓冲文化、以市场反馈为基准的测试文化。这种文化背后折射的是一种生活方式、观念思维的互联互通。

在网络中的一个经常性动作就是"刷新"，是指消除因时间间隔造成的内容或状态的不一致，一般用于内容或状态变化较为频繁的更新，有时也用于网页反应迟钝的缓冲。与此共同衍生的就是网络"更新"。并且互联网个体行为之间的交互行为，达成个体与群体参与者之间同步或异步的信息交流和交换，以互动为核心重新架构和梳理了传统逻辑，促成信息更新、观念更新的转换和连接。

而更新文化背后则需要缓冲文化的支持，缓冲是一种"延迟呈现"的技术手段，但在缓冲等待背后则是更新文化的推动。技术的更新需要时间作缓冲，这种缓冲包括对先前版本的市场适应性检测、用户体验的优化反馈，以及发现问题后的修正升级。互联网所投射的社会生活空间中，快节奏的生活方式和核裂变式的信息增长更需要人们文化心理上的缓冲，在注意力聚焦时，通过时间的延迟等待来深刻剖析事件成因、辨别事件发展，注意力的缓冲给予了理性思考的空间，也使公众情绪在冷静的沉淀后，得以找到疏导出口。

更新源动力的不断催化，缓冲则成为更新的必经阶段，每一次的试错尝新都注定处于不断修正、不断完善的循环往复中，永远的测试版成为网络文化中最真实的状态。几乎所有的网址、所有的应用、所有的创新产品都会有测试二字，这种测试文化正是更新文化、缓冲文化的现实反映，它为每一次的更新提供新的检测环境和试错空间，也为每一次的缓冲赢得了新的基点和累积。这种随时接受市场检验、随时接受用户反馈、随时进行反思和修正的心态，体现了互联网的开放性，汲取众人智慧来改进产品，同时也使产品在不断改进中服务于更为广泛的用户。

总之，不断的修正和测试，体现的正是更新的一种表达方式，也是缓冲的一种呈现内容。更新、缓冲、测试，三位一体的文化构筑了互联网文化的新格局。❶ 而当前这种互联网的文化环境对传媒教育提出的最大挑战：由于更新文化的即时性和高频率，传媒教育中必须不断地注入新的传媒动态元素，既有技术层面的技能认知，又有文化层面的观念更新；缓冲文化和测试文化所具备的不确定性和不完善性，需要在传媒教育中既有以传统传媒理论为框架、为指导的知识构成，同时又需要不断习得计算机技术、网络应用的实时性实践技能。

三、传媒教育的自身属性——传媒教育变革的重要性

人类的生存和发展史就是一部传播史，而教育本身则是一种最具影响力的传播行为。口语传播时代，人类通过肢体、语言来进行信息的交流和互动，而与此对应的教育活动，早期是通过祖辈、父辈的言传身教，将习得的文化经验传授给下一代。再后来，"经坛式"的讲授演变为一种相对稳定的教育模式。通过一位传播者对众多听众布经传道，这种"一对多"的人际传播，传授的正是思想的交锋、经验的分享。

印刷文明时代，伴随着文字的可复制性，书本的出现弥补了口语传播不可保存、难以回溯的缺点。更可贵的是，它延展了受众的空间，信息的获取不再以地域范围中的接近性为首要考量因素，而更加以书本的获得性为条件。于是，有古籍记载的先哲文化成为教育的文本内容，在时间上，实现了今人与古人思想的对话；在空间上，实现了异地受众的同步分享。私塾、学堂正是以书本为媒介的教育形式。

工业文明培育的标准化、大批量的市场生产模式的应用催生教育模式的"课堂"制，其教学目标、教学方法、课程设置都试图寻求统一规范的标准和模式，而教育信息的传播则以班级制展开，课堂教学成为教育的主要形式。

信息技术时代，以互联网为技术支撑的学习空间重新建构，教育信息的传播打破了传者、受众同时同地的时空限制，通过远程教学形式，受众可以摆脱传统

---

❶ 田智辉，梁丽君. 互联网技术特性衍生的文化寓意：更新、缓冲与测试 [J]. 新闻与传播研究，2015（5）：93.

课堂教室的约束。随着技术的再度推进，人机互动的网上学习、慕课（MOOC）、在线公开课（Coursera）、可汗学院、学堂在线等各种App的学习方式则不仅使传者、受众的沟通虚拟化、网络化，学习者之间信息的共享和互动也更加具有社交性和交互性。至此，"翻转课堂"又使教育再度摆脱了"课堂"，受教育者分散到各个角落，传者、受众之间的联系则完全通过互联网来建构和维护，而参与度成为教育的必备考核方式。

新的信息技术手段和新的互联网文化生态环境中，投射到学习领域，演化为一种新的学习理念——关联主义。2011年9月，乔治·西门思（George Simons）（2011）提出了关联主义学习理论："信息"是节点（Node），"知识"是连接（Connection），"理解"是网络突现的特性，学习者通过"路径寻找"和"意义建构"对知识领域进行探索和协商。[1]传媒教育正是在"关联主义"的学习理论框架下运行，参与其中的学习者（无论是教师还是学生）通过以当前的社会热点和前沿观点的信息为节点，将各种信息拼合，并与知识储备建立连接和互通，学习方式不再局限于"教师向学生传授"的被动接受，而是每个人都成为主动学习信息的寻求者、学习方式的探求者、经验结果的分享者。每个学习者通过主动搜索、互动连接，将个人的理解和知识价值贡献其中，并在社会化媒体中二度展示、二度分享，通过每个人赋予的"意义"将知识不断叠加呈现，最终实现当下传媒教与学的线上分享、众筹共建。

四、传媒教育培养模式

技术平台的搭建、互联网文化的浸润、新的学习观念的改变倒逼传媒教育培养模式改变。驾驭计算机技术，融合互联网文化，如何能够将新的学习观念和方式与传媒教育培养模式良好嫁接，实现教与学的"双向同步"是当前传媒教育所面临的巨大挑战。

传媒学科的前沿性和实用性，一方面使高校教育中理论培养与新的技术、新的观念有一定的脱节和滞后，另一方面又强烈地使传媒教育人才培养上不得不面

---

[1] 杨明明.慕课背景下学生学习方式变迁与大学教师角色转变[J].教育与考试，2014（11）：70.

临观念转换大、技术更新快的挑战。不管是国内还是国外高校，都意识到传媒教育"闭门造车"实属下策，必须与市场、社会、技术机构实现对接和联合。

（一）国外"实验室"传媒教育培养模式

国外传媒"实验室"基于各种基金会的赞助或企业界的公司赞助。最有名的应该是奈特基金会，基金会的卡内基—骑士新闻资助了很多美国大学的传媒学院建立各种新闻实验室和开展各种新闻技能培训。

早在1980年，美国麻省理工学院媒体实验室成立时就本着"传播与资讯通信科技终将汇聚合一"的愿景，研究有形的原子（Atoms）与无形的位元（Bits）为人类感官、知觉、互动科技整合带来的创新领域。❶这将传播的研究与技术形成了良好的对接和同步，从而实现的是技术手段、技术应用在传播领域的新拓展。这就为传媒教育的开展奠定了更具时代性和前沿性的视域。

2010年成立的纽约媒体实验室是由各大学和媒体公司在纽约联合创立的，参加实验室项目的大学包括纽约大学、哥伦比亚大学、新学院、普拉特学院及纽约市立大学。公司会员有美国联合通讯社、赫斯特集团、彭博社、维亚康姆等，都是美国颇具实力的大企业。实验室的创办目的就是要为那些具备媒体专业背景的在校师生，打造一个与那些关注媒体革新及新技术发展的媒体管理层人士交流的平台。实验室的部分经费来源于纽约市经济发展局和实验室会员。❷

无独有偶，美国北卡罗来纳大学教堂山分校新闻与大众传播学院成立了一个里斯毛毡数字新闻项目，旨在通过实验研究探索新闻传播的新形式。❸

科罗拉多大学也建立了一个名为"数字媒体实验厨房"的实验室，从新闻即时、技巧和商业模式这三个方面进行创新研究。❹

南加州大学的安纳堡创新媒体实验室，意在引领新闻学教研改革。

媒体人诺亚·卢森伯格（Noah Rosenberg）创办了长篇新闻故事类网站"叙

---

❶ 本刊编辑部.世界多媒体产业的风向标：美国麻省理工学院媒体实验室（MIT Media Lab）简介[J].中国青年科技，2005（9）：33.

❷ 纽约媒体实验室."革新的未来就藏在你家的后院里！"[EB/OL].（2015-09-28）[2020-10-06].http://ww.qkblh.com/plus/view.php?aid=7543.

❸ 韦路.新媒体时代新闻传播教育的四大转型趋势[J].今传媒，2013（1）：14.

❹ 同❸.

对话与变革
——智能媒体技术驱动下的国际传播

事者",这个网站每天都会围绕某个主题发布一篇长篇深度故事报道,而其宗旨就在于"让新闻循环周期放慢脚步"。它们都以篇幅比杂志文章长、比小说短的报道文章为主打内容产品,结合多媒体平台,将读、看、听更好地融为一体,给读者提供一个赏心悦目的阅读体验。❶ 该网站和纽约市立大学、雪城大学、德克萨斯大学—奥斯汀分校三所学校合作,由学生参与报道。❷

此外,还有哈佛大学尼尔曼新闻实验室等。

在数字时代中,学校课堂教学相比现实业界实践的滞后性,成为传媒教育的瓶颈。涉及信息传播和新闻发布的谷歌兼有技术和数据优势,谷歌新闻等产品都标有"永远的测试版"。各传媒公司也都在面对互联网应用带来的挑战,不断地尝试各种新的模式。特别值得注意的是号称"数字时代的新闻学院"的典型——美国亚利桑那州立大学克朗凯特新闻与大众传播学院通过自身的四大平台:克朗凯特新闻通讯社、克朗凯特新闻观察、数字媒体实验室、奈特数字媒体创业中心,为学生提供进行新闻操练的平台。特别是数字媒体实验室,作为一个跨学科项目,工作人员包括新闻学院、商学院、电脑工程和设计专业的学生。他们为媒体公司开发新锐的多媒体产品,如为美国报业集团甘内特公司提供服务,研究年轻人的消费习惯并设计相应产品、设计 iPhone 图标、设计脸书的界面挂件。数字媒体实验室"不但让学生接触到最新的科技,同时也在改造新闻界的未来"。❸

而科技的革新也催促着新闻机构在人员素质培养方面的变革。《纽约时报》、美联社等 10 家新闻机构宣布,它们将与弗吉尼亚科技大学合作以测试无人机在新闻采集方面的应用。教育新闻从业者的学校也敏感地感受到了科技对未来新闻制作的潜在影响,将新兴科技应用于课堂教学与实践探索中,寻找新闻报道的新方式。美国的内布拉斯加林肯大学抢先于 2011 年开设"无人机新闻学"课程,并建立无人机新闻实验室。密苏里新闻学院随后跟进,开设无人机新闻学课程。这两所大学的新闻学院不仅展开有关无人机新闻学的理论研究,并且践行理论联系实际,购置无人机让师生尝试如何将无人机用于实地新闻采访。无人

---

❶ 邹默,铁英. 找回"深阅读"的乐趣 [N]. 文汇报,2014-05-18(006).

❷ 李圆圆. 深阅读的复兴 [EB/OL].(2014-04-09)[2020-10-06]. http://www.xmtnews.com/p/158.

❸ 张小琴. 数字时代的新闻教育:浸入式全媒体实践——从克朗凯特学院看美国如何教新闻 [J]. 新闻与传播研究,2013(8):118.

机用于新闻采访，导致"无人机新闻学"或"无人机新闻"（Drone Journalism）一词诞生。❶

目前比较令人震撼的说法就是"美传媒学院刮起实验风，工科生占领新闻系！""新闻学院拟开实验课，可穿戴和拟真技术成研究对象"。这两种说法均表明了当前传媒学界将新技术与课堂教学融为一体的趋向。纽豪斯学院就引入虚拟现实（VR）技术，借此来探索新闻叙事新方式。这种新探索和无人机新闻一样正渐渐进入现实的新闻实践中，或者说，正是因为在教育领域的这些科技应用的新探索，才使新技术进入应用的步伐大大加快。

总之，一系列的传媒教育"实验室"，不断地探索、试错、更新，旨在为这技术牵引的时代、人人可参与的时代，为人们找到更好的传递信息、播撒新闻的模式。

（二）国内"共建"模式

相比较国外高校而言，我国的高校为了实现传媒教育学理论与实践的衔接，也在寻求与外界的合作。但我国的传媒教育培养模式又不同于国外的合作方式，主要集中于和党部共建，既有部校共建的宣传机构，又有中央媒体的党报党刊，还有聘用行业资深人士或行业领导担任新闻传播学院院长模式。

共建新闻学院是我国高校的一大特色。具体而言是指两种机构，另外就是行业的资深人员共同建设新闻学院。

一是中共中央宣传部，或者是地方党委宣传部。比如，中共中央宣传部和清华大学、中国传媒大学、中国人民大学共建的"国新班"；北京市委宣传部与中国人民大学共建的新闻学院；江苏省委宣传部与南京大学共建的新闻传播学院。据统计，目前至少已有21个高校与地方宣传部或中央媒体达成共建新闻传播学院的意向，或签署共建协议。

二是中央媒体这类党报、党刊。例如，光明日报社与中国政法大学合作共建的"光明新闻传播学院"，其后与北京师范大学共建的新闻传播学院。❷ 新华社

---

❶ 鲍广仁. 迎接无人机新闻时代的到来 [J]. 中国传媒科技，2015（5）：3.
❷ 北京师范大学成立新闻传播学院 光明日报副总编辑刘伟担任院长 [J]. 新闻战线，2014（12）：1.

与北京大学共建的新闻与传播学院。2014年9月25日，人民日报社与清华大学举行共建新闻与传播学院签约仪式。根据协议，双方将在学生实习就业、媒体融合研究、人员互派兼职挂职和员工培训等方面达成合作。❶

三是聘请行业资深专家或领导担任新闻传播学院的院长。2014年1月7日，复旦大学在公共传播培训中心举行新闻学院院长聘任仪式，正式任命原解放日报报业集团党委书记、社长尹明华同志为新闻学院院长。光明日报社与中国政法大学合作共建的"光明新闻传播学院"由曾任《中国记者》杂志总编辑的陆小华担任院长，其后光明日报社在与北京师范大学共建新闻传播学院时，该报社副总编辑刘伟受聘担任首任院长。无独有偶，北京大学的新闻与传播学院于2001年建院，2002年5月，人民日报社社长邵华泽出任院长。同年，人民日报总编辑范敬宜出任清华大学新闻传播学院院长。2012年4月至今，江苏省广播电视总台台长、党委书记卜宇同时兼任南京大学新闻传播学院院长。由行业内的权威人士来担任高校内相关要职，已经成为国内大学的普遍做法。

此外，中国传媒大学采用了不同的方式将业内权威人士与教学一线工作联系在一起，欧阳常林、赵树清、夏陈安三位台长、总监回归中国传媒大学担任教学工作，是以行业实践来指导新闻教学的典范。三位台长都是中国电视界的重要领军人物，在不同地域的电视传播中发挥过举足轻重的作用。

业界人士以不同方式力挺或回归传媒教育，从体制内外共同发力，这种业界和学界的联动方式将会改变中国传媒教育的格局。

部校共建新闻学院的模式是上海市党委宣传部与复旦大学共建新闻学院的首创，因此被称为"复旦模式"。一方面，这种培养模式将最前沿的理论知识纳入大学课堂，将数字媒体下新的传播资讯、描摹世界图景的范式、重塑新的传播交往关系、建构新的文化集群等带入了教育范畴，用新的技术手段搭建新的教学平台。另一方面，学校又反哺党报党刊媒体人才储备，依托教育资源的深度和广度延展，教育现场与传媒现场对接，针对性地共建，实现的是师父带徒弟的"传帮带"式、"双导师制"培养，高校毕业生直接借助"共建"平台，实现从学校走

---

❶ 刘蔚如. 人民日报社与清华大学共建新闻与传播学院[EB/OL].（2014-09-26）[2020-10-06].http://www.tsinghua.edu.cn/publish/news/4204/2014/20140926163449420558414/20140926163449420558414_.html.

向特定职场的过渡和转换。

在校政共建新闻学院党报党刊的媒体平台中,过多的行政干预也许会造成新闻专业主义某种程度的缺失,依靠有利资源和政治力量吸收社会精英新闻人才,可能是中国特色的传媒教育。而且,传媒教育是需要扶持和资助的,包括创新、经验、各种资源及行业前沿动态等。但是,在社会化媒体的环境中,这种共建模式能否发挥最大作用,能否长久持续下去,还有待观察。

(三)借助"国外"模式

在汲取世界传媒高校的经验时,我国高校也在以全球化眼光大胆探索合作模式。

2007年,汕头大学长江新闻与传播学院与美国的密苏里大学媒体融合学院合作,成立了我国高校首家融合媒体实验室。❶

2007年,清华大学新闻与传播学院开办亚洲首个"全球财经新闻"项目。该项目包括一个面向中国和世界各地招生的两年硕士班和一个针对全国在职记者的财经报道高级培训班。该项目通过清华大学新闻与传播学院和国际新闻记者中心在美国华尔街等处募捐,获得了美林证券、耐特基金会和彭博资讯的资金和实验室设备的赞助。❷

2014年,英国中央兰开夏大学与河北大学在中国联合开办的传媒与创意学院开始招生。

2014年,经教育部正式批准,中国传媒大学国际传媒教育学院首次面向中国和海外学生的动画与影视特效艺术硕士项目正式启动招生。该项目和美国纽约理工学院合作举办,依托中国传媒大学优质资源,授予美国艺术硕士学位,是国内最早的动画、影视艺术类中外合作办学项目之一,采用的是国际化传媒精英人才创新培养模式。

此外,中国传媒大学还有在读本科生、硕士生的"N+N"项目,或"1+1"

---

❶ 唐筱童.媒体融合:锻造跨媒体新闻人才势在必行[J].新闻窗,2009(12):24.
❷ 崔凯.新闻与传播学院将开办亚洲首个"全球财经新闻硕士"项目[EB/OL].(2007-03-08)[2020-10-06].http://www.tsinghua.edu.cn/publish/news/4210/2011/20110225231839906934460/20110225231839906934460_.html.

双硕士，或"3+1"海外校园学习项目，也有"3+2"双本科项目。而且，中国传媒大学每年固定要求国外资深的教授来校开设教授工作室，在校学生都是免费学习，但是，一般要通过英文水平的考核。这种借助国外及联合办学的模式，实现了教育资源的共通共享及教育平台的共建，特别是在传媒教学的方式和进程上的接轨，以及新的教育理念的沟通和互动。

五、课程创新——国内外课程的比较与思考

数十年以来，新闻课程设置已经形成了较为强大的惯性，或者也可以将其理解为学术界结构性上的稳定剂，这种惯性能够抑制对于潮流过于鲁莽的反应。但正如在印刷媒体中的工作机会越来越少一样，新闻教育机构也开始接受一些调整与改变。2013 年，哥伦比亚大学整顿了理科硕士项目，该次整顿得到了整个学院的一致同意。哥伦比亚大学新闻学院研究生院长斯蒂夫·科尔（Tiff Cole）说道："尽管目前仍在争论如何修改，但是就是否应该修改以适应数字时代这一点而言是毫无任何疑义的。考虑到对数字时代的适应性，如何最好地安排长达 10 个月的课程引来了诸多争议，然而没有任何人提出我们应当走回原来的老路上。"

奈特新闻实验室于 2015 年 2 月发布了《上下求索：深究新闻教育的未来》，这一报告中也展现了这种一致性的意见。该报告共分为五部分，序言部分介绍了未来新闻教育的基本原则。美国新闻界现状这一部分集中介绍了美国纸质媒体的衰落伴随着大规模雇员的裁减，重点指出电子时代媒体的重建势在必行。第三部分主要介绍了美国新闻教育的现状，新闻学院的入学率持续走低，新闻教育的价值也一直被质疑。第四部分主要总结了对业界人士的采访，重点提到了传统媒体和新兴媒体的融合趋势。这一趋势直接影响到新闻教育的走向，业界所需求的记者不再只是传统媒体的写作者，而是兼备网络协作技能的多面手。在结论部分，该报告再次展望了传媒教育的未来，并指出新闻学院迟钝而又目光短浅，"现今，我们必须有能力区分和掌握市场流行趋势，了解媒体科技，将二者结合起来融入新闻实践中去。这一点对于新闻教育教学的重要性就和美联社格式、倒金字塔结

构曾经的重要性一样。"❶

（一）国外课程创新

美国的新闻学院在近二十年内逐步发展，终于形成了较为完备的"顶点课程"（Capstone Course），大学的课程过于片断、专精，而"顶点课程"强调广度、总结性和应用性，让学生整合、拓展、批判和应用在本学科领域学习中所获得的知识、技能、沟通能力和态度，目标是发展学生的综合素质，增强学生的竞争力和适应性。

自新闻传播学诞生以来，传媒环境和传播技术一直处于急剧变动之中，这也促使海内外的新闻院系在培养学生时，必须不断更新观念与技术，开设新的课程。国外的新闻学院在教学设计上也非常灵活，在教学体系中，强调以实践为指导准绳，重视教学与新闻实践的衔接与融合。正如宾夕法尼亚大学教授希亚姆·桑达尔（Shyam Sundar）所言："没有哪一个领域像新闻传播学一样如此认真地对待日新月异的媒介技术，我们的课程必须紧跟最新技术的发展。"❷

在 2014 年华南理工大学举办的新闻传播学科试验教学国际论坛上，美国密苏里新闻学院未来实验室主任迈克·麦凯（Mike Mckea）介绍了他们的融合新闻专业，新的课程如手机报道与编辑、微电影、融合顶石课，学生们不仅为媒体做新闻，还开发应用客户端提供给社会。

美国鲍尔州立大学开设融合媒体设计与发展硕士项目来开展创意项目、进行数字媒体应用，并利用这些技术来更好地讲故事。

数据和算法正在改变着各个行业，重新塑造我们的生活。现在起，讲故事也该靠数据了。哥伦比亚大学新开设了一个名为 Lede 项目的新闻学硕士学位项目。完成的学生将获得一个数据新闻学位。❸

美国南加州大学（USC）安纳堡新闻传播学院开设了一年制的硕士课程数字社交媒体专业，而且美国南加州大学的罗伯特·埃尔南德斯（Robert Hernandez）

---

❶ 奈特新闻实验室.上下求索：深究新闻教育的未来 [EB/OL].（2015-02）[2020-10-06]. http: //www.knightfoundation.org/features/journalism — education/.

❷ 宋雅娟，郑子琳.新传媒时代，如何培养新闻与传播专业学生 [N].光明日报，2014-05-03（007）.

❸ 哥大新闻学院开设大数据和编程课程 [J].新闻记者，2015（1）：1.

教授正在开设一门"玻璃新闻"谷歌眼镜新闻学的课程。这门课将教学生们用增强现实（AR）的谷歌眼镜进行新闻报道，也将开发相关的应用。

自2014—2015学年起，美国南加州大学安能博格传播学院将两年制的文学硕士课程改为理科硕士模式的9个月。媒体在报道这一改变时，用的标题是"新的建构，新的项目，新的时代"。这一标题和其他媒体术语，如"数字化的新闻工作室"和"360度采访部"成为讨论的热点。

纽约大学新闻系将于2015年秋季开设"电玩（游戏）新闻学"，培养报道电玩业的专业记者和评论员。目前，近60%的美国人经常打电玩，男女各占一半，平均年龄为39岁。与影视等娱乐业相比，新闻界对电玩业关注明显不够，2014年年报名参评普利策奖的只有一篇评论是关于游戏业的。

纽约城市大学推出"创业新闻"专业和"社会化新闻"专业。亚利桑那州大新闻学院的"教学医院"模式引起了同行很大的兴趣。新闻院校能否像培养医生那样培养记者？哈佛大学尼曼中心对这种教学模式组织了探讨。这样新颖的课程尝试都是对新闻教育课程的创新实践。

此外，在英国各种应季的专业也纷纷呈献。卡迪夫大学开设了计算新闻学专业。威斯敏斯特大学开设了社会化媒体硕士课程，安吉拉·梅克尔（Angela merkel）教授说："我们将使用'社会化媒体'来进行理论研究，我们的学生将撰写课程内容方面的博客文章，用上传视频的方法表达课程思路，共享他们的照片和论文。这个课程既是严格的学术研究，同时也是令人兴奋的创新型课程。"❶

社会化媒体环境下，国外的课程该如何进行，如何创新，也是很多大学在探索的。有个共同点，就是新的专业创办者几乎邀请来自行业的人员或有从业经验的人员作为课程项目负责人（Course Leader）。

（二）国内课程创新

2014年3月22日，"2013—2017年新闻传播学类专业教学指导委员会第二次全体会议"内容显示，全国高校新闻传播类专业布点1080个，其中新闻307个，广电225个，广告365个，传播55个，编辑出版80个，网络与新媒体43个，

---

❶ 威斯敏斯特新闻中心.威斯敏斯特大学成立社会化媒体中心[EB/OL].（2013-03-08）[2020-10-06].http：//www.westminsterchina.cn/New/1627.aspx.

数字出版 5 个。在校本科生 23 万人。时任教育部副部长杜占元说，我国的硕士生一半是近五年培养的。❶ 面对这个庞大的数字，我们该怎么去做？社会化媒体时代下，更多交叉学科背景、更多新的元素融入了传媒教育范畴成为课程设置上新的趋势。

清华大学开设的"传媒创业与创新"专业硕士课，涉及互联网创业、传媒运营创新、传媒资本运作等领域。课堂以案例分析和主题研讨为主要授课方式，每次邀请一位业界精英分享他们在传媒领域的创业、创新及投资心得，并结合案例探讨商业模式、战略选择等更具普遍性的话题。如邀请果壳网创始人姬十三，前网易副总编、雪球财经方三文，前网易副总编、春雨医生张锐等来讲课，组织讨论。前瞻性思路是将传统的新闻价值观和网络教育、企业家精神一同打包传给学生。❷

复旦大学的课程创新体现在"社会化媒体与社会变迁"这门课程的开设，课程内容涵盖了社会化媒体的新闻传播理论、社会化媒体与新闻业之间的互动、社会化媒体的批判分析、社会化媒体的政策管理、社会化媒体的公共传播过程等。课程阅读资料由复旦大学和墨尔本大学老师共同选定。课程还安排了社会化媒体公司实地考察及与业界的互动讨论等。此外，祝建华老师于 2014 年在复旦大学开设了计算新闻传播学。

中国传媒大学设立的"数据新闻报道实验班"——面向全校大二学生招生，试行导师制，秉承知行并重文理兼修的教学理念，以新闻为导向、技术为基础，立足新闻学院，整合校内外资源，培养具有新闻素养和数据处理能力的新闻传播复合型人才，宣称："我们不培养数据科学家，我们培养的是懂新闻的数据工匠！"❸

中国人民大学在巩固新闻学、广播电视学、广告与传媒经济学等专业优势的基础上，自 2011 级本科生起，增设了传播学专业，并开办了跨学科联合人才培

---

❶ 朱春阳.新闻操守与专业尊严 [J].新闻爱好者，2013（11）：4.

❷ 裏桦.在课堂上感受传媒精英的创业与创新 [EB/OL].（2014-12-08）[2020-10-06]. http：//www.tsinghua.edu.Cn. /publish/news/4205/2014/20141208090352915771663/20141208090352915771663_.html.

❸ 中国传媒大学新闻中心.中国传媒大学开设数据新闻实验班 [EB/OL].（2014-05-30）[2020-10-06].http：//blog.sina.com.cn/s/blog_6d178a170101rqgx.html.

养的新闻—法学实验班、新闻—国际政治实验班。❶

复旦大学新闻学教学不仅进行了课程整合,而且采用"2+2"的四年制培养模式,让学生在掌握新闻传播学基础课程知识的基础上,兼具另外一门学科背景。❷

总之,当今的新闻教育都将新闻和经济、计算机技术、社会学等多元学科融合,真正夯实着传媒人才的宽口径、厚基础、多技能、全媒体的实践能力和专业素养。

六、社会化媒体下传媒教育的出路

社会化媒体催生下的传媒教育,源于两个层面的冲击:一方面,对于整个社会信息系统而言,它降低了新闻制作和传播的门槛,从而对职业新闻传播人员的专业性要求更高;另一方面,对于现实的新闻传播业而言,媒介边界模糊,同时跨越两个或两个以上媒体形式进行新闻生产与分发的融合新闻已成潮流,媒介融合是当前传媒业发展的最大趋势。❸这就更加考验传媒教育理论与操作的契合度,更加力求多元学科背景融合下的全媒体技能。

其一,要求与当前业界前沿技术、动态技能的对接,特别是引入市场化思维的传媒教育的观念更新,提升学生独立参与新闻报道、适应全媒体的意识和行动力。更加要从业界的动态前沿反思新闻教育的专业研究,这也能及时把脉传媒市场环境,通过高校科研为传媒业界提供前瞻性的、开创性的应用开发和理论探索。

其二,媒体融合的趋势要求传媒教育更加重视学生的多学科、厚基础的专业培养,打破单一的新闻传播学科的后劲不足、专业不深的困境,将计算机技术、经济学、社会学,甚至是心理学等多学科引入培养体系,从而培养出"一专多能"的新媒体人才。在技能操作上,如平面媒体、电视广播、新媒体的社会化媒

---

❶ 郭庆光. 执行院长郭庆光教授在毕业典礼上的讲话[EB/OL].(2015-06-28)[2020-10-06].http://news.sohu.com/20150628/n415780324.shtml.

❷ 陈昌凤,朱小妮,黄雅兰. 2014年国内新媒体研究综述[J]. 全球传媒学刊,2015(1):34.

❸ 邹军. 新媒体时代新闻教育变革的逻辑与路径[J]. 当代传播,2011(11):86.

体上，需要传媒教育能充分挖掘学生的多重技能，实现媒介领域跨越的灵活性。

另外，在社会化媒体环境下，互联网的文化寓意已经提醒传媒教育者。不断地修正和测试体现的正是更新的一种表达方式，必须给传媒教育不断地注入新的传媒动态元素，既有技术层面的技能认知，又有文化层面的观念更新。

总之，社会化媒体下的传媒教育更加呼吁以科技先导为引领，以实践操作为平台，以学科融合为基础，以科研机构为支撑的时代性、前沿性的教育模式。

社交媒体平台的新闻传播模式

田智辉　刘颖琪　张晓莉[*]

【内容摘要】 在互联网时代，新闻传播模式面临巨大的挑战和变化。本文从社交媒体平台的发展入手，分析新闻传播模式所面临的新变化。社交媒体为新闻传播提供了新的平台，新闻传播从之前的大众媒体一对多的单纯传播模式发展为现在个性化的推送、第一时间的抢发和用户参与的传播模式。最后对传统媒体应对社交媒体带来的冲击提出了相应的思考。

【关键词】 社交媒体平台；脸书；新闻传播模式

社交媒体作为一个基于网络技术发展而来的新兴概念，其有着多样的定义。国内学者结合国内外研究对社交媒体进行了描述："可以看出社交媒体是建立在互联网技术，特别 Web 2.0 的基础上的互动社区，它最大的特点是赋予每个人创造并传播内容的能力。它是用来进行社会互动的媒体，是一种通过无处不在的交流工具进行社会交往的方式。"[1] 以微信、微博为代表的社交媒体平台目前具有很大的影响力，截至 2015 年年底，微信月活跃用户达 6.97 亿。2015 年第三季度的数据统计显示，全球最具影响力的社交网站脸书每月的活跃用户已经达到 15.5 亿。强大的用户聚合力造就了脸书巨大的影响力，CEO 马克·扎克伯格（Mark Zuckerberg）在 2010 年也因网站的影响力登上了《时代周刊》的封面。

除此之外，更多新型社交平台不断涌现，除了以社交为基本功能的 QQ、QQ

---

[*] 田智辉系中国传媒大学互联网信息研究院教授；刘颖琪、张晓莉系中国传媒大学 2015 级硕士研究生。

[1] 曹博林. 社交媒体：概念、发展历程、特征与未来——兼谈当下对社交媒体认识的模糊之处 [J]. 湖南广播电视大学学报，2011（3）：65.

空间、微信、谷歌、领英、推特、微博、腾讯等网站，以图片为主要内容的照片墙（Instagram）、色拉布（Snapchat）、拼趣（Pinterest），以视频为内容的 YouTube、土豆优酷，以短视频为内容的秒拍、美拍，以生活服务为内容的大众点评等都在其主要服务的基础上增加了社交的属性。具有不同功能、不同特点的社交平台无处不在，吸引了更多用户的同时展现出强大的用户聚合力和社会影响力。而这些社交媒体平台在其发展过程中除了娱乐、分享、点评、直播和互动等功能也增加了新闻传播功能。

一、社交媒体新闻功能的发展

社交媒体平台的强势发展为传统媒体提供了新闻内容传播的新平台，同时社交媒体平台上新闻功能的发展也能为用户提供更多样、更符合日常需求的用户体验。社交媒体平台所提供的信息互动交流模式为新闻的传播提供了更快捷的方式，由读者从传统新闻平台获取信息的单向传播模式已经发生了改变。

在新媒体发展的趋势下，社交媒体积极探索不同渠道发展自己的新闻服务。作为世界最具影响力的社交网站，脸书于 2015 年 5 月推出了"即时文章"功能，该功能可以让传统媒体公司在脸书的平台上直接发布新闻信息。6 月下旬，脸书又推出了"趋势"功能栏，用户可以筛选新闻类别，可以只看到关于政治、科技、体育或娱乐的最新消息。推特的"闪电计划"功能可以使用户看到以实时新闻为内容的推特消息、图片及视频。❶在我国，这种多样且快捷的新闻功能也十分普遍地存在于社交媒体之中，其突出表现在层出不穷的 App 应用之中。《互联网周刊》公布了 2015 年度中国 App 排行榜手机新闻客户端的排行榜，腾讯新闻荣登榜首，网易新闻与今日头条分别位于第二名、第三名。

腾讯新闻的每日推送将每日的头条政治、经济、娱乐新闻标题奉上，用户只要点开自己感兴趣的新闻即可阅读其内容，并有配图；如果说腾讯新闻是运作商来选"头条"，那么，微信公众号的订阅功能则是完全的用户"私人订制"，微信公众号囊括政治、经济、社会、文化、娱乐等人们生活方方面面的公众号，其中也不乏一些传统媒体，如《人民日报》等的公众号，受众可以通过自己感兴趣

---

❶ 参见企鹅智酷《首份微信影响力报告》。

的领域来选择订阅,该功能在订阅后,会在每天推送标题图集,供受众点击查阅。用户数据分析、私人化的内容定制和复杂的后台算法使社交媒体平台具有强大的新闻推送能力。用户所喜爱的新闻类别及内容可以直接出现在社交平台首页的显著位置,甚至进行设置之后可以直接在用户客户端显示。由此可见,信息获取的多样化、定制化在全球范围内呈现日趋繁荣的态势,社交媒体在这方面发挥着举足轻重的作用。

二、社交媒体平台目前存在的三大特征

(一)新闻传播定制化、自动化

社交媒体为用户提供了更为个性化的新闻获取方式,从之前单一的用户被动接受新闻报道,用户来寻找自己感兴趣的新闻,到今天众媒时代新闻个性化的定制,其中最为重要的一项功能就是社交媒体的新闻推送功能。这也是社交媒体为新闻业带来的很大的一方面变化。我国社交媒体如微信订阅号、微博私人账号中均有订阅功能。用户关注自己感兴趣的媒体账号之后,就会收到相关信息的推送。国内外众多新闻机构及其开发的 App 都利用大数据技术将新闻从单向度的传播变为主动"推送"服务,使用户的新闻获取方式更加多元、便捷。如"今日头条"客户端,App 页面设置除其他常规分类,如娱乐、经济、社会等,还特别添加了"我的频道",里面有多达 46 项的类别选项,如特卖、电影、时尚、数码等频道,用户可以自由添加,这样在用户的每日推送中收取到的便是自己感兴趣的内容。这样的定制化服务投其所好,在一定程度上吸引了受众,为受众提供了更为人性化、个性化的服务。

(二)"弹出式"推送功能泛滥

另外一个较为突出的则是自动弹出"今日推荐"的功能,如 QQ 登录后的腾讯新闻推荐页面、酷狗音乐的资讯页面、金山词霸的热点页面等。这种形式的"送上门"的新闻,在方式与质量方面均有待考量,虽然在一定程度上方便了用户信息的获取,但内容方面的不规范、质量低等问题也同时困扰着受众。在方式方面,有些软件如果用户对于跳出的页面信息不感兴趣,可以自己设置阻止页面弹出,但是有的软件则不可以设置,有一部分"捆绑销售"的"嫌疑"。这样的新

闻传递方式无处不在，甚至"无处可逃"。内容方面，有一部分新闻内容低俗，"标题党"随处可见、图文不对题等。新闻把关人的缺失是推送式新闻的最大弊端，对于新闻内容质量的考量在当今愈加多元化的新闻传递环境中显得尤为重要。

（三）用户互动式参与社交媒体平台新闻传播

新闻生产传播的变化使人们的新闻信息获取习惯发生了变化。由于社交媒体的快速发展，很多人改变了从报纸、电视等传统媒体获取新闻消息的习惯，越来越多地习惯于在社交媒体平台上获取新闻信息。从微信公众号中获取新闻信息成为用户获取新闻资讯的重要渠道。

在越来越多的人使用社交媒体平台获取新闻消息的背景下，社交媒体平台自身的互动属性使用户在获取信息的同时更多地参与传播，从而进行互动式的传播。过去人们获取信息大多是通过传统媒体编排好的内容来接收信息，受众在绝大多数的情况下是被动的；随着互联网时代的到来，传统媒体逐渐加入了一些互动功能，如广播电台中的"观众来电""短信平台"等，使受众可以切实参与到节目中来。受众可以随时随地通过评论转发等功能参与到信息的传递中，受众的信息获取变得更加便捷，同时也促进了他们在社交媒体平台上的互动性、参与性。

三、国内外社交媒体平台的新闻聚合与发布

用户获取信息习惯的改变与社交媒体平台新闻传播功能的发展相辅相成。社交媒体平台通过增加新闻内容满足用户需求，不断发展新闻传播功能。同时，这也说明了在新闻环境发生巨大变化之后，擅长于生产新闻内容的传统媒体也需要联合社交媒体来进行新闻聚合与发布。

（一）微博实时热搜榜

微博实时热搜榜是微博在搜索功能下附属的一个智能推荐功能。热搜榜每十分钟更新一次。该热搜榜在用户输入搜索内容的同时在页面下方显示，根据每十分钟内用户搜索及点击率最高的热点新闻推荐给用户。该功能将热点新闻与用

户讨论有机结合在一起，在了解新闻事件的同时可以观看到网友的看法。以最新鲜、最热门、最有料作为宣传口号的微博实时热搜榜有以下三大优势：一是搜索热点点击率的直观体现，在热点事件标题之后紧跟着点击率数字，是用户流量一个很直观的统计；二是新闻时效性的有力保障，每 10 分钟一次的更新频率不但可以捕捉到新闻热点的排名变化，也可以及时刷新到事件的最新进程，使新闻的保鲜性得以实现；三是对个性化定制新闻推送的弥补，除去用户关注的账号，社会热点与国家热点在热搜榜里是一个较为客观的体现，用户在刷完微博固有关注账号后，在热搜榜里可以囊括还未看到的但是大家普遍关心的全部话题。

（二）微信及其公众号的新闻推送

作为中国第一大社交媒体平台，微信拥有很大的用户体量，同时也开发了各种日常功能，其中就包括新闻传递。微信在其通用功能中设置了腾讯新闻这一项功能，开启这项功能的用户每天会不定时收到腾讯新闻所推送的消息，并出现在微信消息列表。用户无须进行任何主动操作，新闻内容就会自动推送至用户界面，用户可以通过这种方式快捷地了解新闻内容，但其所推送内容的强制性、低质量也会给用户带来一定困扰。在微信中更具有个性化的新闻推送模式是通过微信公众号。微信公众号目前已经成为人们获取资讯的重要渠道，其中不仅涌现出很多新兴的自媒体，《人民日报》、中央广播电视总台等传统媒体也纷纷开设自己的官方微信公众号，借助微信平台进行推广和内容传播。用户可以根据自己的兴趣和喜好选择订阅不同的公众号，订阅后就会接收到公众号所推送的内容。通过微信公众号平台，传统媒体的新闻推送在内容和形式上都呈现出了更加多元且更符合新的网络传播环境的趋势，也体现了传统媒体借助社交媒体平台的强大影响力进行适应新媒体环境发展的革新。

（三）脸书即时文章

脸书发布的即时文章既是社交媒体平台新闻传播功能发展迈出的又一大步，也是社交媒体平台与传统媒体合作的一个范例。

脸书在 2015 年推出的即时文章服务旨在提升新闻阅读体验，更快速地打开一篇来自第三方媒体的文章，并且更加节省流量。过去用户在脸书应用中点击新闻链接就会跳转到第三方媒体的移动网页版文章页面，而现在用户可以直接在即时文章服务页浏览。用户之前打开相对应的移动网页阅读这些文章平均需要8秒，而利用脸书可以将速度提高10倍。除加载速度提升之外，还有其他一些功能的加入，如流畅的图片缩放、自动播放视频和朗读功能。脸书现已与9家媒体达成合作协议，这些媒体就可以直接向其手机新闻推送用户和发布文章。在刚推出时参与这一合作的媒体包括《纽约时报》《国家地理》《大西洋月刊》《卫报》《明镜周刊》《图片报》、NBC新闻和BBC新闻等。2015年10月，脸书即时文章服务正式登陆iPhone平台。脸书同时宣布，即时文章安卓版本将同时进行测试，会在晚些时候推出。

脸书对于即时文章项目的盈利分成给出了诱人的条件，由媒体自行销售的广告，广告收入将100%归媒体所有；如果是由脸书代为销售的广告，广告收入的30%归其所有。除了广告收入，媒体还能从脸书那里获得用户对内容的反馈数据。《纽约时报》《热报》《国家地理》和NBC新闻计划自行销售广告。只有《大西洋月刊》表示以后可能会同意由脸书代为在即时文章中销售一些广告。

即时文章的创新之处在于打破了脸书作为二次传播平台对于主流新闻机构新闻内容的传播，而是将主流媒体生产的新闻内容直接在脸书平台上呈现。表面看来，这种新的合作方式对于主流媒体非常有益，不仅可以使他们的新闻内容触及更多用户，而且也为他们增加了新的收入。但众多媒体对于与脸书的合作表现出小心谨慎的态度，因为他们担心这种合作方式会打破专业新闻媒体对于内容的掌控优势。在新媒体聚集着众多用户、影响力日益增大的背景下，主流新闻媒体与社交媒体携手共进已成为一种趋势，但主流媒体也应该思考如何在借助社交媒体力量的同时不失去独立自主的新闻生产传播的优势。

（四）脸书现场直播

脸书现场直播是脸书推出的视频直播服务平台。《纽约时报》、互联网新闻博客混搭、社交新闻网站热报等媒体较早进入脸书现场直播，脸书也会付费给这些内容制作商。社交媒体的平台模式让用户和媒体把直播视频推给他们的订阅者或关注者。为了促进直播模式，《纽约时报》任命路易丝故事领衔这个项目，并配备了6名正式员工来为脸书现场直播开发直播内容。一个月后，路易丝故事总结了4条经验：这不是视频，是直播互动新闻；明白热报网站推出的用橡皮筋捆绑西瓜令其爆炸视频火爆的原因了；报纸不一定能承受视频之重；判断一个好视频不一定由观看数量来定。

（五）推特时刻

推特时刻也是一个传统媒体与社交媒体结缘的案例。"时刻"是推特在 2015 年 10 月推出的新功能，这项新功能以事件为中心、对朋友圈发的推文、视频、图片等内容进行整合，就像是植入推特当中的新闻聚合应用，这类新闻可以吸引上百万的忠实读者。《华盛顿邮报》记者使用推特"时刻"有五大好处：推广大型报道项目；使用推特风暴系列；资料再用，内容常新；重现事件特征，突出人物性格；社交网站是增长流量的利器。

四、传统媒体如何应对社交媒体平台带来的冲击

随着社交媒体的影响力与日俱增，传统媒体也逐渐意识到与社交媒体融合会带来的共赢局势，传统媒体纷纷开辟自己的客户端、微博账号、微信公众号等，利用社交媒体平台使自身的信息传播给更为广泛的受众，全媒体时代已悄然到来。社交媒体的兴起和移动终端的发展在缩小"数字鸿沟"的同时，给予新闻事业实现弯道超车的机会。在这样的背景下，传统的新闻传播如何应对各种社交媒体平台带来的冲击？

（一）优势互补，实现多元传播

首先，要做到优势互补，传统媒体专业系统化的新闻生产及社交媒体广大的受众群的优势相互融合；其次，要改变传统生产方式，传统媒体要依托现有布局与采集优势，利用社交媒体互联互通的优势实现多元传播；最后，传统媒体在向全媒体转变的过程中要加强议程设置，既发布新闻也要传播观点，过去的传统媒体充当着"意见领袖"的角色，基于其权威的信息来源和专业的运作团队。

（二）坚持"内容为王"

"内容为王"仍是新闻从业者恪守的首要守则，展示平台一旦在激烈的市场竞争中搭建起来形成稳定性，能够维护并保持平台声誉吸引注意力的要素依然是内容，而对于每个个体来讲，搭建宏大的展示平台是可遇不可求的事情，生产有

品质的内容才是我们每个人通过努力能够达到的。

（三）注重用户反馈，实现双向交流

注重用户的反馈，实现真正的双向有效交流也是实现"弯道超车"的有效途径，互动式的共同交流可以为媒体提供诸多指导性意见，双向良性的沟通交流促进的是媒体受众间的良性循环。

总体而言，社交媒体的崛起与发展带给新闻业翻天覆地的变化，从传播模式到内容再到整个体系，革命性变化的背后是整个媒介环境的变化与多元化融合的过程。这样广阔的空间对于媒体而言是很好的发展机遇，对于媒体人而言，更是机遇与挑战。

爆红手游《王者荣耀》社交属性研究

田智辉　迟海燕[*]

【内容摘要】互联网和手机移动端的普及丰富了社交的内涵和形式，游戏自一开始便承担着娱乐休闲功能，也因互联网和手机移动端的出现而展示出更多的经济功能、社会功能。《王者荣耀》成为年轻用户更具紧密性的社交纽带，正是这样的社交纽带让游戏用户体量得以滚雪球式的越滚越大。从某种意义上说，游戏既是原有"朋友圈"的延伸，也是当下一种新的社交方式。

【关键词】《王者荣耀》；社交属性；游戏社交

20世纪90年代，互联网的出现颠覆了传统意义上社交的方式。在过去，社交是非常群体化和单一化的行为，只在特殊环境下、交往对象熟悉的情况下完成。但随着互联网兴起，社交的模式彻底改变了，现在的社交打破了地域、时间的各种限制，全球被虚拟网络连接为一体，每个人在"全球村"里利用网络进行社会交往，形成纷繁复杂的人际关系。社交方式和社交效果呈现因为互联网的出现发生了改变。

荷兰著名语言学家、欧洲文化史大师约翰·赫伊津哈（Johan Huizinga）在《游戏的人》一书里提到：一切游戏都有某种意义。动物层面的最简单的游戏，也绝不只是生理现象或心理反应。它超出单纯的身体运动和单纯的生物活动范围。游戏具有一种有用意的（Significant）功能。也就是说，它具有某种意义。游戏中，某种超越生命直接需求，并赋予行动意义的东西在活动（at

---

[*] 田智辉系中国传媒大学互联网信息研究院教授；迟海燕系中国传媒大学2017级硕士研究生。

Play）。❶ 随着游戏渐入大众，其本身的意义已经超出了娱乐范围，为社交增添了新的趣味。《王者荣耀》等手游的风靡，代表着游戏已经从一个小众的娱乐方式升级为文化产业的主要增长点，更升级成为年轻用户的主流生活方式。这种生活方式最关键性的表现就是游戏入侵社交，成为年轻用户最重要的社交方式之一。

2017年，腾讯娱乐旗下的《王者荣耀》成为全球用户数量最多的"多人联机在线竞技"（MOBA）手游，如今又将《王者荣耀》IP跟腾讯视频冠名的综艺节目《王者出击》组合出牌，频频刷新热度，成为最受人欢迎的手游之一。这款多人组队的任务配合游戏覆盖了熟人社交和陌生人社交的两个层级。一方面，在随机匹配的陌生玩家之间，人与人之间的组队竞技、角色扮演和社会分工本质上都是人际交往中兴趣社交的表现；另一方面，游戏玩家基于社交网络"一键邀请"来"拉拢"熟人玩家，也一定程度上加深了熟人用户之间的兴趣社交。由此看来，游戏通过塑造共同的生活方式和社会兴趣，从而把人与人之间的社会交往联系起来，玩家之间因"游戏+社交"一起形成更为牢固的关系。

一、游戏从小众迈向大众

哲学家伯纳德·苏茨（Bernard Suits）曾对游戏下过一个定义："玩游戏，就是自愿尝试克服种种不必要的障碍。"《游戏改变世界》一书的作者简·麦格尼格尔（Jane McGonigal）认为，这个定义是目前最有说服力的。❷ 因为它解释了游戏为什么会给人类带来动力、奖励和乐趣，同时是对现实的一种修补。《现代汉语大词典》中对游戏有以下几种解释：第一，游乐嬉戏、玩耍、戏谑，也指不郑重、不严肃；第二，文娱活动的一种，分为智力游戏（如七巧板、猜灯谜、玩魔方）、活动性游戏（如捉迷藏、抛手绢、跳橡皮筋）等几种。《辞海》对游戏的定义是以直接获得快感为主要目的，且必须有主体参与互动的活动。这个定义说明了游戏的两个最基本的特性是以直接获得快感（包括生理和心理的愉悦）为主要目的，主体参与互动。手机游戏是随着互联网的发展和智能手机的普及而兴起

---

❶ 约翰·赫伊津哈.游戏的人：文化的游戏要素研究[M].傅存良，译.北京：北京大学出版社，2014：2.

❷ 陈茜."王者"的困境：难以承受"荣耀"之重[J].商学院，2017（8）：100-103.

的，与网络游戏有着密不可分的联系。从某种界定上来说，手机游戏的概念和分类可以归属于网络游戏的一部分。手机游戏同样也是互联网时代的产物，得益于网络的便捷性，显示出很强的交互性和社交性。

"盛大游戏"开辟了游戏在互联网时代最为成熟的商业模式之一。但受制于终端普及的限制，游戏一直是一个被小众认可的行业，这种分散的游戏用户分布让各个不同游戏存在着天然的话题隔离。2013年中国拥有6亿多网民，此时电脑终端游戏翘楚的《梦幻西游》在最高同时在线人数仅为263万人，其活跃人数比例可见一斑。到了2017年，《王者荣耀》日活跃人数超过8000万人，月活跃人数达1.8亿人，相当于手机网民中的24.86%当月都玩过《王者荣耀》，此前2016年热门游戏《阴阳师》日活跃人数也破千万。单款游戏如此高的活跃量已经表明：游戏不再是小众的表现，已经被大众用户所接受，这一成功转变，为广泛而深刻地开展社会交往提供了共同话题。游戏成为大众的表现有以下四点。

第一，数量庞大的用户覆盖。艾媒咨询显示，2016年中国手游用户规模达5.23亿人，市场规模783.2亿元。2017年年底，中国手游市场突破千亿。艾媒咨询分析师认为，《王者荣耀》的火热再度激发中国手游市场活力。❶腾讯集团高级副总裁马晓轶在腾讯互娱UP2017年度发布会公布了《王者荣耀》的成绩：累计注册用户超过2亿人，日活跃人数突破5000万人。高用户主注册率和活跃度表明，《王者荣耀》已经成为大众游戏。

第二，玩家年龄层更广泛。艾媒咨询显示，在重度玩家（日平均游戏时间2个小时以上）的人物画像中，26～33岁的玩家占比最大，达到42.6%，职业为上班族的玩家占比达到45.4%，男性玩家占比63.8%。❷由此可见，游戏已经渗透上班族群体，职业覆盖更为广泛。比如，《王者荣耀》这款手游几乎覆盖了所有年龄段：14岁以下占比3.5%；15～19岁占比22.2%；20～24岁占比27%，25～29岁占比25.4%；30～34岁占比14.7%；35岁以上占比7.2%。❸

第三，游戏文化被普遍认可。在过去，玩游戏一直被视为一种亚文化或者次

---

❶ 艾媒报告.2017上半年中国手机游戏市场研究报告[EB/OL].（2017-08-15）[2020-10-06].http：//www.iimedia.cn/54970.html.

❷ 同❶.

❸ 创事记.从阴阳师到王者荣耀，游戏怎么就成了社交平台？[EB/OL].（2017-09-19）[2020-10-06].http：//tech.sina.com.cn/csj/2017-09-19-doc-ifykymue7101759.shtml.

文化。而现在随着游戏产业链的开发，游戏文化不再受到偏见，逐渐被主流文化认可。比如，游戏之中更具技巧性的电竞，早在 2013 年 3 月，国家体育总局就成立了一支 17 人的电子竞技国家队出战亚运会，甚至奥运会也在考虑将电子竞技纳入比赛项目。2016 年，国家发改委、国家体育总局、国务院均批示要发展电子竞技，此后电竞馆在全国各地落地，单上海就有超过 8 家专业的电竞馆。教育部也发文公告 2017 年已经可以报考电子竞技专业，内蒙古已经开设电子竞技专业。❶

第四，游戏产业化成熟。根据咨询公司 NewZoo 的数据，中国的手机游戏销售额达到 176 亿美元，比 2016 年增长了 42%，且占 2017 年中国 330 亿美元视频游戏市场的一半以上。据中文互联网数据资讯网发布的《2017 电竞游戏行业报告》称，2016 年，全球 MOBA 游戏市场规模为 320 亿元。《王者荣耀》在移动端的爆红证明了 MOBA 移动化的可行性，其市场规模也随着触达用户的增多在 2017 年翻倍，达到 613.4 亿元。❷2017 年 6 月，英国《金融时报》发表文章称，2017 年第一季度，中国互联网集团腾讯制作的中国幻想战斗手游《王者荣耀》将逾 5000 万日活跃用户转化为至多 60 亿元人民币（合 8.76 亿美元）营收，比绝大多数 A 股上市企业的营收都高。这令这款游戏成为全球收入最高的游戏。❸这同时也是手游产业的发展助力国家文化产业发展的一个缩影。

在 Sensor Tower 发布的《第三季度全球及美国应用经济数据一览》免费报告中，可以看出以下亮点：① Q3 期间全球 App Store 商店下载量最高的 TOP20 应用中，有 7 部 App 来自中国发行商：王者荣耀、微信、腾讯视频、QQ、淘宝、支付宝及优酷视频。②腾讯《王者荣耀》继续引领全球 iOS 手游下载量，成为 2017 年 Q3 期间全球下载量最高的 iOS 手游。包括其他所有类别的 App 在内，《王

---

❶ZAKER 新闻.从阴阳师到王者荣耀，游戏社交化日渐成熟但监管更严苛 [EB/OL].（2017-09-19）[2020-10-06].http：//www.myzaker.com/article/59c0b1931bc8e0e66c000005/.

❷ 中文互联网数据资讯网.2017 年电竞游戏行业报告 [EB/OL].（2018-01-18）[2020-10-06]. http：//www.199it.com/archives/676567.html.

❸FT 中文网.腾讯和网易主导中国游戏市场 [EB/OL].（2018-01-19）[2020-10-06].https：//www.ftchinese.com/story/001076007.

者荣耀》全球 iOS 下载量排名第六。❶

二、"组团开黑"燃爆"游戏+社交"

《王者荣耀》通过社交链接人与人的关系网络，风靡大众圈层。其社交魅力体现在让 2 亿多玩家群体不受距离与空间的限制，在短时间内迅速消除人与人之间的情感隔阂，建立共同爱好的朋友圈，提供源源不断的话题，维系情感热度，玩家间形成了独具特色的"王者交流圈"。比如，"开黑""团战""送人头"等游戏的说法，已经渗透在生活交流语言里、渗透在影视频的弹幕中。这款游戏成为社交方式表现得最为突出，游戏和社交融合得更加自然。

第一，游戏机制提供社交互动。《王者荣耀》的最有价值团队成员（MVP）、五杀、超神等阶段性目标可以一键分享至朋友圈、QQ 空间等社交平台，一定程度上带动了人际传播和人际交往，配合每周战报的生成，又扩大了游戏玩家规模。企鹅智酷的数据显示，超过 60% 的女性玩家因周围朋友玩《王者荣耀》而被带入游戏。

第二，共同爱好反映兴趣社交。《王者荣耀》的风靡让游戏本身成为玩家群体的共同爱好，每个人都可以从游戏中获得经验并分享，形成了基于游戏本身的兴趣社交。这种社交打破了熟人之间的社交局限，大家可以互相交流经验形成学习，这对熟人来说是加强关系的润滑剂，对于陌生人来说就拓展了朋友圈。

第三，角色扮演反映社会分工。在王者组队里，一般队友会根据阵容提示来选择英雄。比较稳定的阵容里必定会有坦克承受伤害、射手负责推塔、刺客负责打野发育切后排等。因此，交战双方形成的这一阵容相当于一个小型的"社会"，在这个社会里，各个英雄扮演着不同的社会角色，承担着不一样的社会分工和社会职责。这些社会分工是现实的反映，也反映着每个玩家不同的性格。

---

❶Sensor Tower2017 年 Q3 全球数据：七部中国 App 及七家中国发行商入 App Store 下载量前 20[EB/OL].（2017-11-23）[2020-10-06]. http://www.youxichaguan.com/news/16059.html.

三、《王者荣耀》成为新社交平台的必然性

在《王者荣耀》之前，同样有非常多的游戏脱颖而出，成为讨论的热点，如《反恐精英》《英雄联盟》《劲舞团》《传奇》等，几乎每个风靡一时的游戏都有数量不菲的玩家。为什么在 2016 年开始以《王者荣耀》为代表的移动游戏成为用户的社交方式，成为社交平台呢？

第一，《王者荣耀》搭载了移动互联网的"顺风车"。据中国互联网络信息中心（CNNIC）发布的第 41 次《中国互联网络发展状况统计报告》显示，截至 2017 年 12 月，我国网民规模达 7.72 亿人，手机网民规模达 7.53 亿人，较 2016 年年底增加 5734 万人。网民中使用手机上网人群的占比由 2016 年的 95.1% 提升至 97.5%。❶ 移动互联网主导地位强化。移动互联网解决了基础设施，"移动化"成就了"手游"场景和用户的限制，电子游戏从 PC 端到手游端转变。无疑，与移动相伴随的手机的便捷性和 4G 网络的发展，极大地拓宽了《王者荣耀》的"随时开黑"的社交时间、地域范围，为《王者荣耀》社交功能的高效实现铺就了"快车道"。

第二，移动直播进军游戏行业，"直播+游戏"的纵深耕耘开辟新战场。移动直播的环境化成为《王者荣耀》爆发式增长的重要助推器。Wi-Fi 和 4G 网络的运行越来越畅通，网络环境再优化，带有高清摄像头的智能手机已经普及，形式多样的户外直播也应运而生，直播的移动化技术环境形成。据艾瑞咨询发布的《2016 年 Q3 中国竞技手游指数报告》显示，截至 2015 年中国电竞游戏用户共 1.24 亿，电竞游戏直播用户约 0.46 亿，国内电竞用户中的直播普及率已接近 40%。❷《王者荣耀》直播不仅局限于官方举办的赛事活动中，很多较为高级的玩家自发地在斗鱼、熊猫等直播平台进行游戏直播，在线上直播与玩家互动，提供一系列福利等。而玩家在观看直播过程中除了得到游戏上的相关奖励，更是从赛事中学习总结出游戏技巧和经验，以提升自身游戏素质。直播不断激发玩家的积极性，增强

---

❶ 中国互联网络信息中心（CNNIC）.第 41 次《中国互联网络发展状况统计报告》[EB/OL].（2018-01-31）[2020-10-06].http://www.100ec.cn/detail--6435338.html.

❷ 艾瑞咨询.2016 年 Q3 中国竞技手游指数报告 [EB/OL].（2017-01-05）[2020-10-06].http://www.gamelook.com.cn/2017/01/278665.

对话与变革
——智能媒体技术驱动下的国际传播

用户黏性，进一步推动了全民参与的游戏热潮，也进一步打开一种全新社交方式。

第三，类似广播的"伴随性"，契合碎片化的媒介使用习惯。早在20世纪末，英国传播学家丹尼斯·麦奎尔（Denis McQuail）就判断快速发展的新媒体和新传播技术将会降低受众经验的同质性和同时性，从而预见了未来受众分化的趋势。媒介碎片化不仅影响了受众的碎片化，同时也是通过塑造受众媒介使用行为的"碎片化"而实现的，即我们所说的"碎片化"媒介使用。❶智能手机使我们进入移动互联网的时代，传播介质从一屏走向多屏。原本只能在电脑上玩的游戏被复制到手机上，以填充移动互联网时代碎片化的时光。《王者荣耀》在产品层面就遵循"短、平、快"的设计方针，碎片化的游戏模式降低了用户的参与门槛，玩家可以在任何场合、任何网络通畅的环境下参与。一般来说，PC端平均一局对抗赛时常普遍在40分钟左右，而《王者荣耀》可以在15～20分钟内就结束战斗。这样看来，传统的PC游戏受制于游戏时间和特定游戏场景的缺陷，即使成为热门也很难覆盖大众用户，当然不可能成为大众范围的社交平台。不仅如此，《王者荣耀》还有类似广播的"伴随性"特性，玩家可以在坐车、等菜等空闲时间轻松开局，体验碎片化娱乐。

第四，社交平台助力引流，用户迎来裂变性爆发大涨势。在互联网三巨头BAT中，阿里擅长运营，百度以技术见长，腾讯的"王牌"则是其强社交性产品。腾讯强大的"社交基因"，为《王者荣耀》源源不断地输送"新玩家血液"。移动游戏因为手机特性和分享特性本身加入了较多的社交元素，加速了游戏在社交圈传播的可能性。首先，社交平台大大降低了新用户注册的门槛，QQ用户和微信用户不用申请账号就可以"一键登录"，每周战报生成，微信群的战绩排名，这种潜在的庞大"用户流量"是其他游戏不能比拟的巨大优势。其次，既有的用户流量可以起到拉动作用。研究发现，消费者在处理各种各样的产品信息时，有关产品的口碑信息是消费者优先考虑的一类产品信息，对消费者的决策具有巨大的说服力和影响力。❷如此一来，一传十，十传百，也不失成为其火爆的重要因

---

❶ 廖圣清，黄文森，易红发等.媒介的碎片化使用：媒介使用概念与测量的再思考[J].新闻大学，2015（6）：61-73.

❷ 郭国庆，杨学成.互联网时代的口碑营销及应用策略[J].财贸经济，2006（9）：56-59.

素。通过原有的社交圈接触和熟悉游戏，又在游戏中与朋友不断合作和沟通，这个双向同时进行的过程成为缔结和巩固"战友情"的关键。最后，社交平台上频繁传播的衍生产品增加了《王者荣耀》的趣味性。比如，《王者荣耀》段子和"表情包"恶搞短视频等被大量传播和使用，用户互动量惊人。

第五，技术迭代，大数据的应用创新促进游戏形态演变。受益于大数据、智能设备的不断完善与更新，游戏产品的设计、品牌营销与传播出现了更为多元化和创新型的发展趋势。"腾讯游戏"的强大技术可行性，使荣耀风靡"朋友圈"。打开"微信小程序"便可轻松看到哪个朋友在玩这款游戏，而且分享到任意群里，皆可显示在这一群里你的《王者荣耀》的段位排名。这一操作依赖于腾讯背后的大数据平台。通过玩家利用 QQ 和微信登录个人 ID，利用算法生成将海量的用户玩家数据从碎片化转化为规律化、从无序转化为有序，进而梳理出玩家的段位排序，生成随机可变的个性化排名。大数据的应用也体现在配套应用"王者荣耀助手"上。此外，游戏内的战局场次、对局先知、擅长角色胜率的统计，都是大数据带给游戏最显著而直观的呈现，也是技术发展带给社交平台的新元素。

四、《王者荣耀》的社交属性分析

马克思说，"人的本质在于人的社会性"。人类是需要与同类进行交流沟通的动物，这是人类历经不同社会形态的变迁而不变的本性。社会关系是个人与个人、个人与群体、群体与群体间的结构存在状态及其互动过程。每个人都不可能脱离社会关系而孤立存在，而游戏这一社会化产物在复杂社会关系中发挥着重要作用。比如，《王者荣耀》通过"玩家对战玩家"对抗，把计算机前的每个人联系在一起，组成一个虚拟的社会，形成虚拟的人际关系，玩家在游戏内部的社会分工、社会角色功能扮演都是其社会属性的体现。具体来说表现在以下几方面。

第一，线上虚拟与线下现实传播交错，拓展社交渠道。腾讯的发展以社交软件起家，现如今腾讯的综合业务发展也绝对可以称得上中国第一代互联网企业。马化腾曾经说过，腾讯只做两件事：一是基于社交平台，连接一切；二是数字内容产业。❶《王者荣耀》这款产品完美地将二者联系在一起。依托腾讯社交工具，

---

❶ 白硕源. 产业链视角下的中国手游产业发展研究 [D]. 重庆：重庆工商大学，2016.

对话与变革
——智能媒体技术驱动下的国际传播

用户可以通过微信、QQ 账号登录《王者荣耀》，既可以和已有的好友组队，聚在一起挥刀推塔，也可以在游戏世界里重新认识现实中的朋友。同学、同事、情侣、亲戚等这种强关系可以移植到游戏当中，而且借助游戏匹配，可以将平时朋友圈里互动不频繁的好友重新"拉回关系"。基于真实社交关系的游戏角色关系，让玩家更能投入其中。相比于陌生人，熟人一起组队，队员的群体意识更强。这种群体意识会加强玩家荣誉感的体验，增加他们在游戏中的沉浸程度。为了群体或者团队的胜利，玩家个人会有谋略地牺牲自己，顾全大局。而且，由于《王者荣耀》玩家遍布社会各个阶层，游戏的随机匹配也打破了固有的社会阶层对应的社会交往模式。不同于真实的交往，《王者荣耀》的随机匹配是根据段位而不是社会阶层，在计算机背后的你永远不知道，你的队友甚至你的对手是什么样的人。如此说来，玩家在游戏中对角色的扮演并不是单纯的角色技能驱动，也有现实关系的映射，从而使社交渠道更广泛了。

第二，虚拟游戏揭开内心性格孤僻，打开社交需求。在新的网络技术时代，游戏是人们身份认同的一种存在和情境，或者是一种社会建构。在游戏中，现实的人们从物理世界进入网络虚拟世界，在虚拟和想象的自我构造中表达了一种探索另一个新的"自我"身份的愿望。在心理学上存在一种补偿性心理机制，即个体在适应社会的过程中总有一些偏差，为求得到补偿。依据心理学上的补偿理论，人们之所以进入线上游戏是因为可通过游戏满足某些心理需求。游戏生产者通过剧本、声乐、影像、角色等一系列符号建构了共同仪式，玩家乃是从现实世界"逃离"到虚拟世界。[1] 一方面，《王者荣耀》可以注册用户，挑选英雄人物，可以自己起名字。每一个英雄技能、任务有不同的特色，每一款英雄也适应不同性格的玩家。每类英雄的角色适用于特定的人物心理，如输出爆表、掌控全场的孙悟空；保护队友、抗伤害打辅助的蔡文姬。另一方面，虚拟游戏世界的匿名性，开启了玩家的第二面性格。约书亚·梅罗维茨（Joshua Meyrowitz）提出了"媒介情境论"，如果把游戏视为一种媒介，那游戏中的人会因为媒介情景的变化使采取不同行为成为可能。平时内向孤独也可以在游戏里掌控全场，平时在人群中的"积极分子"也可能在游戏里内敛不善言谈。

---

[1] 王昀.另类公共领域：线上游戏社区之检视[J].国际新闻界，2015，37（8）：47-66.

第三，群体压力促使搭上王者"乐队花车"，增进社会认同。年轻人都希望一起制造快乐，玩家渴望归属感，如爆款游戏——《梦幻西游》深谙此道，打出了"人人都玩，不玩才怪"的口号，业绩斐然。在拉斯韦尔的宣传手法中，这就是一种"乐队花车"效应，也称从众效应（Conformity）。它是指当个体受到群体的影响（引导或施加的压力），会怀疑并改变自己的观点、判断和行为，朝着与群体大多数人一致的方向变化。"jump on the bandwagon"（跳上乐队花车），是"跟上潮流"的意思。❶如今，《王者荣耀》再次把这个宣传手法发挥到极致。腾讯社交平台为《王者荣耀》提供一批数量庞大的初始用户。经由线上的强关系不断地引流，获得一定数量的用户之后，便会产生"羊群效应"。群体压力下，个体为了能够融入群体当中，获得群体的身份认同，就不得不采取和群体一样的行为。《王者荣耀》8000万的日活，2亿的注册用户让游戏本身得以跳脱游戏的边界，成为"大家都在玩我也要玩"的兴趣社交产品，在游戏风靡的阶段，游戏玩得不好并没有关系，但不会游戏甚至融入不了同事和朋友共同的话题会在无形中被自然的"孤立"，相反，你融入了这个游戏圈，才能有社会认同和归属感。

第四，全新LBS玩法结合推荐"附近的人"，扩大社交范围。"LBS（Location Based Services，定位服务），又称适地性服务、移动定位服务、位置服务、置于位置的服务，它是通过移动运营商的无线电通信网络（如GSM网、CDMA网）或外部定位方式（如GPS）获取移动终端用户的位置信息（地理坐标）。在GIS平台的支持下，为用户提供相应服务的一种增值业务。"❷定位功能对手机通信应用是一种免费服务，在好友圈发送个人信息可以很方便地标注当前所在地理位置，在选择沟通对象时可以通过基于开启显示的同地区的人，也可以查找附近的人。《王者荣耀》推出定位功能，也就意味着在确定自己的地理位置后，你就可以和在你的办公楼、小区或学校和身边的人一较高下。玩家在所在的地区进行评比，获得相应的称号。例如，北京市朝阳区第一王昭君、北京市海淀区第一吕布等。对玩家来说，在聊天位置可以体现自己技术的高度，同时，基于当前注册的定位，系统还会打开推荐"附近的人"，邀请一起"开黑"，玩家也可以互相加

---

❶ 孙华. 传播学视阈下的双十一乐队花车效应[J]. 传媒观察，2017（2）：33-36.
❷ 王建业. 传播学视角下游戏《王者荣耀》"爆红"原因探析[J]. 传播力研究，2017，1（4）：143.

好友，一定程度上也促进了社会交往，扩大社交范围。

五、结语

人是一种社会性的动物，任何人的生存都离不开和他人之间的交往。人们在交往活动中，相互之间传递和交换着知识、意见、情感、愿望、观念等信息，从而产生了人与人之间的互相认知、互相吸引、互相作用的社会关系网络。移动互联网的崛起，大数据、直播等技术因素的助推为游戏社交注入了新因素，扩大了人与人之间的互动。《王者荣耀》带来的社会属性具有两个层面：一方面，游戏内部的社会交往活动同样也是其虚拟世界得以形成的基础，没有了人机互动，没有了玩家之间的相互交流与社交关系的建立，虚拟世界的社会机器也难以运转；另一方面，游戏本身成为一种新社交手段，或者说，游戏成为原有朋友圈的一种延伸，游戏社交化将成趋势，同样也是新社会关系塑造的桥梁和纽带。游戏不仅是消遣的娱乐手段、一种新兴媒介，也是一种新社交方式，通过线上虚拟与线下现实传播交错来拓展社交渠道，通过虚拟游戏打开内心性格孤僻、打开社会需求。社会群体压力促使人们搭上王者"乐队花车"，增进社会认同。全新定位功能玩法结合推荐"附近的人"，扩大社交范围。这些正是《王者荣耀》社交魅力所在。

"互联网+"时代背景下对传媒艺术人才的需求及培养对策

徐 迟[*]

【内容摘要】 随着互联网技术的飞速发展,我们迎来了互联网的2.0——"互联网+"时代。"互联网+"这一概念,在《国务院关于积极推进"互联网+"行动的指导意见》中首次被提升到国家发展战略高度。[1]在新的"互联网+"时代背景下,也对传媒艺术人才的培养提出了更高更新的挑战。以往传统意义上的培养模式,已经无法适应新形势下业界对于传媒艺术人才的需求,因此我们该如何调整教学思维和教学方法,才能让我们培养出来的学生可以在全新的"互联网+"时代切实发挥出自己的专业优势,将是本文重点探讨的问题。

【关键词】 "互联网+"时代;传媒艺术人才;培养模式

一、"互联网+"时代我们需要培养什么样的传媒艺术人才

(一)专业背景复合的跨界应用人才

面对"互联网+"的新时代,我们要知道什么样的人才才能符合这个时代的需要,即培养人才的目标定位。首先,"互联网+"时代有着较强的融合发展需求,这表明我们需要培养复合型的人才。这里不只是简单的专业背景的复合,而是具有在知识结构的合理性与基础专业理论有机结合的基础上,进行拔高和创新

---

[*] 徐迟系中国传媒大学戏剧影视学院助理研究员。

[1] 国务院关于积极推进"互联网+"行动的指导意见[EB/OL].(2015-07-04)[2020-10-06].http://www.gov.cn/zhengce/content/2015-07-04/content_10002.htm.

的能力的人才。其次，技术全面的应用型人才。在"互联网+"的媒体融合背景下，只拥有一种专业技能已经支撑不了业务发展的需要。新闻采集、文字编写、摄影技术及采编、分发、整合能力都需要具备，不再是掌握单一的媒体技术知识，而是全媒体的技术要领都需要熟练掌握并运用。

（二）具有较强创意、创新能力的创作人才

"互联网+"时代中的媒体依旧是作为一种传播传递信息的媒介，且最终的服务对象还是"用户"，也就是接受媒体信息的人。实现"互联网+"的传播价值，归根结底就是要更加便捷地服务于更多的用户，并以此发挥"互联网+媒体"的深层次价值。那么如何才能拥有更多的用户？关键点还在于媒体传播的内容，所谓"内容为王"便是这个道理。内容的质量及内容的黏性才是吸引用户的不二法门。创意、创新人才的培养，就是为了生产更多有价值、有吸引力的传播内容，从而吸引更多的用户，最大限度实现"互联网+媒体"融合的价值。

（三）具有较强媒体经营能力的管理人才

"互联网+"时代，我们不仅仅需要创意型、技术型人才，还需要经营管理人才。首先，经营管理人才要了解全媒体内容的业务流程。其次，需要了解"互联网+"时代背景下媒体的发展趋势与收视流量的方向。再次，还需熟悉由流量转化成实际效益的规则。最后，还必须懂得媒介内容的定位与商业价值如何平衡等。只有具备这些经营管理能力，才能在"互联网+"背景下，从传统媒体与互联网的深度融合中创造出新的发展生态。

二、"互联网+"时代背景下现行传媒艺术类专业培养模式中亟须改善的几个问题

（一）需要快速更新的教学内容

在如今的互联网信息化时代，知识更迭的速度是以往的数倍之多，一个教案教好几届学生的日子一去不复返了。特别是教授传媒艺术类相关专业的老师，需要在教学过程中不断地深度学习，和学生一起树立终身学习意识，而这种意识

也应该是大学教育所应该具备的。❶实时更新自己的教学内容，包括案例库的更新、业界使用的新的技术手段和节目创意的新方法、理论界的新思潮等。只有解决了教学内容这个"信息库"的持续更新问题，才能提高学生在当下这个"互联网+"新时代的适应性。

（二）需要提高培养人才与业界需求的契合度

以前的传媒艺术类专业的教学是在校园里进行的，老师在课堂上讲授，好一点的可以看到一些片例的影像资料。而在"互联网+"时代背景下的教学，必须要和实实在在的业界、实践紧密结合。根据业界的用人需求培养学生，某种意义上可以和业界有实力的传媒平台联合打造，定制培养。只有做好与业界的契合，我们培养的学生才能有用武之地。否则，如果培养的学生与业界的实际需求是脱钩，我们的教学将失去大部分的意义。

（三）需要改变"重理论、轻实践"的教学方式

"重理论、轻实践"的教学方式还存在于很多传统的传媒艺术类专业的教学之中，有很多课程，其中大部分以上的课时都在讲述理论常识，而让学生真正动手实践的环节少之又少。理论来源于实践，但是最重要的是理论要指导实践，在实践的过程中又来反复验证理论的正确性，这才是一个完整的教学过程。因此，在"互联网+"时代来临的今天，我们需要在教学安排上加大实践环节的分量，如和业界建立联合培养基地，专业授课教师以业界的"项目"带动课程教学等，让学生可以真正将学到的理论知识融入实践之中，在实践中再次提炼。

三、"互联网+"背景下传媒艺术人才培养模式的实现策略

（一）合理化的课程设置

充分考虑人才的培养定位因素，合理安排理论课程和动手实践课程的比重，以"创新、创意"为目标，借鉴国际先进教学理念，在课程设置中注重理论与实践相结合，鼓励师生参与课程改革与实践创新。充分发挥"互联网+"时代背景

---

❶ 余胜泉，王阿习."互联网+教育"的变革路径 [J]. 中国电化教育，2016(10)：1-9.

下传媒艺术领域的先进科技与行业优势，大力推动慕课、微课等信息技术、智能技术与教育教学深度融合，促进传媒艺术核心课程的迭代升级。

（二）转变课程的讲授方式

课程讲授方式也需要进行转变，如可以探索案例式、探究式、讨论式、交互式的教学方法和基于小组的学习法及线上教学与线下教学相结合等。在"互联网+"时代，没有哪一位老师可以说自己掌握了全面的媒体知识，因此可以尝试多位教师团队讲授一门课程，从每个人最擅长的专业角度，向学生展现这门课程的不同面貌。一方面可以让学生接触更多的不同观点，另一方面可以让老师带给学生更多的信息。另外，也可以在一门课程中设置理论讲授老师和实践指导老师。其次，还可以将学生带到业界去，或者利用网络授课的方式让业界顶尖的专家参与到课堂当中，给学生带来最新的前沿信息。这些都将大大地丰富课堂教学内容。

（三）教学全过程的"信息化"和"数字化"

"互联网+"时代，教学过程不再是教室、黑板、课桌，老师讲、学生听这样的传统模式。老师可以通过"信息化"和"数字化"的方式，将教学内容变得生动而丰富，并且学生还可以借助移动设备进行自主学习。老师也可以在对每个学生的数据处理分析之后因材施教，并且可以通过建立互联网学习平台，将教学资源进行推送和分享，使学生的学习时间、地点、方式灵活多变，获得知识的方式也更为高效。而对于传媒艺术类的学生来说，"互联网+"时代的学习和实践不再是测试机的拍摄、非线机房的编辑等，而是随时随地手机、平板电脑、计算机之间的无缝连接和转换，以及线上线下课程的流动化、实时化。这对学生的动手能力、理论向实践的转化能力都是非常积极正向的培养，为学生未来胜任工作岗位的任务打下坚实的基础。"信息化"和"数字化"的教学全过程以知识、信息传递的最快速度和最大范围承载着学生的整个培养环节，并且可以力争做到教学效果的最优化。

四、结语

"互联网+"代表一种新的社会形态,即充分发挥互联网在社会资源配置中的优化和集成作用,将互联网的创新成果深度融合于经济、社会各域之中。"互联网+"时代是一个信息技术迅猛发展的时代,也是互联网和传统行业实现融合迭代的时代。如何在这样一个背景下,紧跟时代步伐,做好传媒类人才的培养工作,我们需要思考的地方还有很多。

媒介融合背景下微录（vlog）新闻的内容传播策略

常 鑫[*]

【内容摘要】 当今社会，短视频已经成为信息生产和消费的重要方式，这种改变无疑对新闻生产模式产生了巨大影响。为更好地适应用户消费习惯，央视新闻、人民网、《中国日报》等平台纷纷推出独具特色的视频内容，其中微录新闻以其活泼的语言、贴近生活的表达方式、碎片化的传播特点吸引了大众用户的关注。但是在此过程中，微录新闻也暴露出一些缺点，如严肃主题娱乐化、用户参与度低等，这些都使其传播效果受到严重影响。

【关键词】 媒介融合；微录新闻；内容策略

随着互联网时代的不断发展和传播技术的不断提高，短视频凭借其视觉化的表达方式、碎片化的叙事模式等特点一跃成为网络"新宠"，在网络市场占据一席之地。微录作为短视频的衍生品，既具备了短视频的诸多优点，又有着个性化表达、临场感强等特点，受到广大年轻用户的青睐。

微录，又叫视频博客，是一种以拍摄者自己为主角，从第一人称角度进行人格化表达的，用以记录真实生活的视频，时长多为2～10分钟。微录最早是在视频分享网站YouTube走红，在国外，经过六七年的发展，目前已经具有了较为成熟的商业模式。2018年，在明星和网络红人的带动下，微录在中国迅速发展起来，腾讯、微博等平台也开始大力推广微录。根据中国互联网络信息中心（CNNIC）发布的第44次《中国互联网络发展状况统计报告》显示，截至2019

---

[*]常鑫系中国传媒大学2019级硕士研究生。

年6月，在网络娱乐类应用中，网络音乐、网络游戏、网络视频、网络直播的用户规模分别为6.08亿、4.94亿、7.59亿、4.33亿，使用率分别为71.1%、57.8%、88.8%、50.7%，其中短视频的用户规模达6.48亿，占网民整体的75.8%。❶ 被视为短视频下一个风口的微录，在You Tube每小时约产生2000条微录产品，其内容涉及时尚、生活、游戏、动漫、美食等多个领域。与以往用文字记录生活的方式不同，微录的出现真正实现了从静态到动态的转变。

随着媒介融合的逐步深化，微录也开始被应用于新闻报道中，成为一种新的新闻报道形式，早在2019年人民网、中国国际电视台新闻频道、《中国日报》等主流媒体就一改往日枯燥沉闷的报道方式，将微录这一新技术运用在新闻报道中，以不同角度聚焦大事件，以一种人格化、贴近性的方式进行新闻生产，拉近与用户的距离，获得了众多网友的点赞和好评。

央视媒体制作的微录视频引发了网民的广泛关注，"来了！青藏高原上的诗和远方！""带你体验冬奥运动员的备战日常"等已经上线引发了网友的热议，观众纷纷评论这样的新闻最接地气。央视新闻通过这种方式，以小事件为入口，以生动活泼的画面和语言为桥梁，展现出传统媒体的"亲和力"，是央视媒体在提高传播力、扩大影响力方面做的一次积极有益的探索。

目前，现有的研究大都聚焦于微录自身的创新及发展策略，以期在品牌营销、影视制作等方面发挥更大作用，而微录运用在时政新闻报道的研究还较少。研究微录新闻的内容传播策略、存在的不足及未来发展前景，有助于加深我们对这种新型新闻报道方式的认识，促进我们在实践过程中不断改进和完善，为推进媒介融合助力。

一、微录在时政新闻报道中的内容传播策略

（一）第一人视角：人格化表达

胡亚敏在《叙事学》一书中介绍道：叙事视角就是叙事者或故事中的人物从

---

❶ 中国互联网络信息中心（CNNIC）．第44次《中国互联网络发展状况统计报告》[EB/OL]．（2019-08-30）[2020-10-23]. http://www.cac.gov.cn/2019-08/30/c_1124938750.htm.

对话与变革
——智能媒体技术驱动下的国际传播

什么角度来讲述故事,热拉尔·热奈特(Gérard Genette)将叙事视角划分为零聚焦叙事(全知视角)、内聚焦叙事(限知视角)和外聚焦叙事(纯客观视角)三种类型。[1] 微录新闻报道中多采用限知视角,即叙事视角受到限制,讲述者通常以第一人称出现。

微录新闻中多以记者的视角来看事情的经过,来观察其他人或物。以记者本人的自拍画面为开场,以记者的主观视角为第一观察点,以真实的声音、场景为纽带,再借助记者生活化的语气和口吻进行人格化表达,配以音乐、动画表情等,增加了传播内容的贴近性、可接近性和可读性,同时也突出了拍摄者的个人特质。另外微录新闻从记者自身角度和亲身体验来观察事件发展经过和细节,最大限度地还原事件原貌,为观看者营造一种沉浸感和在场感,实现用户"心理在场"。这种报道方式与以往时政主题的报道大有不同,叙事语态的改变加强了用户与媒体之间的双向沟通,人格化的表达方式与视觉化的呈现方式相结合,拉近与观看者的情感距离,使用户更易产生情感共鸣,从而增强用户黏性甚至产生粉丝效应。在央视新闻"时政微录"的系列视频中,拍摄者以第一人称视角,亲和的语态,通俗的话语表达,视觉化的生活记录,形成独特并富有人格化的标志性符号,与用户以往对央视严肃刻板的印象形成鲜明的反差,引起了观众的观看兴趣,同时增加了对视频中涉及事件如"冬奥""澳门回归20周年"等的关注。

(二)小切口讲述大事件

被称为视频日志的微录,其本质是记录真实的生活,内容主要包括时尚、美食、旅游、游戏等生活日常,这是微录自身的属性。主流媒体在使用微录进行时政类新闻报道,关注重大政治事件时,一大特点就是利用了微录的生活化属性,从日常化的切入点进行叙事,从一定程度上使严肃的政治主题新闻柔化,从而增加其可接受度。新媒体时代,用户对以往时政主体新闻严肃的话语叙事感到排斥,具有解构严肃叙事的要求,微录的使用契合了媒体从业者在进行时政类新闻报道时需要转换叙事语态的要求,从生活化的角度展开叙事。例如,在央视新闻微录新闻中,拍摄者通过一碗螺蛳粉讲述了"网红食品"带动柳州经济发展的故事。

---

[1] 胡亚敏. 叙事学 [M]. 武汉:华中师范大学出版社,2004:15.

用小切口展示大事件的特点同时体现在报道视角方面，微录新闻更多是从个人感受的角度进行报道，传统的时政报道主要从宏观政策方面讲述，而在微录新闻视频中，更多的是从用户的角度出发，对用户感兴趣的内容进行报道，再结合微博、微信的传播特点，辅之以轻松活泼的风格，从而实现内容的有效传播。这种从宏观到微观的视角转换，对画面内容、技术条件等的要求较低，在进行后期制作和传播时也更简便容易。在央视微录新闻中，既有冬奥开幕式的宏大画面，又有主人公在青海学习剪羊毛、织藏毯的画面，真正实现时政新闻"飞入寻常百姓家"。

（三）连接型功能

彭兰认为，连接是互联网的基本功能，也是互联网的内在法则之一，在互联网实现的各种连接中，人与人的连接是核心。❶在时政主题微录中，报道时政信息并不是首要任务，而是通过趣味性的话语、贴近性的画面，吸引用户对严肃时政类新闻主题的关注，以轻松愉快的方式吸引用户注意力，实现其与重大事件之间的连接。同时，由于拍摄者轻松活泼的语言表达，平等双向的交流互动，使用户与拍摄者之间也形成了连接。基于微博、微信等社交媒体平台的转发评论，加深强化了这种连接，使用户更有参与感和在场心理。例如，有网友表示"以这种方式了解新闻，了解国内外大事，有意思！"，更有网友将视频截图制作成表情包表示对这种新型报道方式和拍摄者的喜爱。

（四）场景后台化：满足好奇心

彭兰曾指出，在移动媒体时代，场景成为了继内容、形式、社交之后的另一个核心要素，随着秀场文化的兴盛，人们的生活场景不再严格按照工作、学习、休息、吃饭等进行严格划分，正如约书亚·梅罗维茨曾提出的：情景的融合带来前后台边界的消失。❷欧文·戈夫曼（Erving Goffman）将人们的社会生活同戏剧进行对比，将传播情景分为前台和后台，前台是表演区域，在传统新闻中，表示已经被制作好的，展示给用户看的新闻成品，在微录新闻中，拍摄者多使用后

---

❶ 彭兰．连接与反连接：互联网法则的摇摆 [J]．国际新闻界．2019，41（2）：20-37.
❷ 彭兰．短视频：视频生产力的"转基因"与再培育 [J]．新闻界，2019（1）：34-43.

台前置的手法，通过记者的视角将媒体报道新闻的后台准备以视频日志的方式展现在前台，满足用户的新奇感和窥视欲。一方面，时政主题类新闻与用户日常生活较为遥远。另一方面，用户对新闻从业者的工作内容也充满好奇，微录新闻满足了用户这两个需求，对时政新闻台前幕后的报道，实现了场景多元化，打破了以往时政报道严肃认真的状态。

（五）碎片化传播，提高传播效率

微录的时长一般在1~5分钟，相比于15秒到60秒的短视频来说，表达的内容更加完整，信息量更大，与传统的电视新闻相比，又能将观看时间缩短，适应新媒体时代用户碎片化的信息消费习惯。同时微录随意性、个人化的特点突出，对拍摄设备、制作方式等要求不高，能够实现短时间内的制作和传播，大大缩短了制作时间，提高了传播效率。不受传统新闻报道框架、制作标准的束缚，微录新闻的这种非正式性的特点吸引着越来越多的用户关注时事热点。

总的来看，我们不难发现主流媒体在新闻制作过程中逐渐意识到用户体验的重要性，这是对新媒体时代用户地位变化的反应。传统的时政类新闻报道主要采用严肃报道的方式，立足于真实性的新闻原则，对主要的新闻要素进行呈现，用户已经对这样的报道形式形成了免疫，而微录新闻在遵循新闻真实性的同时重视用户的临场感，实现了从以事实为导向到事实与体验并重的转变，相比于传统的报道，微录新闻的报道方式在激起用户兴趣、吸引注意力方面收获了不错的效果。但微录新闻在受到媒体和用户喜爱的同时，也暴露出许多值得深思的缺点，对其不足的思考可以帮助我们在实践中更加完善。

二、微录新闻存在的不足

（一）高注意力，低信息量

对于时政类新闻来说，主要任务是传递信息，而在微录新闻视频中，用户对于拍摄者本人和新的报道形式的关注大于时政内容本身。正如莉莉·霍夫曼（Lily Hoffmann）所说："新闻报道中始终是故事最重要。用户的注意力一旦被太多的互动环节分散，观看体验就会受到破坏。"他认为，记者应着重把握个人化元素在新闻报道中的角色，新闻故事才应该是主角。

同时，在微录视频中存在着相关时政信息受到趣味性内容挤压，信息量较少的问题，如何平衡报道的主体内容与趣味性内容，在实现微录连接型功能的同时，适当增加新闻信息和核心议题，以贴近用户的新闻形态承载更多的实用信息，是我们在微录新闻发展过程中需要考虑的问题。

（二）严肃主题娱乐化

微录作为碎片化娱乐短视频，目前在进行时政新闻报道时仍只能聚焦于花絮内容的拍摄，尚未寻找到在短时间内深入探讨议题的叙事方式。再加上报道语言的年轻化，使得微录新闻在选题上受限较大，内容多集中于大型会议或活动的前期准备、幕后策划，或是对核心报道的揭秘等，难以传递过于厚重的内容，只能从侧面反映核心报道内容，最终成为核心报道的绿叶。

（三）用户参与度低

虽然微录新闻视频播放量可观，但是其转发、评论、点赞量却为少数，这和全民参与的爆款新闻之间还有很大差距。同时微录新闻的热度难以延续，在两会等大型活动期间，媒体争相利用微录争夺用户注意力，而活动结束后，关注度逐渐下降，这种短时间的投入和使用使微录新闻难以形成自己的品牌，获得用户的持续关注。

（四）主观性较强

信息中夹杂情感，情感中裹挟信息。时政微录最为人关注的是其情绪化表达，与以往一板一眼的新闻不同，微录新闻中传播者"怼脸"式拍摄视角拉近了用户与之的"物理距离"，从而也拉近了双方的心理距离，建立起虚拟的亲密关系，更适于情感的交流。但是这种优势同时也成为时政微录的弊端，记者从以前的旁观者化身成为参与者，使报道中注入了过多的个人情感，使新闻一直以来提倡的"客观性"原则受到挑战。

三、结语

制作内容如何吸引用户是媒体一直以来思考的问题。在当下新媒体环境下，用户拥有更高的传播力，主流媒体话语权被分散，对媒体的制作能力提出了更高的要求。拥抱新媒体成为传统媒体破解当下难题的一大法宝，时政微录无疑是其重新获取流量的密码，也为未来时政新闻报道提出了创新方案。比如，传统时政新闻对重大新闻进行报道的同时，微录新闻可以作为其补充，对事件相关的新闻落脚点进行拓展，吸引用户，真正实现大屏与小屏之间的联合互动，甚至能够在产生一定影响力后反哺大屏。此外，央视等媒体已经与爱奇艺、优酷商业平台合作发布多条微录新闻，通过这样的合作交流使时政微录得到广泛传播，微录视频短小精悍，方便用户通过社交媒体和视频平台转发分享进行二次传播，从而扩大其尾部市场。

习近平总书记指出，要"坚持导向为魂、移动为先、内容为王、创新为要"。在微录与新闻的深度融合过程中，要适当增加时政信息供给，以求专业性与贴近性共存，坚持内容为王，传递深度信息，将微录和时政报道形成组合拳，提高用户对时政新闻的关注度与政治参与度。同时要将微录形成品牌，使其系列化、固定化，深度挖掘拍摄者个体及团队创造力，打造独特风格，将栏目固定化，持续推出微录新闻产品，吸引用户对时政热点的关注。互联网时代下IP化运营能够为平台吸引更多年轻人的注意力，媒体可以通过时政微录使主持人IP化，增加亲切感，为平台引流。

微录与媒体的融合是双方共同渗透的结果，媒体人以专业的视角和采编技能拍摄微录，大大提高内容质量，满足分众化用户的需求，增加用户黏性，使信息传播效果和影响得到显著提升。虽说微录只是短视频在新闻传播领域的一次尝试，目前难以承担严肃时政新闻的报道，但至少为新闻传播指明了一个方向，即注重用户体验，人的回归，其人格化的表达方式，体现了新媒体时代人们对连接和归属的渴望，在未来，微录与新闻的深度融合仍然值得期待。

Ⅱ 变革篇

互联网技术特性衍生的文化寓意
——更新、缓冲与纠错

田智辉 梁丽君[*]

【内容摘要】 互联网为我们构建了新的思维空间和生活领域,其自身的存在已经远远超过了技术本身,其技术的迭代、兼容、测试特性衍生出文化寓意:以用户诉求为动力的更新文化,以尝新纠错为手段的缓冲文化,以市场反馈为基准的纠错文化。这种文化背后折射的是一种生活方式、观念思维的互联互通。探求这种文化现象背后所蕴藏的社会心理机制和公众思维方式,将对现实生活具有深远意义。

【关键词】 互联网;文化寓意;更新缓冲;测试

以技术为先导的互联网不仅呈现出一种技术性,其技术的迭代性、兼容性和测试性所衍生出文化的寓意,更加为我们构筑了一个全新的文化生态环境。从宏观角度而言,互联网的文化氛围是当下社会政治、经济和社会心理等元素共同聚合投射的"生态场"。互联网文化环境中既有迅速围观的平台机制,又有个性表达的自我诉求;既有更新迭代的信息"涌现",又有静候守望的技术"缓冲",以及由此带来的技术总处于测试状态。在新的背景下看互联网文化的特征,并探求这种文化现象背后所蕴藏的社会心理机制和公众思维方式,将对现实生活具有深远意义。

---

[*] 田智辉系中国传媒大学互联网信息研究院教授;梁丽君系中国传媒大学2013级硕士研究生。

一、互联网技术：文化衍生的推力

随着技术逐渐渗透到生活的方方面面，技术超越了其本身的工具属性，而更加具有社会性。法国哲学家雅克·埃吕尔（Jacquese Ellul）认为："当代技术对文化整体的巨大冲击，使人类无法再漠然置之，转而专注于技术对作为整体的文化的意义时，它便构成了对人类文化发展的全方位渗透，本身已成了目标，成为不受驾驭的独立实体，甚至成了我们的主人。技术改变了文化，使它成为任何东西在其中都与技术相关的技术文化。"❶

技术本身亦是一种文化，正如凯文·罗宾斯（Kevin Robbins）和弗兰克·韦伯斯特（Frank Webster）所指出的："对技术问题进行文化讨论的先决条件，是不仅把它们作为技术和经济现象来理解，还要把它们作为文化力量来理解。"❷技术精英通过技术的创新为参与网络文化的大众互联网技术特性衍生的文化寓意——更新、缓冲与纠错建构了不同的社会关系和感觉方式，技术又具有不断更新的特质，技术的发展总是基于自身的不断否定基础之上，所以网络文化先天就具有不断自我否定的更新特质。

互联网作为一种技术的存在，从网页的刷新到软件的更新迭代，从 PC 客户端到移动客户端，从站点链接到聚合推送，其技术呈现出以下特征。第一，技术的迭代性增强，技术的更新有着周期短、频率高、功能强的特点，功能模块的不断完善和推进都是技术的迭代呈现。互联网时代的创新还有一个重要特点，因为迭代周期加快，没有一项创新能够取得永久性的收益，能够管用的时间越来越短。看看几年前的戴尔直销模式，诺基亚的科技创新，摩托罗拉的营销创新，这些热乎乎的创新者们一旦成为中规中矩的非异类，就丧失了前进的动力和增长的势头。❸ 同时，迭代思维正是迭代技术催生的，"敏捷开发"是互联网产品开发的

---

❶ ELLUL J. The Technological soeiety[M]. New York：RandomHous，1964：5.

❷ 凯文·罗宾斯，弗兰克·韦伯斯特.技术文化的时代[M].何朝阳，王希华，译.合肥：安徽科学技术出版社，2004：44.

❸ "不断试错、全员实验的创新迭代"传统企业互联网化转型[EB/OL].（2015-04-13）[2020-10-06].http：//mp.weixin.qq.com/s?__biz=MjM5MjA1NzI3NQ=-&mid-205792033&idx=4&sn=9112be5afc118a669be29a460c28042e3&rd=MzA3MDU4NTYzMw==&scene=6#rd.

典型方法论，是一种以人为核心、迭代、循序渐进的开发方法，允许有所不足，不断纠错，在持续迭代中完善产品。第二，技术的兼容性扩大，越来越多的应用上线，需要的是越来越强大的技术属性的磨合和兼容。威尼奥被暴兼容安卓应用。第三，技术处于不断的"测试"中，技术的更新和推进正是依托一次次的不断尝试，在发现漏洞、解决漏洞的循环上升进程中，实现不断的技术升级。❶ 由于互联网产品的体量轻，相对分发成本极低，再加上不需要部署在客户端，让灰度发布（选取部分用户发布，仅仅部分用户看的新版本）成为可能，于是这种"优化—灰度发布—纠错—优化—发布"的循环升级模型，也成为互联网技术升级的标准。

互联网技术虽具备工具理性，即可用性，但随着技术使用习惯的渐渐固化，以及所服务的用户渐渐培植的技术依赖和惯性思维，再贯之以社会文化心理、政治经济要素，互联网由技术模式衍生出的惯习便成为一种文化的表征。在当代，技术与社会之间、技术与政治之间、技术与文化之间再没有截然的界限，人类生活在许多方面都依赖于各种技术装置和系统，而这些技术装置和系统又造就了人的现代生活。此处的"技术文化"包含了双重意义：一是技术成为我们的生活环境，我们四周到处都是技术装置，我们生活在技术之中；二是技术的变革和发展变成了形成我们的价值观、行为规范和理想的主导力量。❷ 技术迭代性培植的更新文化、缓冲文化，技术不断测试衍生的纠错文化正体现于此。

二、互联网技术的迭代性衍生出的更新文化：创新的原动力

在网络中的一个经常性动作就是"刷新"，它是指消除因时间间隔造成的内容或状态不一致，一般用于内容或状态变化较为频繁的更新，有时也用于网页反应迟钝的缓冲。❸ 与此共同衍生的就是网络"更新"。两相比较，"刷新"作为"更

---

❶ WinlO 兼容 Android 应用？真相曝光[EB/OL].（2016-04-29）[2020-10-06].http：//tech，xinmin.cn/2015/04/29/ 27529631. html.

❷ 王一民.技术文化：摆在技术评估和技术政策面前的一大难题[J].世界研究与发展，1994（3）：18.

❸ 百度百科.刷新[EB/OL].（2014-04-03）[2020-10-06].http：//baike.baidu.com/subview/11026/ 8050541.htm？fr=aladdin.

新"的表现形式和实现路径，更新则不仅强调每次刷新后的结果呈现，也注重每次刷新的过程累积。

相比较而言，创新意味着"破坏性""颠覆性"❶，强调的是一种质变突破，而"更新"则关注每个时间节点、每个阶段的累积变化，是一种即时的、跟踪性的量变积累。创新是少数先导精英的最后突破，更新是每个用户都能自主参与的即时行为。正是"更新"的不断累积，才会在一定时间内实现"创新"的质的飞跃。更新既指网络技术上的推陈出新、应用软件的升级，也隐喻为一种生活方式、观念的更新文化。更新比创新对常人的生活、学习、工作提出的要求更高，要去适应，要去应用，要去交流，否则就真的落伍了。更新的内部原动力就是用户的需求和市场的适应性，信息的个性化定制使更新有了更持久的动力和更细化的分类。

（一）技术的更新文化

技术平台是互联网的存在载体，而互联网的变革也是以技术更新为基点，在这种更新迭代当中，已然决定了互联网的更新文化属性。

技术升级的背后，正是用户需求和市场适应的驱动。互联网的不断更新，更多的是一种不断"纠错"的过程，在这种不断的否定之否定当中推进更新进程。

以360杀毒软件为例，从2011年开始，其先后经历了70次的优化：

（1）正式版 2.0.0.1330（集成四个反病毒引擎，防杀能力更强）；

（2）尝鲜版 2.0.1.1332（加QDisinfect技术，清除病毒效率更高）；

（3）尝鲜版 2.0.1.2033（改善感染型病毒的清除效果）；

（4）正式版 2.0.0.2033（包含最新云查杀引擎）；

……

（69）抢鲜版 5.0.1.5103（新增弹窗盒子，全面了解拦截历史）；

（70）抢鲜版 5.0.1.5105（弹窗盒子增加点评功能）。❷

技术的更新有着周期短、频率高、功能强的特点，作为技术存在的互联网，

---

❶ CHRISTENSEN C M. The innovators dilemma：when new technologies cause great firms to fail[M]. Boston：Harvard Business Review Press，2013：11.

❷ 360杀毒更新日志[EB/OL].（2014-11-05）[2020-10-06].http：//sd.360.cn7releasenote，html.

对话与变革
——智能媒体技术驱动下的国际传播

正是在破坏性创新过程中实现着产品和用户的交互表达、市场和应用的磨合衔接。更新行为背后更加体现为一种需求体验的不断尝新，市场适应性的不断修正。

同样，技术更新催生了产品、应用。在技术不断完善的同时，产品不仅实现了纵向发展上的更新换代，更加在横向功能上实现了拓展。

以百度产品为例，从"百度搜索"功能派生的"百度视频搜索""百度音乐人""百度云图""百度识图""百度特卖"和"百度教育"等搜索服务；新上线的"百度学术""百度传课""百度大数据代言人""百度动物园""百度舆情"等产品应用更是先声夺人。❶

产品的更新，意味着其循序渐进地已经渗透到我们的日常生活中，细致化、分众化的定位契合了不同的产品需求，应用性、应时性的改变推动了技术的循环更新。

（二）生活方式的更新文化

互联网在社会发展中的定位经历了嬗变，从一种技术的存在演化为一种社会存在，更进一步内化为一种观念的存在，并且内化为社会互动的组成部分。生活方式的更新需求为技术的更新、产品的更新提供了前所未有的动力和压力。"新的技术媒介却使新的社会互动成为可能，它改变或消解了旧的互动模式，为行为和互动创造了新的焦点和场所，因而也就重新建构了作为其中一部分的现存的社会关系，以及体制和机构。"正是互联网个体行为之间的交互行为，达成个体与群体参与者之间同步或异步的信息交流和交换，以互动为核心重新架构和梳理了传统逻辑，促成信息更新、观念更新的转换和联接。

随着技术手段的同步刷新，人们获取信息和阅读信息的方式也随之改变，从传统的口口传播到书面传授，印刷文明开辟的书写时代使读报纸成为获取新闻的主要手段；伴随着无线电广播技术的出现，技术手段突破了书写、识字的门槛，让更多人成为广播听众；电视的直播、声画同步更加便利了获取信息、阅读信息的时效性和情境化。但互联网的出现不仅整合了媒介所能提供的声音、图像、视频功能，还打破了广播、电视的线性播出模式，由被动地等待某时某刻节目播出变成主动搜索、随时选择，网页浏览成为即时获取信息的有效手段。从海量搜索

---

❶ 百度产品大全[EB/OL].（2012-12-03）[2020-10-06].http://www.baidu.com/more/.

到个性定制，以至大数据趋势分析，实时推送。但随着移动网络的发展，打破了互联网必须有网、有电脑终端的技术限制，移动浏览器、手机新闻App实现了人机一体化，真正达到即时即地获取信息。

媒介工具的更新，使"每一个媒介的使用者都会有这种感觉，当我们习惯使用一种新媒介的时候会逐渐习惯依靠它，就像我们依靠我们的眼睛、耳朵、嘴巴和手指一样"。如马歇尔·麦克卢汉所预言的，媒介成为我们的延伸，成为我们参与交流的肢体和头脑的替代品。但是保罗·莱文森（Paul Levinson）也告诫我们，新媒介赋予我们生产和自我投射的非凡的能力，它成为我们身体、生活、欲望的延伸，但同时它又属于它自己，这一点耐人寻味。哈罗德·亚当斯·英尼斯（Harold Adams Innis）认为："我们对其他文明的了解，在很大的程度上，有赖于这些文明所用的媒介的性质……也许还可以说，一种新媒介的长处，将导致一种新文明的产生。"❶

处于信息洪流当中的我们，作为信息的生产者，每个人都在聚焦他人的注意力，微博的意见领袖、朋友圈的自我呈现、晒自拍、做签到，甚至吸人眼球的噱头、骇人听闻的谣言都是每个个体自觉参与更新的现实表达，表达欲望的诉求远远大于表达内容。胡泳在《众声喧哗：网络时代的个人表述与公共讨论》中说："在网络时代，我们越来越多地被迫同我们从未见过面的陌生人交往，结果是个人受到空前的压力，有披露自己私生活细节的欲望，同时却无法预估观者的反应……在互联网时代，普通人感受到同样的压力，为了向陌生人投射一种一以贯之的、能够留住记忆的形象，必须显示自己无可隐匿，为了吸引注意力和赢得虚拟观众的信任，许多人发现自己难以抵挡'宽衣解带'的诱惑。"❷

同时，作为信息消费者的我们却也在不断地失去注意力，互联网时代注意力的"金鱼效应"❸，金鱼的记忆只有7秒，而互联网中人的注意力也是如此短暂。人们在无时无刻地刷微博，却很难深入地研读，碎片化、浅阅读成为读图时代最大的阅读惯性；人们在走马观花地浏览，却很难记忆深刻；今天的人们还沉浸在

---

❶ 郑燕. 人是媒介的尺度[D]. 济南：山东大学，2001.

❷ 胡泳. 众声喧哗：网络时代的个人表达与公共讨论[M]. 桂林：广西师范大学出版社，2008：34.

❸ 百度百科. 金鱼效应[EB/OL].（2014-10-07）[2020-10-06].http://baike.baidu.com/view/10151326.htm？fr=aladdin.

头条的调侃中，马上又会投注其他热议中，关注点的对撞将人们脆弱的注意力解散，又迅速转移。

正是互联网技术的更新换代，为互联网海量事件持续发酵提供了平台，更新文化既有积聚受众的注意力的需求，但众声喧哗中，更面临注意力被稀释的现实窘境，太快的更新或许更需要"冷处理"的时间缓冲和延迟等待。

三、互联网技术的兼容性衍生出的缓冲文化：修正提高的缓冲带

缓冲，英文是"buffering"，而这个词还有一个意思就是"减轻；保护；使不受侵害"，这暗含了技术转换的时间间隔、内容加载的延迟等待背后正是为了更好地更新和应用。更新是缓冲的内在动力，技术的更新需要时间的缓冲，核裂变式的信息增长更新，更需要人们文化心理上的缓冲。缓冲作为一个"尝新纠错"的呈现方式，给予漏洞、错误得以呈现的空间，也给予发现问题、修正问题的时间容忍。在宽容的同时，因势利导的引导就显得尤为重要。

（一）更新需要缓冲

缓冲是一种"延迟呈现"的技术手段，但在缓冲等待背后则是更新文化的推动。技术的更新需要时间做缓冲，这种缓冲包括对先前版本的市场适应性检测、用户体验的优化反馈及发现漏洞后的修正升级。

互联网所投射的社会生活空间中，快节奏的生活方式和核裂变式的信息增长更需要人们文化心理上的缓冲，在注意力聚焦时，通过时间的延迟等待来深刻剖析事件成因、辨别事件发展，注意力的缓冲给予了理性思考的空间，也使公众情绪在冷静的沉淀后，得以找到疏导出口。

（二）缓冲需要宽容

技术更新的缓冲实质上是不断纠错、不断尝新的过程，缓冲正是给予漏洞、错误得以呈现的空间，也给予发现问题、修正问题的时间容忍。同理，在现实互联网生活中，用户心态的缓冲也需要宽容对待各种纷繁杂乱的意见，网络空间中充斥的网络戾气、网络怨气正是民众意见的一种"反向表达"。

收入不高的写字楼里最基层的员工、从"边城"涌入"北上广"的打拼者、

刚踏入社会尚未站稳脚跟的年轻人等，他们渴望成功却又遭遇困难，他们安于现状却又不满现实，他们有热情干劲却无顺畅通路。在丰满理想和骨感现实的深深断层中，网络为他们提供了宣泄情绪、小人物抱团取暖的缓冲地带。微信上的"熟人社区"正是基于群聚心理上的互相依靠、互相取暖，保证用户更快地建构个体身份，并实现以自我为中心的社群融入，这种群聚心理的存续是以人情、关系、信任、交往的同质性和在当下社会中"心理团抱"的互相安慰、倾诉的共同体。这种群聚形态下的"心灵取暖"核心维系的就是以中国熟人社会认同感，在天然的信赖机制和情感向心力中，这种脆弱的心理更容易在互相沟通和相互表达、吐槽、安慰中得以安放和沉淀。

（三）宽容更需引导

诚然，网络为"小人物"提供了"发声"空间，从微博打拐、微博反腐到微博问政，网络为公众情绪宣泄找到了疏通渠道，但公众舆论本身作为一种非理性的力量，偏激的情绪极易被点燃，导致舆论失控，所以，在网络生态中，理性发言往往伴随着粗话、谩骂、攻击，"人肉搜索"❶体现对隐私的践踏，"100块都不给我"则是网民对审丑心态的追逐，这正是网络缓冲地带的群体盲症。网络缓冲文化的双面性带来的众声喧哗，使大众在消费自我的同时也迷失了自我，每个人在抢夺注意力的时候却使集体注意力涣散。

同时，在面对热点社会问题时，网络赋权的发声渠道使众多用户能各抒己见，但意见更多是个人观感方面的解读，缺乏深入的专业考量，同时加上社会某一阶层的"同情同向"的号召效应，迅速形成舆论态势，而专业人士对此问题的解读却被淹没在大众无根据的喧嚣中。"湘潭产妇之死"❷事件中，公众自发天然的"患者"身份认同主导，一时之间对医生的行为口诛笔伐，事实上，由于公众对"肺羊水栓塞"医学专业知识的不了解，将舆论推向了不理性、不客观的一方。

---

❶ 百度百科.人肉搜索引擎[EB/OL].（2014-11-12）[2020-10-06].http：//baike.baidu.com/item/% E4% BA% BA% E8% 82% 89% E6% 90% 9C% E7% B4% A2% E5% BC%95% E6% 93% 8E？ from_ id = 9698961 &type = syn&fromtitle = % E4% BA% BA% E8% 82% 89% E6%> 90% 9C% E7% B4% A2&fr = aladdin.

❷ 百度百科.湘潭产妇死亡事件[EB/OL].（2014-09-12）[2020-10-06].http：//baike.baidu.com/view/ 14692122. htm.

正是由于"就社会角色变化而言，网络媒介最大的贡献在于使信息控制变得不那么容易，从而动摇了等级制度建立的信息基础，但很难削弱现实的等级制度和权利分配模式，而这一贡献带来了一种新的等级制度——基于话语权的虚拟空间的等级制度"❶，才培植了网络空间中的意见领袖，而作为大V❷的意见领袖，凭借高屋建瓴的舆情分析和理性见解获得众多关注，参与议题设置，并依靠自身的高关注度优势形成"舆论引导"，为公众意见树立正确的"意见参考标杆"，明者因时而变，知者随事而制。这是网络缓冲带的一种群体自律，相比较硬性的网络管制，这种经过时间缓冲、理性沉淀后的舆论引导更加具有操作性和现实性。

网络世界为大家营造了"人人都有话语权，人人都能被听到"的媒介幻象，事实上传播仍属于"有效传播"，武汉大学信息管理学院的沈阳教授在2011年8月发布的《微博意见活跃群体分析报告》中称："公共事件中的微博话语权依然掌握在少数人手中。'草根'阶层要么'自说自话'，要么受微博意见活跃群体潜移默化的影响。"❸大众意见只是对社会事件依然缺乏自主的批判精神和理性价值，所以，管理网络空间中的舆论生态，更应该关注于培植有正确导向、理性判断的意见领袖。

伴随着意见领袖的号召作用和示范效应，更多用户通过转发、评论、跟帖做出表态，这种模仿式的认同就渐渐形成自我的价值默认，在潜移默化之中被"说服"。

四、互联网技术的"测试"特性衍生出的纠错文化：不断完善的循环圈

更新源动力的不断催化，缓冲则成为更新的必经阶段，每一次的纠错尝新都注定处于不断修正、不断完善的循环往复中，永远的测试版则成为网络文化中最

---

❶ 曾莹. 新媒介对社会行为的影响 [J]. 福建广播电视大学学报，2011（6）：9-12.

❷ 百度百科. 大V [EB/OL].（2014-11-20）[2020-10-06].http：//baike.baidu.com/view/10865755.htm? fromtide =%E5%A4%A7V&type=syn.

❸ 新民网. 名人及媒介人士掌握微博话语权 [EB/OL].（2011-08-31）[2020-10-06]. http：// news，xinmin. cn/rollnews/2011/08/31/11905940. html.

真实的状态。几乎所有的网址、所有的应用、所有的创新产品都会有测试二字，如谷歌的产品奉行"永久性的测试版"策略，会先推出某款新产品的晚期版本，之后看看消费者的使用效果，再做后续表决。这种策略的目的在于，悉数产品在履行进程中没有最终失效，可是用户却必须要掏钱采办。

这种测试正是更新文化、缓冲文化的现实反映，它为每一次的更新提供新的检测环境和纠错空间，也为每一次的缓冲赢得了新的基点和累积。这种随时接受市场检验、随时接受用户反馈、随时进行反思和修正的心态，正体现了互联网的开放性，汲取众人智慧来改进产品，同时也使产品在不断改进中服务于更为广泛的用户。

同理，投射到我们网络现实生活，纠错文化体现为在决策发布时，要广开言路，多方听取，兼听则明。以开放的心态去了解和把脉最真实的用户需求和市场机制，才会使决策更具针对性和实效性。不断的修正和测试体现的正是更新的一种表达方式，也是缓冲的一种呈现内容。更新、缓冲、纠错，三位一体的文化构筑了互联网文化的新格局。

五、结语

总之，互联网生态环境有着其独特的文化寓意，因技术升级带来的更新文化成为网络发展的内在动力，也为公众观念更新提供了"加速度"；而互联网不断尝新纠错形成的缓冲文化，则为公众舆论和意见提供了"缓冲闸"，在张弛有度中重塑了公众文化心理，也重构了传媒格局。

《纽约时报》的积极转型与创新融合

田智辉　张晓莉*

【内容摘要】在新媒体冲击下,《纽约时报》同样面临着所有传统媒体都面临的生存发展问题,但《纽约时报》没有故步自封,而是通过积极转型走出了一条自己的融合之路。通过《纽约时报》转型及创新的大量案例,分析了其融合之路的具体举措,即调整盈利模式、开发多样新闻平台与产品、以科技推动新闻表达的革新、创新发展新闻生产传播模式等,其融合之路还在继续,终点未知。但其发展思路可以为其他传统媒体的转型发展提供借鉴。

【关键词】《纽约时报》;转型;媒介融合;新闻表达;移动端平台

《纽约时报》是世界公认的著名大报,不仅有档案记录报的美誉,而且因其报道内容严肃庄重,也被称为"灰色女士"(The Gray Lady)。截至2016年,《纽约时报》已经是119次普利策奖得主。2007年以来,欧美主流报刊停印的新闻时常见诸报端,《纽约时报》掌门人阿瑟·苏兹伯格(Arthur Sulzberger)曾于2010年9月8日对外界宣称:"将在未来的某个时间停止《纽约时报》的印刷。"[1] 而到现在,《纽约时报》不仅没有停印,而且其印刷版和数字版的发行量在美国报纸中仍然排名前列。这与《纽约时报》这些年来在转型发展、创新融合方面所做出的不懈努力密不可分。

"不断探索传统报纸和新媒体的有机结合,通过报纸原创内容优势和新媒体数字化传播优势的结合,推进数字报业发展,开展与其他媒介融合,既是报纸创

---

* 田智辉系中国传媒大学研究生院教授;张晓莉系中国传媒大学2015级硕士研究生。

[1] 刘佳. 纽约时报将停止印刷曾赢得104次普利策奖 [EB/OL].（2010-09-13）[2020-10-06]. http://news.qq.com/a/20100913/000040.htm.

新发展的重大战略选择，也是报纸发展中的必然趋势。"❶《纽约时报》作为世界性大报，同样挣扎在纸媒的衰落之中，同时也积极探索新的发展之路。

一、适应数媒时代，调整盈利模式

在互联网时代来临之前，《纽约时报》的发行量在美国报纸之中有着绝对领先性的地位。1997年，《纽约时报》已是全美国天天出报发行量最高的报纸，日销109万份，星期天的销售量为167万份。❷但是随着互联网的出现和发展，此前作为新闻信息最主要载体的传统媒体受到了网络发展的极大冲击。这对报业市场的打击非常大，报纸失去大批读者和订户，广告收入也随之衰落，甚至有些报纸不得不选择停印。自2005年以来，《纽约时报》发行量持续下滑。据美国发行稽查局公布的报告，2007年2月至2008年3月，《纽约时报》发行量同期下滑2.09%，周日发行量降幅超过9%。2009年10月至2010年3月又分别下降了8.5%和5.1%。❸传统印刷新闻时代已经过去，新闻媒体纷纷走上数字媒体的道路。

在互联网发展的趋势下，《纽约时报》很早就采取了行动。1996年1月，作为全美最具影响力的报纸，《纽约时报》创建了《纽约时报》网站（ny-times.com），提供在线阅读服务，在互联网上以打《纽约时报》牌为主，但提供一定的发挥互联网特色、印刷版报纸没有的服务，如个性化的气象信息、互动式特写稿、电子邮件新闻简报等。在美国报业面临寒冬、报纸平面版发行量大幅度下降的情况下，网络版报纸的阅读量却快速增加。《纽约时报》网站凭借百年大报的良好信誉在报纸网络化的发展中表现出了强劲的竞争力。❹《纽约时报》大力发展数字媒体业务也意味着传统的订阅和广告的盈利不再适合于互联网数字媒体环境，及时的转型并不代表着完全的成功。为了在数字媒体的新环境下生存下去，《纽约时报》对盈利模式进行了一番探索，其中数字报纸付费墙模式和创新广告收入模式是其中两个重要的部分。

---

❶ 郑瑜. 媒介融合：新媒体时代的发展观 [J]. 当代传播，2007（3）：1.

❷ 李子坚. 纽约时报的风格 [M]. 长春：长春出版社，1999：49.

❸ 译言. 美报纸发行量大减华尔街日报仍是老大 [EB/OL].（2010-04-27）[2020-10-06]. http://www.yicai.com/news/2010/04/343552.html.

❹ 田智辉. 新媒体环境下的国际传播 [M]. 北京：中国传媒大学出版社，2010：112.

对话与变革
——智能媒体技术驱动下的国际传播

1. 数字报纸付费墙模式

在传统盈利模式不断被边缘化的情况下,《纽约时报》进行新的尝试和探索,采用付费墙模式,并且取得了一定的成功。2011年3月17日,《纽约时报》正式建立付费墙,并于3月28日起执行。目前,《纽约时报》采用较为灵活的收费方式,印刷版的订阅用户可以在任意电子平台上获取《纽约时报》的内容,没有订阅印刷版的用户可以根据自己的需求对不同平台的电子内容付费阅读,还可以进行组合,同时《纽约时报》还有一定时间内的优惠价格。

付费墙的推出在媒体行业全面数字化的情况下是具有一定的争议和风险的,但是,根据美国已有的定量调研结果,实施付费墙还有助于报纸保留现有订户,或者增加新印刷版订户。因为他们可以在报纸网站和其他数字化平台(如智能手机、平板电脑)上免费阅读所有内容(或至少可以帮助更少时间的保留现有读者)。尤其是到了2013年2月底,《纽约时报》付费墙的效果在以下两方面充分体现出来:第一,付费读者规模持续上升;第二,报纸的营收扭亏为盈之后,一路上扬。[1] 付费墙模式的成功打破了数字内容免费的思维模式,证明了优质的内容仍然值得用户付费阅读。到现在,《纽约时报》的数字订阅用户已经突破了百万大关。

2. 创新广告收入模式

《纽约时报》等传统大报都见证了传统印刷与数字订阅和传统广告盈利模式衰落,创新盈利模式成为改革的头等大事。2014年年初,《纽约时报》网站进行了7年以来的最大改版。改版之中包含着他们对广告形态的创新,即原生广告形式。《纽约时报》将这类广告称作"付费帖子"(Paid Posts)。这些广告与日常发布的新闻稿件相似,但是由广告赞助商提供,可以看成付费文章。当原生广告出现时,会有明显的标识。原生广告一经推出,受到广泛的质疑和批评。原因是这种类似软文广告的新型广告将广告与内容之间的界限变得模糊不清,读者在浏览网页时可能会产生被欺骗的感觉。

尽管争议声甚至骂声不断,但是原生广告却发展迅猛。市场研究公司BIA/Kelsey早先研究显示,2013年美国社交站点的原生广告规模达到23.6亿美元,

---

[1] 孙志刚,吕尚彬.《〈纽约时报〉》付费墙对中国报纸的启示[J].新闻大学,2013(3):110.

占比美国所有付费社交广告支出的38.9%。到2017年，社交原生广告规模将达到45.7亿美元，在社交广告中的占比将升至41.7%。据悉，戴尔公司为《纽约时报》网站为期3个月的原生广告支付了6位数的广告费，热报网站的一篇原生广告也定价20万美元。❶

在原生广告发展火爆，甚至成为一种新的商业模式时，《纽约时报》应用原生广告的尝试并不能力挽狂澜。"根据《纽约时报》2014年第二季度财报，该季度收入为3.89亿美元，同比下滑1%；运营利润5570万美元，同比下滑21%。究其原因，依旧是广告收入下滑速度过快，订阅收入的增长不能弥补该缺口。直到2015年，好的影响才慢慢显现。"❷创新广告形式不失为一种明智之举，但原生广告是否可以成为传统盈利模式的救星还是个未解之谜。除此之外，《纽约时报》在2015年9月发布了新的移动广告模式，即"移动时刻"。新的广告模式与移动消费更加契合，并且能根据广告被访问时间进行个性化定制。但《纽约时报》在广告方面的改进通过进一步创新移动和视频广告产品仍在继续。

二、适应数字化用户，开发多样新闻平台和产品

无论媒体环境怎样变化，《纽约时报》一直以新闻生产传播为根本。

"刊登应该刊登的新闻"（All the news that's fit to print）的报纸格言或许并不过时，但用户所需要的新闻已经发生了变化。以用户为本的新闻产品开发成为《纽约时报》转型中的核心观念，在新媒体环境下，《纽约时报》进行了多样化的创新与开发。

（一）与网络新贵联合进行新闻发布传播

互联网时代下发展最快、用户聚集量最多的无疑是各大社交平台，以脸书、推特为代表的全球性社交平台强大的用户聚合力不容小觑。数据显示，根据活跃用户

---

❶ 南都网.《纽约时报》网改版原生广告能否救传统媒体[EB/OL].（2014-02-13）[2020-10-06].http：//news.nandu.com/html/201402/23/808741.html.

❷ 人民网.《纽约时报》能否做好媒体，又做好生意[EB/OL].（2015-08-24）[2020-10-06].http：//paper.people.com.cn/gjjrb/html/2015-08/24/content_1602049.htm.

数量的统计，脸书是目前全球最大的社交服务网站。根据2015年第三季度的数据统计，脸书每月有15.5亿活跃用户。因为其强大的用户聚合力，社交网站成为内容承载和广告投放的最佳平台。同时，用户也越来越习惯于在社交媒体平台获取新闻消息。与社交媒体平台合作共赢成为传统媒体进行媒介融合的一种重要方式。

2015年5月，脸书推出交互式媒体内容创建工具即时文章，这项服务允许主流媒体直接将新闻内容发布在脸书平台上。最先与脸书达成合作的9家媒体中就有《纽约时报》。这项新的服务一改以往阅读时载入原网页的方式，提升了加载时间与用户体验，将内容直接呈现在社交媒体平台上。2015年10月，推特推出了自己的新闻聚合功能"时刻"，可以为用户方便地呈现重要的新闻事件，《纽约时报》是众多内容提供者中的一位。2015年6月，苹果正式宣布推出聚合类新闻应用"News"，作为苹果尝试新闻推送的革新产品，与包括《纽约时报》在内的多家新闻媒体进行合作。在其他内容平台纷纷崛起的时候，《纽约时报》没有被困在自己的阵地中，而是积极探求与新媒体平台的合作，借助更广大的平台发布内容。虽然随着合作的深入，是否能守住内容发布的权威性的疑问会随之产生，但正如《纽约时报》的CEO马克·汤普森所说："Yes，there's risk.But there is danger of stay-ing outside the party."（是的，合作有风险，但不入局更危险。）

（二）开发多样移动端平台

互联网发展之中，其发展变化中的特点之一是移动端互联网的大量普及，智能手机App成为人们获取信息的另一种更为方便快捷的途径，也成为媒体努力开拓内容产品的新领地。《纽约时报》移动端市场开发经理斯科特·斯坦查克（Scott Stanchak）表示："智能手机上的移动端正变得越来越重要，因为通过客户端，我们可以随时随地给用户提供服务，他们也可以随时随地查看自己感兴趣的内容。移动端业务现在大约占到了我们数字业务总量的50%。"正是因为目前的移动网络和移动端应用发展的潮流，《纽约时报》从2001年的印刷版和网页版两个内容呈现平台发展到2010年时已经有印刷、网页、各类移动端的平台共计10个。此后，《纽约时报》还在不断开发特色内容的客户端。

2014年4月，《纽约时报》推出一款主打简约的深度阅读形式的应用程序。此外，还开发了优质专栏文章应用程序、房地产市场导航应用程序、烹饪教程类应用程序、美食娱乐导航应用程序、益智填字游戏等，以及在新技术的发展下，推出了虚拟现实 App。不同功能的专门类别的 App 适合需要不同功能的人群。虽然《纽约时报》在移动端方面做了很多尝试，但是这些并不都是成功的，优质专栏文章应用程序因为用户数量持续低迷，在推出数月后就遭到了关闭。但这没有阻挡《纽约时报》继续探索的脚步，免费的美食应用程序在上线当月就吸引了100 万独立用户。在移动端的探索虽然并不是一帆风顺，但是《纽约时报》一直在不断以用户的需求为主要考量进行多样化的产品开发。

三、利用科技革新新闻表达

从媒体发展的趋势来看，技术无疑是其中非常重要的一环，当老牌媒体不能再靠"吃老本"发展下去的时候，紧随科技潮流，进行新技术的开发和应用才能使其永葆活力。新闻的本质是《纽约时报》的坚守，但新闻表达的革新却是现代媒体迎合科技发展新闻形态变迁的重要内容。《纽约时报》在 2006 年成立了研发实验室，监测技术的发展进步，并致力于将新的科技应用于新闻生产和传播之中。

（一）VR 技术的应用

在互联网技术得到全面应用的现在，仍然有新的技术不断涌现，改变着媒体的形态，其中 VR 技术可以说是其中非常抢眼的一项。脸书、谷歌等都在这一项新技术上进行大力研发。《纽约时报》作为老牌的新闻媒体也投身这一新技术的开发应用中，这或许意味着一种全新的新闻传播模式将要产生。

2015 年 11 月，《纽约时报》宣布推出一款名为《纽约时报》虚拟现实的虚拟现实 App，已经可以在 App Store 及谷歌中下载。目前该款 App 中已经有五段影片上线，推出 App 的同时，《纽约时报》给订阅报纸的客户免费发放了 100 万个谷歌 纸板，以此来激发客户对谷歌制作的 VR 纪录片 *The Displaced* 的兴趣。通过 VR 技术，用户能够以一种亲历者的视角来体验与自己的生活所完全不同的环境。可以说，VR 技术可能会对新闻形态的发展产生革命性的创新。新闻不再是一种平面的讲述或重现，而是一种立体的、更加直观的新奇体验。

《纽约时报》这一领先性的举动对其转型和革新来说意义重大，新的技术对于传统媒体的发展来说是一种更有吸引力也更有创新性的武装方式。紧跟技术的革新步伐对《纽约时报》的改革融合而言是正确的举措，不仅对用户产生了新的吸引力，同时也增加了新的广告收入来源。

（二）丰富的数据新闻

互联网时代，计算机相关技术仍在不断发展，算法、数据成为内容筛选、编辑内容的新技术。在此基础上，新闻业对数据技术的应用催生了数据新闻。"数据新闻"是指新环境下新闻传播模式的创新。旨在把事件发生背后的趋势和意义以崭新的方式呈现给受众。在传统的文字、图片的呈现方式的基础上添加了多种媒体技术，运用分析和过滤手段，把大量数据融合到一个整体中。开放数据、共享资源是数据新闻的特质。在计算机技术的支持下，数据成为新闻内容呈现的新形式。

2014年4月，《纽约时报》推出了数据新闻板块结果（The Upshot），将数据驱动与解释报道结合起来。"这种新闻类型不仅仅是基于更大样本量，采用数据挖掘与统计的方法来生产新闻，而是将宏观与微观，历史与现在结合起来，朝着新闻所追求的整体真实迈进，帮助公众更清楚地了解整个事件发生脉络、相关情况，以及与普通人的联系。再者，通过可视化界面设计，借助信息图表、动画视频等手段有助于用户理解大量复杂信息，也可以管理在线内容，促使用户参与到信息互动、分享及内容再生产中。"[1] 如结果的编辑所说："我们最大的目标是使其作为一种新闻内容的导航。我们的目标是吸引到更多想要更好地理解这个世界的人们。"

（三）人工智能与"编码"新闻

《纽约时报》数字部门的科学团队研发出了机器人Blossomblot，它能够预测哪些内容更具有社交推广效应，然后帮助挑选出适合推送的文章和内容，通过机器甚至可以独立制定标题、摘要文案、配图等。据统计，机器人挑选的文章平均阅读量是普通文章的38倍。除此之外，《纽约时报》很长时间以来都会在财报季、运动比赛报道的时候使用机器人来写稿，从而大大降低了人力编辑的脑力劳动，提高了效率。

《纽约时报》实验室研究员亚历克斯·洛伊德（Alex Lloyd）认为，媒体只有革新

---

[1] 李赛可.框架视角下的美国新闻业危机[J].新闻记者，2015（11）：12-20.

核心产品，才能收获最多。❶实验室最新提出了给新闻编码的编辑方法，以"积木式"的编辑模式改变新闻生产、分布等环节，并最大限度释放冗台的转移，更是平台上新闻表达的余生产力。通过给知识或信息编码适应革新，通过搜索、提取内容，在之后的撰写编辑中可以识别、标注这些编码。这些知识被编码之后就像积木一样，编辑新的新闻故事就像拿积木进行增减、重组。经过编码再重组的新闻故事包含更多、更系统的前后发展背景，更方便读者阅读，也大大节省了编辑搜索、查找、嵌入链接的时间。不仅如此，编码拆分重组可以方便同一内容调整之后在不同的平台上发布。

（四）多媒体网络环境下创新新闻表达

2012年12月20日《纽约时报》推出的特别报道《雪崩：特纳尔溪事故》（以下简称《雪崩》），是一件依靠新媒体技术制作完成的新闻作品。该作品报道了16名滑雪爱好者遭遇雪崩的经过，在报道技术上颠覆了传统报纸的新闻呈现方式，把文字、音频、视频、动漫、数字化模型、卫星模型联动等集成，发表在《纽约时报》网站上，6天之内就收获了350万次页面浏览。次年，该作品获得了普利策新闻特稿奖。该奖评审委员会在颁奖词评价："《雪崩》对遇难者经历的记叙和对灾难的科学解释使事件呼之欲出，灵活的多媒体元素的运用更使报道如虎添翼。"

《雪崩》的成功是传媒界的一个表率，通过对互联网和多媒体的完美应用将新闻的呈现形式进行了颠覆性的创新，让传统媒体认识到数字媒体时代的"报网融合"不仅是平台的转移，更是平台上新闻表达的适应性革新。当然，在赞誉声中，《雪崩》也得到了一些负面评价，在制作成本、一时的新鲜感、策划时间过长等方面有些人对这种新闻模式的发展表示不看好。但是不管怎样，这一让人眼前一亮的新闻作品使《纽约时报》的读者收获了更好的新闻体验，也为媒体的数字化发展提供了一些可供借鉴的新思路。

《纽约时报》在媒体环境发生剧变的情况下面临着生存发展的严峻问题。但在众多传统媒体纷纷破产的情况下，《纽约时报》却紧随着媒体变化发展的脚步，

---

❶ 全媒派.《纽约时报》：拯救媒体业要给 新闻"编码"！[EB/OL].（2015-11-05）[2020-10-06].http：// news.qq.com/original/quanmeipai/xinwen- bianma.html.

对话与变革
——智能媒体技术驱动下的国际传播

积极地进行融合和转型。《纽约时报》坚守着新闻的阵地，走上了艰难的融合探索之路。这十几年的发展中充满坎坷，但也做出了一些值得借鉴的成就。《纽约时报》在新闻平台、产品、服务、形态等方面进行了积极的创新融合，也取得了引人注目的成功。但与此同时，《纽约时报》的盈利在近几年也持续地遇到困难，在这个传媒业剧烈震荡的时代，《纽约时报》在其运营模式上及公司整体的商业发展方面仍然缺乏根本性的改革，缺乏足够的资本支撑可能会成为《纽约时报》未来发展的软肋。纽约时报的融合之路还在继续，而终点通向哪里目前还是一个未解之谜。

科技博客
——是扩大认知还是创造鸿沟？

田智辉　赵　璠[*]

【内容摘要】 伴随着科技的发展、信息社会的形成，科技博客异军突起，呈现出越来越良好的发展态势，成为互联网的新秀。科技博客以其提供的中立、客观的科技信息与产品评测推动着创新在人群中的扩散，促进着人们对于科技的认知。但与此同时，科技博客也拉大了受众之间的"知识鸿沟"，使受众间的信息量差距扩大化。

【关键词】 科技博客；信息社会；知识鸿沟；信息差距

一、科技博客发展独领风骚

近年来国内外科技博客网站都呈现出井喷式的发展趋势，在互联网领域扮演着越来越重要的角色。

科技症结（Techcrunch）成立于2005年，由迈克尔·阿灵顿（Michael Arlington）创办，其标语为"最新的关于企业的科技新闻与信息"。网站关注新兴科技企业和产品，并对其进行审视和评议，同时发布业内重大新闻，兼顾对硬件和软件的评测。科技症结与其他同类科技类博客一样，对于业界领袖苹果、安卓、谷歌科技类博客在成立不到一年半的时间里页面访问量就达到了数百万，2006年10月，科技症结率先报道了YouTube为谷歌所收购的新闻，这一事件是

---

[*] 田智辉系中国传媒大学互联网信息研究院教授；赵璠系中国传媒大学2014级硕士研究生。

科技症结发展的转折点，此后科技症结在业内的影响力与日俱增，成为科技业最具影响力的新闻品牌之一。根据科技症结中国版所提供的数据，目前，科技症结及其附属网站已经拥有超过1200万独立访客，月访问量超过3700万人次，在各类社交媒体上关注科技症结的人数也已经超过了200万人。可以说，作为独立科技症结的典范，科技症结的高访问量和高访客数为其影响力打下了坚实的基础。正是由于其辐射范围的广泛和其发布信息的权威性，才能够一直在科技新闻聚合网站排行榜保持着突发科技新闻第一名的位置。

商业内幕网站（Business Insider）创办于2007年，2010年第四季度开始盈利，2012年7月其月独立访问量达到了540万，商业内幕网站从2008年开始接受融资，截至2013年已经完成了数轮融资，总金额超过了1800万美元。混搭（Mashable）从科技博客起家，目前正向社交媒体方向转变。初期，混搭通过分析社交网站的文章而赢得了大量关注。根据Quantcast的数据，到2009年6月，混搭的流量超过科技症结，成为最受欢迎的科技博客，2014年年初，成军近10年的混搭首次获得外部注资1330万美元。由此我们可以看出，近年来科技博客发展的态势越来越好，而业内对于科技博客也越来越持肯定的态度，科技博客正以其独立的观点与分析对互联网行业产生影响。

二、科技博客丰富了受众知识，但也在扩大知识鸿沟

科技博客作为垂直网站的一种，顺应了信息碎片化时代受众对于高质、深度信息的需求，为专业化的受众提供着前沿产品的分析，也为风投提供着最具价值的参考。科技博客正以其提供的科技信息影响着创新的扩散，在丰富人们知识的同时，也在扩大着人们之间存在的"知识鸿沟"。

（一）科技博客提供的独立而深入的分析扩大了用户的知识面

科技博客最大的特点就是其以传播科技信息的方式推动了科技产品的传播，并且为新生的科技产品吸引投资者，因而科技博客发挥其在业内影响力的主要方式就是推动创新产品的扩散。正如埃弗雷特·M.罗杰斯（Everett M. Rogers）在《创新的扩散》一书的几次再版中，越来越强调社交网络的作用，由科技博客所形成的产品信息的扩散网络对互联网产品的传播而言至关重要。科技博客的文章

影响人群不仅仅局限于网站的访客,众多科技博客都在社交网站上拥有自己独立的账号,以此来借助社交网络的辐射范围,加大对专业化群组的影响,以亲密的群组传播带动科技讯息的扩散。科技博客正是利用了当下互联网成为创新扩散新途径而争取了一席之地,同时,新技术层出不穷越来越需要被受众认知,科技博客也正呼应了这一需求。

科技博客在新产品的传播中发挥的正是信息流的作用,一方面,科技博客使大众能够对新产品有所认知,引发潜在人群对新技术的关心;另一方面,科技博客通过对新技术与新产品的评价触发受众对新技术的兴趣,进一步影响着人际传播的进行。信息的分析和整合将是媒体未来竞争的关键,习惯了浅阅读和碎片化阅读的读者会更加青睐这种文章。提供资讯,同时也提供判断,这是一个新闻事件发生之后大多科技博客对自家作者成稿的基本要求。科技博客所提供的判断、分析与整合正是创新扩散过程中最为关键的"评价"一环。科技博客以其独立的判断与分析影响着创新产品在互联网领域的扩散,推动着新产品为人们所知,从而对现实社会产生积极的影响。

(二)科技博客的深度信息渠道重建了用户的认知方式

科技博客作为互联网发展的产物也在重塑着人们在互联网时代的认知,以深度、专业化信息推动着受众的分层,改变着人们的思维习惯。如果说社交网站使人们习惯于碎片化的信息,改变了人们的阅读习惯的话,那么科技博客在提供给人们在碎片化信息年代获得深度信息的渠道的同时,试图重建人们的思维方式,以迅速前沿的科技信息改变人们对世界的认识。

科技博客推动着新技术在社会层面的应用和发展,以对新的技术和产品的推广来影响着受众的认知,进而对受众的行为和习惯产生影响。与此同时,对新兴科技产品的使用也改变用户对新技术的认知,扩大其知识面并改变用户的生活方式。

科技博客将人们有限的注意力集中到某一领域,增加人们对该领域的认识,从而推动该领域的发展。科技博客对 Apple Watch、谷歌 Glass 等可穿戴设备的报道使可穿戴设备成为科技前沿产品,引导着一众产品厂商研究可穿戴产品的实现可能,大大拓展了这一领域的开发人群和潜在消费者。科技博客对新技术的报道实际上是在重建人们对科技前沿的认识,以最新的知识与技术来推动技术的继续发展，使当代社会向以技术为导向的社会进一步迈进。

科技博客加快了新技术转化为实用产品的速度，使新技术的传播变得便利、迅速；同时，快速变化的新科技也影响着人们对世界的认知。科技博客对于无人飞机的介绍使隐私的概念进一步模糊，谷歌 Glass 的推广催生了"谷歌新闻学"，改写着新闻从业者的从业标准，科技博客是新技术的推广者，以新的科技改写着人们对世界的认识，推动着技术性社会的形成。

（三）科技博客加剧了受众与受众之间、国与国之间的"信息鸿沟"

伴随着科技博客的壮大，目标受众所能够获得的科技信息也必然增多，而仍然沉浸在碎片化信息中的受众与接触高质信息的受众之间的"信息鸿沟"则必然会被拉大。科技博客的专业化信息一方面使受众得以了解更多前沿技术与新产品，增加人们的知识储备；另一方面对没有接触到科技博客的人群而言，其与接触者之间的"数字鸿沟"则被进一步加剧了。夸克与"知乎"之间的关联、藤蔓和"微视"之间的关系、互联网领域的前沿应用都存在着被复制和规模化的可能，是否能够接触到最新的科技应用对受众而言意味着获取信息量的多寡。如果说现代人一天获得的信息量相当于维多利亚时代一个人一生获得的信息量，那么即便是在现代人之间，是否经常接触媒介、接触媒介的性质也影响着其获取信息量的多少。就这个层面而言，科技博客无形中加剧了受众之间的信息鸿沟，使"信息秩序"上的不平等越发明显。科技博客让受众之间所接受到的科技信息分化的同时，也加剧了受众之间的财富分化。科技创新所带来的巨大的生产力差异也会因为"信息鸿沟"的存在而更加可视化。

除对个人的影响之外，科技博客还加剧了国与国之间的"信息鸿沟"。信息化加速推动着财富和知识的集聚，发达国家和发展中国家之间的国际竞争力差距也因此而越发明显。知识经济的产生使信息的地位越发凸显，信息和人才在生产中的作用更加突出，弱化了发展中国家原有的劳动力和资源优势，国内科技博客的发展尚属于起步阶段，自身的编辑和采访能力尚还欠缺，原创力也还在发展中，有时候还会大规模地翻译国外科技博客的内容；而国外的科技博客起步较早，已经形成了较为成熟的系统，拥有自己的数据库和科技大会。国内外科技博客的发展不同程度会加剧我国和他国之间的信息和技术鸿沟，进一步影响我国信息产业的发展。

总之，在高速发展的现代社会，信息和技术的作用越来越突出，人们对高质、深度资讯的需求越发明显，科技博客应运而生，并且在近年来显示出良好的发展势头和发展前景，其影响力也逐渐显现。科技博客以自身独立的分析和评论推动着创新的扩散，加速了新技术的应用过程，改变着受众对世界的认知。与此同时，科技博客也加剧了受众之间的"数字鸿沟"，国与国之间科技博客的不同发展状况也加剧了国家间的知识经济差距。总而言之，科技博客以潜移默化的力量改变着人们的认知，加快着互联网领域的知识传播过程，使创新的扩散更加明确，促使技术型社会的形成。

国外媒体融合发展现状研究

田智辉　肖玉笛*

【内容摘要】 国外媒体融合已经走过30余年,拥有相对成熟的发展路径。近年来,5G、人工智能、区块链等技术加速发展,传统媒体的社会基础与固有优势已经不在,国外媒体也一直在寻求突破和革新。本研究从体制机制、内容形态、流程管理、人才技术等方面梳理国外媒体融合的现状,并对疫情下的传统媒体困境和新兴媒体经济形势做出分析。

【关键词】 媒体融合媒介技术;付费墙;国外新媒体

媒体融合最早产生于科学领域,20世纪70年代才被引进传播学领域。首次明确提出此概念的是美国的传播学者伊契尔·索勒·普尔(Ithiel Sola Pool),他认为:"媒体融合,就是各种媒体呈现出多功能一体化的发展趋势。"[2]20世纪90年代以后,数字媒体随着计算机技术的进步而逐渐发展起来。媒体融合被认为是媒体产业联盟、技术网络平台、市场等三个角度的融合。进入千禧年,传统媒体和网络媒体不分伯仲,新媒体异军突起。随着大数据、算法技术的发展,数字化已然成为趋势。新技术不断迭代发展,人工智能、5G、VR、AR等技术为媒体融合注入新的动力。未来新闻业将如何发展,体制规制会产生什么样的变化,传播对政治、社会文化、社会整合又会产生怎样的影响等一系列的问题还在等着我们解答。

国外媒体融合开始的时间比国内早,且很长一段时间处于领先状态,尤其是

---

* 田智辉系中国传媒大学互联网信息研究院教授;肖玉笛系中国传媒大学2019级硕士研究生。

[2] 刘颖悟,汪丽. 媒介融合的概念界定与内涵解析 [J]. 传媒, 2012 (1): 73-75.

美国和欧洲发达国家，很早就出现了新媒体，其发展路径相较于我国年轻化的行业现状更为成熟。如今我国媒体融合正处于深化改革和创新发展的关键时刻，研究国外媒体融合的现状，能为我国未来的媒体融合发展提供借鉴意义。在世界局势大变化的当下，国际舆论场成为各国博弈的战场，研究国外媒体融合无论对我国新闻业本身还是对国家软实力的提升，都有巨大的参考价值。

一、媒体融合概念界定

媒体融合是如今传播学中讨论范围最广、含义最为模糊的概念之一。国内外因为研究视角不同，对其界定也有所不同。2003年，美国学者李奇·高登（Rich Gordon）在《融合一词的意义与内涵》中解释了媒体融合在不同传播语境下的六类含义——媒体科技融合、媒体所有权合并、媒体战术性联合、媒体组织结构性融合、新闻采访技能融合和新闻叙事形式融合，使人们对媒体融合有了更全面的认识。李奇·高登的这一界定在2006年被宋昭勋教授引进国内，奠定了之后国内学界对媒体融合理解的基础。蔡雯是我国较早研究媒体融合的学者，2009年她在《角度·视野·轨迹——试析有关"媒介融合"的研究》中，将媒体融合定义为："在以数字技术、网络技术和电子通信技术为核心的科学技术的推动下，组成大媒体业的各产业组织在经济利益和社会需求的驱动下通过合作、并购和整合等手段，实现不同媒介形态的内容融合、传播渠道融合和媒介终端融合的过程。"❶ 2014年——中国"媒体融合"的元年，中央全面深化改革领导小组第四次会议审议通过了《关于推动传统媒体和新兴媒体融合发展的指导意见》，此后陈力丹教授提出用互联网思维推进媒体融合，实现各种媒体资源、生产要素的有效整合，实现信息内容、技术应用、平台终端和人才的共享融通，形成一体化的组织结构和传播体系。❷

笔者通过综合对比发现，虽然学界对媒体融合没有一个公认的概念界定，但认为其主要包括以下几点：①在通信技术、网络技术、数字技术等技术基础上的

---

❶ 蔡雯，王学文. 角度·视野·轨迹：试析有关"媒介融合"的研究 [J]. 国际新闻界，2009（11）：87-91.

❷ 陈力丹. 用互联网思维推进媒介融合 [J]. 当代传播，2014（6）：1.

融合；②通过媒体所有权的融合；③实现不同媒介内容传播形态的融合；④传播渠道的融合；⑤媒介终端的融合。❶因此，本文将以既往媒体融合的理论为基础，对国外媒体融合的现状做研究分析。

二、技术为王：场景化、人工智能与区块链

随着新技术的发展，技术对新闻传播业、对社会文化乃至社会变迁的影响日益凸显，技术决定论又再次出现在人们的视野。正如哈罗德·亚当斯·英尼斯所言："媒介赋予了文化特殊的形态或肌理（Shape or Texture）。传播技术给社会和文化组织都打上了印记。"❷技术是传媒产业发展的根本动力，将科技作为媒体融合的生产力，是媒体未来转型的重要抓手。

（一）场景三维扩容，增强沉浸式体验

智媒时代，5G的发展为VR带来了巨大的发展机遇，"新闻在场感"成为未来发展趋势，让马歇尔·麦克卢汉口中的"媒介是身体的延伸"得到证实。VR新闻最重要的是能使新闻"景观化"，带给用户沉浸式体验。国外媒体很早就开始了VR新闻实践。

2013年，美国《得梅因纪事报》报道了《丰收的变化》（Harvest of Change），利用VR生动地表现出艾奥瓦州当地私家农场的历史、现状，以此引申到美国近年来的农场和社会变迁。后来，VR在新闻传播中的应用逐渐增多。2015年，《纽约时报》首推VR客户端。为了推广该软件，《纽约时报》和谷歌、通用电气等公司合作，免费发放了100个由纸版叠成的VR头套，这一项目被认为是"VR+新闻"的正式起步。《纽约时报》还积极探索VR的商业模式，将其应用到广告领域。此后，英国广播公司、美联社都开始VR新闻探索。2016年2月，美联社又与美国超威半导体公司达成合作，推出美联社VR门户网站，网站内容包括纪录片、娱乐新闻等类型的作品。2016年被称为虚拟现实元年。这一年美

---

❶ 李良荣. 网络与新媒体概论[M]. 北京：高等教育出版社，2014：90-98.

❷ 詹姆斯·凯瑞. 作为文化的传播："媒介与社会"论文集[M]. 丁未，译. 北京：中国人民大学出版社，2019：15-17.

国广播公司上线了虚拟现实新闻报道,这可能是全世界第一家利用虚拟现实技术报道新闻的电视台。路透社与三星合作,开始了 VR 新闻报道的研究。同年,在里约热内卢奥运会时,加拿大广播公司和美国全国广播公司都使用了虚拟现实技术,给观众带来了不一样的体验。2017 年,英国广播公司发表了《VR 新闻:新现实?》的研究报告,公布了美国和欧洲 VR 新闻的发展现状。

围绕场景时代的五种技术力量——移动设备、社交媒体、大数据、传感器和定位系统,国外媒体集团已开始积极布局。❶ 在大数据时代,数据分析和算法可以帮助媒体绘制用户画像,为个性化内容定制和场景推送奠定技术基础。

(二)发展人工智能,满足个性化需求

人工智能技术在新闻传播领域的应用渗透广泛,包括新闻采写、编辑和分发等方方面面。许多传统媒体开始与科技公司合作,利用大数据和人工智能完成信息生产、分发和反馈等环节的革新,如美联社机器新闻写作平台、脸书聊天机器人等。一般认为,人工智能的发展分为专用人工智能、通用人工智能与超级人工智能三个阶段,现在还处于第一阶段。专用人工智能能解决特定的问题,如围棋领域的阿尔法围棋,那在新闻领域的应用到底如何呢?

2014 年 3 月,洛杉矶发生地震,美国《洛杉矶时报》网上发布的第一条地震的报道就是由一个机器人写就的。美联社 2015 年通过提前编辑框架,自动采写财经新闻,共写出了 3000 条智能新闻。人工智能新闻,最直观的就在生产环节上,即机器生产内容。在选题策划上,编辑和记者可以通过大数据获取新闻线索,并获得用户画像,生产为用户所喜爱的新闻。在具体操作上,人工智能包括语音识别、文本转换等,为记者的工作提供了便利性。未来,人工智能也许会成为记者的助理,甚至直接代替记者。目前,在自然灾害、金融、科技等方面机器人新闻采写运用得最广泛。

在新闻分发上,人工智能有筛选、分门别类的作用。如今,网络信息爆炸式增长,信息过剩问题尤为严重。为了能迎合市场需求,媒体必须仰仗算法进行分发。《纽约时报》通过大数据分析,帮助编辑在《纽约时报》当天发布的文章中

---

❶ 王芯蕊. 国外媒体融合的新趋势与转型路径 [J]. 中国广播电视学刊, 2018 (7): 87-90.

挑选出适合在社交媒体平台投放、具有推广效应的内容。除此之外,《纽约时报》利用人工智能工具,每天能处理大量评论。过去该报只敢开放 10% 的新闻供人们评论,在人工智能的支持下,所有文章皆可评论。

(三)应用区块链技术,形成人的连接

2008 年,"区块链"的概念首次被提出:通过去中心化和去信任的方式集体维护一个可靠数据库的技术方案。2013 年,区块链技术在海外逐步被投入到媒体活动之中。随着近些年的发展,国外已经有媒体将区块链作为底层技术搭建去中心化的平台——区块链媒体。国外区块链媒体主要可以分为两大类。一类是以区块链技术为基础架构的新闻平台。这些平台的核心在于利用区块链技术去中心化,转变传统新闻内容的生产方式、内容审核方式、用户构成和经营模式,从而生成抗审核的、可验证的、具有透明性的新闻。另一类则是社交媒体平台。用户可以借助平台交流,加密传话内容,平台设置奖励机制,鼓励用户分享优质内容,从而达到优质新闻内容的不断传播。

通过对以上区块链媒体的类型分析,不难看出,大部分国外区块链技术都应用于信息采集和新闻众筹之中,无论是记者还是用户,都能够向平台贡献自己的信息,这也是运用了区块链最核心的部分——去中心化。过去人们是串联关系,从上至下级传播,信息具有闭塞性。在区块链技术的支持下,人们变成并联的关系,靠连接使人们有了更多的组合,互联网具有核裂变式的能量,裂变为一个人为主体,微粒化社会带来了新的自由度。平台利用人与人之间的这种关系,使用户集结在一起,自由发布内容。

三、所有权融合:媒体在兼并整合中求发展

所谓媒体所有权的融合,即多个媒体组织通过竞争、兼并、重组成一个媒体集团。近年来,新闻集团、时代华纳集团、华盛顿邮报集团分拆行动频繁,而传媒业内和业外的收购、并购也时有发生,媒体所有权的融合变更正在如火如荼地进行。

(一)收购兼并,集团带领数字扩张

2000 年,美国在线和时代华纳宣布合并,时代华纳希望借助美国在线的平

台优势进军新媒体市场，而美国在线需要时代华纳的有线电视业务弥补不足。这一并购被看作是传统媒体和新媒体的天作之合，至今仍是媒体融合史上经典的一笔。

2015年，日本经济新闻社兼并金融时报集团，这是亚洲媒体首次收购英美主流媒体。日本经济新闻社保留了《金融时报》的编辑部结构，并大量投资新产品，克服文化融合带来的困难。2019年，《金融时报》的发行量首次突破100万，其中八成来自数字订阅。而日本经济新闻社也采取数字化战略，数字订阅量较2015年翻了不止一番。同一时期，《福布斯》杂志也在借助收购向欧洲扩张。2018年，《福布斯》收购英国女性职场媒体并投资经营。2019年，该媒体受众就从每年50万增加到每年8000万。《福布斯》借机向欧洲进行数字扩张，其在欧洲的团队已从80人增至数百人。美国著名的报业巨头赫斯特集团早已经转型成为多元化传媒集团，并仍在追求规模影响倍增。赫斯特集团受众增长主要是由创意才能、数字检测和内容驱动的。近年来，该集团提出"意图内容"（Content with Purpose）的口号，只生产能扩大目标受众的信息内容。为此，该集团成立内容实验室，开发机器人写作，向旗下所有品牌提供跨平台学习的机会，生产各品牌所需要的内容。

（二）破产关停，金融业控制美国报业

数字媒体时代，传统媒体的命运不尽相同，也有媒体在转型失败后宣布关停。自2004年以来，美国大约有1/4的报纸已停刊，报业相关的岗位也缩减近半，而在过去15年里，美国报纸的日发行量也下降了约5000万。2020年初，拥有163年历史的美国报业巨头麦克拉奇正式申请破产保护，这也昭示着美国传统报业的衰落。报纸广告价值不菲，谷歌、脸书等数字媒体平台却价格低廉，广告的纷纷出逃让纸媒陷入收入困境，濒临破产的报纸只能等待大型资本的收购。美国报纸的金融化、资本化无可避免。

（三）精简核心，创新引领体制机制改革

在数字化转型的过程中，许多传统媒体精简机构，专注核心业务发展。《华尔街日报》先后宣布关闭印度尼西亚语网站、布拉格和赫尔辛基分社，有针对性地减少流量较少的内容输出。BBC大幅减少管理人员的数量，将从前的10个管理层级减少到 7 个，精简部门、层级，让媒体资源更多地回归编辑室。主要面向青年群体的电视频道也被关停❶，转而开发更受年轻人喜欢的网络客户端。

与此同时，媒体将精力更多地放在新媒体的建设上，打造多个融媒体实验室。BBC 新闻实验室采用自动化新闻生产，在新闻网站上创建一定规模的自动化报道所需的工具和程序。❷《纽约时报》、美国有线电视新闻网、时代华纳等新闻集团也纷纷组建新闻实验室，利用其传统优势，保证新闻报道的深度与权威，并结合使用互联网化的手法，提高内容生产效率、丰富表现形式。融媒体实验室成为传统报业转型的方向之一，利用内容优势和技术优势，在渠道不足的情况下实现弯道超车。

四、产品创新：丰富内容传播形态

近年来，在全球数字化的浪潮下，各种各样的新媒体进入传播领域。新媒体改变了传播的渠道、方式和面貌，和传统媒体之间的界限也逐渐消失。在此背景之下，"融合新闻"成了新闻报道的宠儿。2012 年 12 月 20 日，《纽约时报》推出一次特别报道《雪崩：特纳尔溪事件》，该新闻运用现代化的技术报道了 16 名滑雪爱好者遭遇雪崩的经过，于 2013 年获得普利策新闻特稿奖，成为了媒体融合时代一篇具有里程碑意义的新闻报道。❸新技术可以改变新闻产品的生产方式和传播形态，让更多的人认识到新闻内容是可以将文字、图片、音视频、动画等多种方式结合起来的。媒体融合并不简简单单只是新闻内容分发平台的转移，而是新闻生产方式、传播渠道等各方面都要全面与新技术相融合。

（一）建立新闻实验室，用产品逻辑指导内容生产

新媒体时代，算法、大数据大行其道，传统媒体的内容优势不足以在互联网

---

❶ 王芯蕊. 国外媒体融合的新趋势与转型路径 [J]. 中国广播电视学刊，2018（7）：87-90.

❷ 全媒派. BBC 实验室揭秘：如何制作半自动化新闻？生产流程全公开 [EB/OL]. （2019-04-30）[2020-10-23].https://36kr.com/p/1723596898305.

❸ 韩士皓，彭兰. 融合新闻里程碑之作：普利策新闻奖作品《雪崩》解析 [J]. 新闻界，2014（3）：65-69.

时代生存，用户也不再仅仅满足内容的"摄取"。当下，怎么结合用户需求生产出合适的"新闻产品"才是国内外媒体需要去思考的问题。《纽约时报》、美国有线电视新闻网、时代华纳等新闻集团纷纷组建新闻实验室，在保持其专业性的同时，提升新闻报道的深度与权威性，努力尝试用互联网化的手法，实现内容生产效率的提高、表现形式的多样化，以便在内容优势相对下降、渠道优势严重不足的情况下实现弯道超车。2006年，《纽约时报》成立数字技术研发实验室，负责预测未来几年将会出现的科技创新趋势，并开发应用程序和模型来应对这些变化。❶BBC已经将所有的节目、栏目和内容都用产品思维去看待，尝试将其包装成为易于传播、精准推送的互联网产品。

新闻实验室不是简单地由媒体内部员工组建，还将用户囊括进来，以更好地提供新闻产品服务。2011年，英国《卫报》实施了开放编辑部的测试，他们将编辑部所讨论的新闻选题在社交媒体推特上向所有读者开放，允许读者讨论交流，最后根据读者的反馈确定选题。

（二）产品个人定制，实现付费创收

如何实现盈利是传统媒体在数字化转型的关键所在。为此，美国媒体开始探索付费墙模式。1997年《华尔街日报》率先试水，2005年《纽约时报》首次尝试，两年后因网络流量下滑不得不关闭，2011年再次设立付费墙。2012年前后，国外大量报纸开始实行"付费墙"的模式，逐步进入以个性化定制服务和用户体验为中心的付费时代。2015年，美国已有70%的报纸实行付费墙。至今为止，《纽约时报》和《华尔街日报》依旧是西方付费模式的典范。

国外成功的付费模式主要源于以下几点：第一，主打优质内容，生产高品质、差异化、个性化的新闻产品。《纽约时报》《华尔街日报》等报纸都是传统的以内容为王的报纸，本身就具有很强的用户黏性，付费模式加深了媒体与用户之间的联系。第二，利用技术，服务生产。《纽约时报》大量投资大数据、人工智能、VR等先进技术，丰富新闻产品，实现精准推送。同时，深入挖掘数据价值，利用新闻可视化提高新闻阅读体验。第三，拓展数据库，实现整合传播。联合多方机构和个人媒体，搭建新闻实验室，实现信息共享，在内容上形成传播合力，

---

❶ 付凯迪.《纽约时报》的数字技术创新与启示[J].新闻传播，2019（13）：26-27.

让用户能在使用媒体期间获得满足。

五、平台搭建：抢占新闻传播主要阵地

平台型媒体（Platisher）概念由乔纳森·格里克（Jonathan Glick）提出，是他在2014年将平台（Platform）和出版商（Publisher）合并后发明的新词汇，指那些既拥有媒体的专业编辑权，又拥有面向用户平台的数字内容实体。平台型媒体的实质是将算法技术与专业的编辑运作结合起来，打造一个包含了各种规则、服务和平衡力量的良性开放平台。[1]这样的平台往往能够吸引大量用户的注意力。

移动终端、社交平台、搜索引擎、流媒体网站等公司凭借着算法推荐、大数据技术已经拥有了大量的用户基础，有着领先的技术优势和零编辑成本。但这些高科技公司缺乏高质量内容生产的基础，不具备内容优势。在这样的情况下，媒体和平台合作成为媒体融合的一个新的突破口。

平台性质更强的数字化媒体有脸书、谷歌、推特等，都属于大型互联网公司。它们以强大的搜索引擎为起点，后涉及到新闻传播领域中。[2]这些平台规模巨大，用户群体庞大，吸引传统大量媒体入驻，几乎所有的传统媒体都在这些平台上有自己的官方账号。

六、疫情影响下的报业加速转型

德勤会计师事务所在一项网络调查报告中研究了新冠肺炎如何改变了消费者的媒体消费习惯，调查发现：为了让时间和消费效率最大化，消费者不断订阅、试用和取消流媒体服务。显然，疫情使人们对媒体的依赖度增加了。

---

[1] 喻国明.互联网是一种"高维"媒介：兼论"平台型媒体"是未来媒介发展的主流模式[J].新闻与写作，2015（2）：41-44.

[2] 谭熙.探索国际数字化新闻传播领域新兴力量发展道路[J].中国传媒科技，2020（6）：47-49.

（一）大量报纸线下停印，向网络阵地转移

澳大利亚新闻集团于 2020 年 5 月 28 日宣布，将停止印刷旗下 100 多家地区和地方报纸，将其中大部分转为纯线上媒体。到 2020 年 6 月 29 日，旗下 76 家报纸将仅提供电子版，另 35 家报纸将永久停刊。❶新冠肺炎疫情冲击纸媒，"纸媒广告收入是集团主要收入来源，而如今这笔收入加速减少"。可见，疫情影响下，传统媒体或许受到了更大的冲击。我们无法判断这是加速了传统媒体的融合转型还是纸媒的衰落。但可以预见的是，新冠肺炎疫情的确向报纸发出了走向数字化的警示。

（二）拥有优质数字化内容的大报或成最大赢家

疫情限制了出行，人们普遍从互联网获取信息。尤其在疫情高峰期的 2020 年 3 月，绝大多数报纸网站都出现了读者大幅增长的现象。随着疫情继续发展，小报的网络阅读量普遍回落，但生产优质内容的大报流量一直较高。建有数字付费墙的对开大报如《纽约时报》《洛杉矶时报》《每日电讯报》《泰晤士报》等，都获得了大量新的付费订阅者。

其中，《卫报》独特的经营模式值得注意。《卫报》长期以来采取不免费也不建付费墙的模式，而是通过会员制和捐赠来获取资金支持。数据显示，2020 年 3 月到 6 月期间，《卫报》斩获了 20 万新会员，这或许为以后新闻媒体的付费模式提供些许借鉴。

（三）流媒体订阅频繁，越来越多人尝试新的媒体和娱乐选择

德勤会计师事务所关于"新冠肺炎如何改变了消费者的媒体消费习惯"的网络调查报告显示：在付费流媒体领域，人们的订购呈现频繁的加购和解除，人们愿意参与网络娱乐方式，但注意力总是被分散，留住用户变得十分困难。不过，这次疫情让新媒体和娱乐公司看到了希望。未来，流媒体或许会成为新媒体领域的新热点，高管们应该利用意外收获，从挫折中复苏并在未来十年蓬勃发展。

---

❶ 新华社. 澳新闻集团将停印 100 多家报纸 [EB/OL].（2020-05-28）[2020-10-24]. https://www.sohu.com/a/398272626_267106.

算法主导下的新闻业隐忧

田智辉　刘颖琪[*]

【内容摘要】 在算法分发逐渐超越编辑分发的趋势下，移动新闻行业内算法成为热门的话题。本文通过对现下算法主导下的新闻业状态的分析，得出算法主导新闻分发的利弊，及算法主导下的新闻业隐忧，并同时指出算法审核的重要性及必要性。

【关键词】 算法；新闻分发；审核；新闻业隐忧

目前，学界对于算法的研究较为集中在对于新闻算法的原理分析及对受众的传播效果研究上，而对于算法审查方面的必要性研究比较缺乏。算法的透明性对于新闻业的良性发展至关重要，而人工智能的过人之处通常会过分被强调，产生一种间歇性的"人类失业"性恐慌。事实上，算法作为一种辅助新闻业更快、更好发展的技术性手段，当然也存在自身的局限性并会对新闻业造成伤害。我们应当更为关注的是其原理及算法审查的可行性，从而更好地保障算法能够真正地为我们所用，消除存在盲区和无法控制的局面。

一、新闻内容推荐算法

（一）新闻内容推荐算法的分类

从目前新闻内容推荐的技术类型来看，新闻内容推荐算法的主要类型有三

---

[*] 田智辉系中国传媒大学互联网信息研究院教授；刘颖琪系中国传媒大学2015级硕士研究生。

种，分别为基于内容的推荐算法、基于协同过滤的推荐算法及混合模式下的内容推荐算法。❶最为传统的基于内容的推荐算法，是通过研究用户的历史行为数据，收集与用户相关的历史新闻，并在新闻库中搜寻与用户兴趣度模型最为契合的新闻，从而推送给用户。该类型的算法核心是对用户的匹配研究，基于算法技术的基础对用户的历史信息进行深入挖掘与详细描述，建立与之相对应的用户兴趣模型。

基于协同过滤的推荐算法是在新闻推荐过程中，根据网络用户对不同类型新闻的偏好程度挖掘与用户新闻偏好度相同的用户群，形成一个相邻的用户集，最后根据形成的相邻用户集集中的用户历史偏好向用户群推荐新闻。该类型的内容推荐算法的优越之处在于，可以通过用户的平台购买信息等挖掘隐性数据，并不需要用户主动提交信息。并且由于用户群的建立，用户群体具有数量优越性，彼此间的关联性可以为内容推荐不断挖掘潜在兴趣点。

混合型内容推荐算法则是集前两种算法于一身的综合性算法。对于此种算法而言，可以将各种算法有机结合，计算出不同的新闻内容推荐结果，从而创造出一个更符合用户需求的新闻内容推荐算法，也可以被称作新闻内容推荐的分层机制。

（二）新闻从业者如何与算法共事

算法的先进性对于新闻业而言是一场技术性的大变革，而人工编辑与算法相结合的内容运营机制也变得更为普遍。算法与人工编辑之间的关系正如"一点资讯"的副总裁吴晨光所言："人工编辑与筛选稿源解决的是有和没有的关系，而算法解决的是内容逻辑排序的问题。"人工编辑最重要的职责便是教会算法规则。相异的算法逻辑得出的是截然不同的推荐内容，编辑则需要与算法工程师相互磨合，点击率、转发率、评论数量均是不可或缺的关键性数据。通过对数据的整合与分析，得出对算法的调整方案，通过人工教会算法一套日臻成熟的规则模式，从而使机器的自动推荐效率更高。

以"一点资讯"为例，通过算法可以实现 260 万个长尾频道的订阅，可以在 2 万多个领域里进行个性化推送，人工编辑无法在有限的时间里达到这样的工作

---

❶ 王博. 新闻内容推荐算法研究 [J]. 信息与电脑，2016（6）：146.

效率。❶这也就说明算法的价值就在于通过清晰的用户画像为其匹配文章,更为精准的推送、稳定的用户增长便不在话下。算法能够知道用户的喜好,如果知道用户搜索美妆比较多,就接入电商;如果定位比较多,就接入滴滴等约车服务。所以"一点资讯"不仅做新闻,更强调长尾类的内容,如教育、医疗和母婴等,可以更好地结合广告。尽管如今用户获取资讯的渠道与方式十分多样化,但是"一点资讯"的独特之处在于对用户需求的精准把控,"想你所想,供你所需"。各种新闻类别的客户端泛滥,"一点资讯"与其他新闻客户端的差别就在于全面平台的搭建,向本地化、全网化与平台化的发展。而对于如何在激烈的算法竞争中脱颖而出,"一点资讯"也有其独家秘籍。对于自己用户的了解程度取决于对用户画像颗粒度的细腻程度。而这样的技术门槛对"一点资讯"而言正好是其最大的优势,根据每天的日活总数及每个频道的流量,甚至可以将数据细化到每个用户在某篇文章停留的时间。正如"一点资讯"创始人陆荣清博士所说:"不是用户重要,而是用户的行为重要。"这样强大的后台用户行为数据库,也是支撑"一点资讯"技术运作的中坚力量。

二、算法分发下的新闻业

2017年1月11日,中国互联网络信息中心(CNNIC)发布的《2016年中国互联网新闻市场研究报告》显示,与之前的新闻分发模式相比较,现下的算法基于数据的科学技术,针对不同的用户,专注于他们所关心的新闻类别,从而极具针对性地向他们推送新闻,这也从很大程度上提升了新闻的分发效率。❷

中国互联网络信息中心(CNNIC)对近几年的新闻市场进行调研后发现,算法技术现在已经成为各大新闻媒体争相装备的"核心竞争力":今日头条作为最先推出算法辅助下的新版客户端,在取得良好的传播效果之后,引发了新闻业内的"算法革命"。2014年,搜狐最新上线的客户端将个性化智能推荐作为首推亮点;

---

❶ 程征.新闻人如何与"算法"共事:对话"一点资讯"副总裁兼总编辑吴晨光[J].中国记者,2016(2):29.

❷ 中国互联网络信息中心(CNNIC).2016年中国互联网新闻市场研究报告[EB/OL].(2017-01-12)[2020-10-06].https://www.useit.com.cn/thread-14401-1-1.html.

2015年,腾讯、新浪与网易纷纷升级客户端版本,基于用户喜好偏向推荐相关新闻内容;2016年,UC打出"UC更懂你"的口号,在算法统筹的基础上加入人工干预,以优化机器。这些动向无不在说明现下算法对于新闻业的重要性。

大数据现在生活中的运用越来越多,无论是从广度还是深度而言,其未来的发展趋势与其在多方面领域的运用,都会为算法提供更为坚实的技术基础。内容优质无疑是新闻业发展的核心竞争力,而更为精准的个性化内容推荐则是优质内容拥有最佳传播效果的保障,也始终是新闻业在互联网范畴内的发展趋势。

(一)精准推送:更准、更快、更便捷

大数据时代的到来及各种网络技术的日臻成熟使新闻的传播从"用户中心论"逐渐转向了"受众中心论"。也正是这样的转变使新闻运营商们将效率更高、信息量更大的个性化精准推送视为珍宝。从以新闻为中心到以人为核心的转变,是新闻算法的完善和改变。

而用户这个概念与受众的概念是有一定区别度的:从新闻传播学角度来看,受众主要指的是媒体的传播对象及相关文学艺术作品的接受者。由于受众接受信息的方式不同,有可能是通过广播电视,也有可能是通过书面文字,所以会有不同称谓的区分。对于受众的定义而言,最为核心的是接受,较为被动地接受信息。当传播者通过不同的媒介传递信息给受众时,受众大多均为被动地接受信息。而用户则是随着互联网的发展与广泛应用而出现的较为新颖的词汇。用户指的是某些产品或是服务的使用者,从某种程度上而言,还具备有一定的消费者意义。用户与受众的区别就在于,用户不再是被动地接受信息,他们手里掌握了更多主动的权利,如把控信息流的话语权、主动权与决策权。所以用户的概念相较于受众的概念更为生动鲜活,更具有交互性。

也就是说,受众是被动的,用户是主动的;受众是单向传播的,用户是交互式传播的;受众对于信息的传递没有话语权,用户可以在信息传播过程中掌握话语权;受众没有选择的权利,是媒介统治下的信息接收者,用户则是新媒体时代可以掌控信息传播的公平的生产者与接收者。推荐给用户的新闻主题分析,主要是通过对用户的浏览行为进行记录,记录用户浏览的新闻,而这些新闻里面通常是包括相应的主题,如果这些主题重复多次出现,系统则认定这些主题是读者所

关心的新闻热点，并且认为是读者兴趣爱好所在。❶

（二）从信息定制到"信息茧房"

算法在提高了传播速率的同时，也带来了一定的副作用。新闻从业者们所推崇的个性化推送仍旧存在一定的限制。受众喜欢的内容扎堆在一起，异质化信息的接受受到了一定程度的阻碍，这就会导致受众接受信息的"被选择化"，无法及时知晓其他领域内最新发生事件的信息。也就是说，算法使受众囿于自己的个性化选择中，为自己亲手搭建了一个"信息茧房"，且随着算法的不断发展，"作茧自缚"的受众们越陷越深，反复出现的同质化信息逐渐会遭到受众的反感，而对于这样问题的解决方案也迟迟没有说法。❷

在全媒体信息时代，信息爆炸式的增长与各种科学技术的日益完善，使人们能够在较短时间内浏览到多种话题，并可以按照自己的喜好随意选择，集合这些个性化定制的信息，便可以成为独一无二的个人每日独刊。而一旦这种获取信息的习惯形成，人们就会被自己束缚在所谓的自主选择中，逐渐失去对自己每日独刊以外世界信息获取的欲望与能力。最先人们获取信息是由于兴趣所致，而当这种兴趣演变成为习惯以后，便成为人们下一步获取信息的向导，从而将自己的生活桎梏于像蚕茧一般的"茧房"中。同时，也会有读者逃避某些信息，下意识地选择不去接受这类型的信息，使自己隔绝于世外。

算法所带来的问题也存在使人们所接收到信息肤浅低俗化，那么如何解决这样的问题，在使受众享受到算法带来的福利的同时，还能够拥有自主获取信息的能力与选择权？

（三）"算法"取代"人工"，驯化必不可少

谷歌和脸书最近因在其平台上相关推荐部分所发布的"假新闻"而饱受诟病。对此，谷歌紧急回应宣布将采取措施，禁止虚假新闻网站使用其广告销售软

---

❶ 方泽阳，李鹏飞，惠磊等.关于个性化主页定制的新闻推荐算法研究[EB/OL].（2016-03-16）[2020-10-06].http：//media.people.com.cn/n1/2016/0316/c402797-28203840.html.

❷ 脸书谷歌纠错假新闻,"算法"取代人工还要多久[EB/OL].（2017-02-27）[2020-10-06].http：//news.163.com/16/1117/18/C63GRDQF000181KO.html.

件。脸书 CEO 马克·扎克伯格也承诺,将会采取行动应对该网站不断出现的假新闻和推送。❶虽然两大公司在第一时间给出了相应的举措,但是人工对于机器的驯化是一个任重道远的过程。罗马非一天建成,"算法"想要取代人工,仍需要有很多细节方面的磨合与处理,驯化势在必行且不可或缺。

有关于假新闻的讨论早已有之,在算法推荐下出现假新闻的广泛传播,使假新闻又被推上了风口浪尖。无论算法如何先进如何高效化,其原型也是人类工程师编写的代码得来的,就正如计算机的高效与海量内存均出自人手人脑。所以将"假新闻"的责任归咎于机器与技术,无疑只是自欺欺人的想法。

任何一种技术的改进过程都不会是一蹴而就、一帆风顺的,不仅是内部技术的改进,还存在外界的议论与同类型技术的挑战。目标一旦锁定,接下来的路就需要一步步踏实地往前走,如何将元数据更为优化地呈现,以推进算法的进步是接下来面临的课题。

三、算法主导下的新闻业隐忧

(一)算法的不透明性

算法自其出现以来,由于其在市场上的价值,被各大从业商视为"秘籍",在各自封闭的空间内发展。

2016 年 5 月,优步透露其算法可以获取到用户手机电量的余量,通过这种信息的获取来随时定价,以期用户在手机快要没电的时候能够接受高定价。尽管其算法具备这样的功能,优步却从不承认自己趁火打劫的行为。

当你在手机上购买机票时,算法会在短时间内读取手机上的各种消费记录,从而得出平均值,从此判断你的收入水准。之后再提供给你经过动态定价后的机票价格,这也就造成了同一张机票购买人不同,价位不同的情况。通过算法辅助的这种功能,商家可以实现自己梦寐以求的"价格歧视"。

坐地起价与动态定价,商家利用算法做"帮凶"的空间还有多大?

还有一些算法骨子里透着"邪恶"。一些软件和程序的运营,虽然在主观方

---

❶ 脸书谷歌纠错假新闻,"算法"取代人工还要多久 [EB/OL].(2017-02-27)[2020-10-06]. http://news.163.com/16/1117/18/C63GRDQF000181KO.html.

面不会影响人们对计算机的正常使用操作，但是无法阻止的随时跳出附带广告性质的内容总会被用户无奈地接收到。被附加上商家或是营销者们主观意愿的算法，一旦被不合理地大肆运用，后果是不堪设想的。当人们愈发依赖于算法，很多看不见的阴暗角落常常会被人们忽略，其严重性可能涉及公平和公共利益，甚至会滋生"算法腐败"。一旦使算法沦为谋取不正当利益的工具，其弊端将远盖过其优势。

这样的算法，理应被公开。

（二）新闻业与"算法审查"

算法不仅需要公开，甚至还需要接受"算法审查"。❶审查算法并非一个简单的工程，它需要的是国家甚至是全世界开设专门的机构，聘请与培训专门的人员来参与审查。由于算法审查的迫切性，未来全世界政府部门或将增设这样的机构。而从国内而言，中国工业与信息化相关部门可以首先成立算法审查局，从而保障中国作为世界第一互联网大国消费者的利益。

那么如何避免假新闻的传播呢？是需要依赖用户根据自己的经验来区分还是新闻传播机构通过相关更为严格的审查过程来排除假新闻呢？近来的一项研究表明，这两项措施可以合二为一。

红迪网论坛的世界新闻板块和麻省理工学院的研究者通过合作调研发现，鼓励用户对极具耸动效应的新闻报道进行事实核查，这样不但能够很大程度上提升用户的参与度，还能够使假新闻具有自己的评分政策（Reddit Score）。不符合或者是与事实存在偏差的新闻报道将被减分，被压在页面底部，降低其传播率。该调查报告显示："这种由用户参与，以系统打分技术支持相结合的措施，能实时控制文章在子版块内的排位，新闻报道越不符合事实看到它的用户就会越少。"调研组组长、博士生内森·马提亚斯（Nathan Mathias）表示，这项研究证明了所谓"人工智能微调"的能力，这种技术是把人为劝导和智能算法结合起来实现理想的结果，同时也不增加任何影响用户习惯的规则。这个想法的灵感来源于理查德·泰勒（Richard Thaler）和凯斯·桑斯坦（Cass Sunstein）的研究。他们相

---

❶ 涂子沛. 互联网更需要的是算法审查 [EB/OL].（2017-01-12）[2020-10-06]. http://www.thepaper.cn/newsDetail_forward_1598980.

信,"微调"可适用于政府和其他机构。内森·马提亚斯选择红迪网是因为这家论坛"给了用户很大权力",不管是自上而下的社区管理,还是自我监管。因此,红迪网是个理想的研究对象,论坛内容有其重要性,每天都影响着数百万人如何获取新闻信息。在其新用户的板块中,注册人数就超过1500万人,每天文章发布量达到450篇,算得上是英文互联网上规模最大的世界新闻讨论单组了。❶ 所以如果能有效地控制来路不明的新闻源,假新闻的控制就不在话下了。

虽然试验结果十分可观,但是仍然有相关问题亟待解决。比如,在事实核查的过程中,世界新闻的用户在无意识间助长了信息的传播。红迪网网站与文章评论的参与度相关,当越来越多的用户参与到事实核查中来,其参与度飙升,反倒会使文章更加受欢迎,这就对事实核查产生了不利的作用。

总而言之,回归于算法本身所带有的商业性机密,公开基本没有可能,那也就使算法审查举步维艰。算法审查是使其实现透明化的可行性机制之一,无论哪一种算法,审查都将成为确定其明确功能性的必经之路。

四、算法主导下的未来新闻

(一)人工智能唱主角

未来今日研究所创始人、数字媒体先驱艾米·韦伯(Amy Webb)日前参加网络新闻协会(ONA)大会时指出,人工智能几乎是所有科技趋势的重要组成部分。❷ 艾米·韦伯认为,下一波数字化将由人工智能唱主角。她认为,人工智能将影响到新闻业的方方面面。从目前的情况来看,人类制造全面超越人类的超级人工智能将是不可避免的。我们已经认识到纯粹的物质是可以获得真正的智能并通过学习来不断完善自己的。既然人脑可以完成上述任务,那么电脑也是可以的。我们所谓的让电脑达到人脑的智能水平的目标看上去像是个误会,因为电脑在计算和记忆方面的能力已经远远超过人类的水平了。在未来,电脑在所有方面

---

❶ 事实核查新方法,人为劝导和智能算法结合[EB/OL].(2017-02-07)[2020-10-06]. http://www.phpchina.com/portal.php?mod=view&aid=40524.

❷ 新闻业十大未来趋势记者将会消失?[EB/OL].(2016-09-20)[2020-10-06].http://dy.163.com/v2/article/detail/C1DU1MJC05118VJ5.html.

的智能水平都将超过人类。虽然电脑是否会具有"意识"是一个未知的问题，但是无论它是否具有意识，它都可能设置出属于它自己要达到的目标，而这个目标可能与人类的目标相冲突。所以根据上述假设，人类将会不断地靠近制造这样的一个超级智能那一天，除非人类认识到这样的智能正在形成并叫停这一工程。

那么处在这样时代洪流中的编辑部，在未来，其工作重点应当转向技术加强，打造更具互动性与深度性的新闻。高品质新闻无论在哪一个时代都是用户矢志不渝的追求，这也应当成为新闻编辑们恪守的准则。

（二）编辑岗位不会被全面取代

人工智能主要依靠机器学习算法，对信息进行分析与推送。诸如新闻推荐算法、新闻分类算法、新闻热度算法、新闻个性化推荐算法、新闻排序算法、相似新闻算法等，可以说算法"统治"了新闻的筛选、推送及分发。❶效率大大提高，机器算法上岗，人工编辑失业成为人们关注的核心地带，编辑岗位也逐渐成为人们口中随时可以被机器取代的职位。然而事实上，人工编辑干预与机器人工智能并非两个对立的个体，人工对机器的驯化必不可少。

2016年年底，处在企业转型期的搜狐发布了一条关于回应"搜狐内容相关传闻"的声明，其内容如下：①搜狐不会裁撤内容编辑部，搜狐新闻编辑流不是减弱，而是要加强；②搜狐正在加强新闻编辑流内容选择的水平功力和价值观，进行内容部管理结构调整，对新闻编辑的职责进行重新定位；③搜狐副总裁兼总编辑陈朝华正在考虑新的职业发展选择。其内部相关人士指出，一直以来搜狐秉承"新闻专业主义"的精神以满足用户的刚性需求。在搜狐的发展历程中，内容编辑部的作用至关重要。在互联网与移动大数据时代，搜狐对新闻内容展示方式做出了调整，采用"编辑流＋推荐流"的模式，持续为广大网友提供有品质的新闻和可信赖的讯息。❷在搜狐的企业转型过程中，其内容编辑部在对于机器算法驯化的过程中，人工干预发挥了不可或缺的作用。机器的自动标签分类功能在初期尚

---

❶ 靠算法推送新闻 AI 到底比人强在哪儿 [EB/OL].（2017-02-02）[2020-10-06].http：//www.myzaker.com/article/589265b81bc8e0c646000004/.

❷ 关于"搜狐"内容部相关传闻的声明 [EB/OL].（2016-12-14）[2020-10-06].http：//it.sohu.com/20161214/n475846461.shtml.

不成熟，人工打标签给予机器学习的过程是一个过渡时期至关重要的步骤。而同时推荐流内的文章是由机器评级打分后进入内容库，并推送到客户端的，这个过程中也少不了人工编辑的干预，机器误杀的概率需至少稳定在 1.5% 以下才能保证前端新闻推送的质量。由此可见，前期人工与机器算法的磨合必不可少。而当机器误杀率控制在较为稳定的范围内时，人工编辑将会转为关注既存稿件的质量上，专注于稿件质量的提升。也就是说，其"编辑流＋推荐流"的内容展示方式中，人工编辑的作用不可或缺，并不存在所谓的取消人工编辑岗位。

（三）不单纯依赖算法，保持透明性

由于当代新闻报道者们对于算法与数据的依赖程度前所未有的高涨，相关业内人士指出，新闻机构保持公开透明性势在必行。与人为的报道一样，算法也可能会存在偏见，所以对于读者而言，能够看到算法运行的整个过程远比只让他们看到存在偏见的报道要真实有效得多。算法在某种程度上因其较为权威与全面的数据，给予人们十分值得信赖的感觉。但是，算法本身存在的偏见及弊端是无法单纯从某些或是一组数据中看出来的，由此而对新闻读者造成的误导其影响不可小觑。算法在一定程度上的公开透明性将为新闻业带来翻天覆地的变化，不单是点击量或阅读量上的变化，更多的将是对新闻内容质量的保证。

五、结语

如今媒体人的命运细线就在人类和算法机器之间，牵动彼此。当我们沉沦在日活跃用户数、点击数、转化率、变现渠道等之中，细线仍然在那里，亿万流量也遮不住彼此的隐痛。人对机器的驯化必不可少，机器对人工的辅助也使工作事半功倍。只有更加全面的认识到算法下的人工智能优劣，才能更好地加以利用，与人工进行高效契合，为新闻内容的质量打下坚实的基础。

新媒体技术
——新闻生产的变革力量

田智辉 周晓宇[*]

【内容摘要】当今,数字化对社会生活的影响已遍及各个层面。由于数字技术的不断进步,越来越多的领域开始接受数字化带来的变革,新闻业也是如此。在新闻传播领域,数字时代的传媒未来走向如何已成为一个热门话题。虽然传媒业、记者编辑和研究学者对于数字化的理解各异,但大家已达成共识,即新闻业的未来不可避免地要接受和利用数字化带来的工作方式的改变及展示平台的更新。

【关键词】新媒体技术;新闻生产;数字化;传媒业

一、新媒体技术:传媒业发展的助推器

云计算、不同手机平台的应用、定位服务及信息流等都是近年来迅速崛起的技术工具,它们的迅速发展已经使新闻生产和新闻报道的方式与过去大不相同。在这一点上,图书行业的发展显然要更快一步,各种平板设备的出现及电子图书市场的扩张就是人们阅读习惯发生变化的标志。当然,这里所提到的阅读不仅是书籍,还可以延伸到各种新闻信息来源的终端上。此外,由于网络发展所带来的无限开放性,各种链接分享和信息的在线存取服务层出不穷,这在某种程度上也促进了新型新闻网站的发展。它们可以依据不同的网络抓取工具来搜索和整合新闻资源,与传统媒体产生更多差异。

---

[*] 田智辉系中国传媒大学互联网信息研究院教授;周晓宇系中国传媒大学2011级硕士研究生。

数字化表面上看是技术革新所带来的成果，但实际上它也与人们不断变化的生活方式密切相关。日常节奏加快使越来越多的人适应了短讯、即时信息、以图代字等过去闻所未闻的阅读形态，继而带动了其载体如平板等移动设备的发展。不管是在内容还是载体上，数字化已经成为传统媒体在转型过程中所必须做出的一个重要选择。《纽约时报》于2011年启动了网络付费阅读计划，虽然这项业务在开展前期并不被看好，但一年之后其在线发行收入第一次超过了广告收入。值得注意的是，此时每月免费阅读的文章数已经从20篇下调到了10篇，这足以证明受众对于网络阅读的需求度有多大。另一份著名杂志《经济学人》选择了将纸质出版物与数字内容绑定的策略，其订阅量同样还在保持增长。2012年10月，已有80余年历史的著名时事周刊——《新闻周刊》宣布自2013年起停止出版纸媒，全面转向数字化。这些变动无一例外都预示着受众和媒体在供求关系上的巨大改变。传统纸媒的转变今后还将刺激其他媒体，甚至包括已经发展多年的网络新闻门户转型，这是未来媒体发展的大方向。

媒介的改变并不是传统媒体所追求的唯一变革方向，新闻内容和形式的变动同样令人瞩目。一些媒体如《纽约时报》仍然在其网络版上秉持精品路线，但更多的传统媒体则是将时效性作为与网络媒体竞争时重要的考察目标。特别是在突发事件报道上，如果媒体跟进速度过慢，在很多情况下不仅会被网媒，甚至会被社交媒体超越。2009年，美国有线电视新闻网（CNN）在报道伊朗选举事件时就曾犯了类似的错误，成为其即时报道的一个"污点"。从这些方面我们可以看出，使新闻生产模式和效率符合新型新闻供求的标准，是当下传媒业和新闻编辑需要重点考虑的问题。一方面，媒体将会更加看重有多媒体新闻制作能力的记者；另一方面，记者也需要锻炼相关技术以使自己能够适应不同的报道环境。

二、新技术在传媒业应用已十分普遍

随着相关技术的发展，新闻传媒业的新技术应用已经十分普遍。这些面向苹果公司的iOS平台开发的应用，内容是基于英国温切斯特大学一名新闻学专业学生为黑客网站所撰写的推荐文章。这些应用虽然并非完全为媒体工作设计，但是在新闻生产中它们可以提供不少便利功能。年轻的网络用户对于新工具的敏感度和使用频率恐怕要远远高于传统的媒体工作者。随着这些人逐步走向新闻工作领域，我们或许会看到更多运用这些辅助工具提高效率，进而完成既符合新闻供求关系变化，又维持高质量内容的新闻报道。

（一）"相机+"提高即时抓拍和高级处理技能

这是一款基于 iOS 原生应用改良的手机摄影工具，适合即时抓拍和高级处理。iOS 设备内置的摄像头和配套软件已经能够满足一般性需求，但在功能的多样性上仍然面临很多限制。目前，在 iTunes App Store 里已有不少更为强大的摄影应用，"相机+"就是其中一个典型应用。"相机+"的主要卖点在于它提供更理想的弱光拍摄效果，支持对焦和曝光量的手动调节，同时还可以对虚化的照片做出修正。这个工具对于一般人而言是一个可以轻松上手的摄像扩展部件，而对于新闻记者而言，在缺少专业器材时，它起到了临时补救的作用。与其类似的程序包括专业相机等都可以在全球 iTunes App Store 轻松获得。

（二）电影专业版改良摄像处理功能

这是一款基于 iOS 原生应用改良的手机摄像工具，提供拍摄中即时调整处理功能。和上面的"相机+"类似，电影专业版的目的也在于扩展 iOS 设备自带的摄像功能。它不仅支持在视频拍摄过程中对焦距和曝光量的设定，还支持调整视频帧率和声音效果。对于新闻记者而言，利用电影专业版可以迅速向媒体后方、云储存及视频分享平台上传音视频素材，在突发事件发生时，如果前方团队来不及建立起视频信号传输的仪器准备，那么在争分夺秒上就会有很大优势。

（三）提词器使新闻播报驾轻就熟

这个工具是为新闻播报员准备的。作为一个便携的电子提示器应用，它支持快速编辑文本、改变字体和滚动速度等功能，对于播报内容的导入也支持邮件等丰富来源。在新闻播报现场，巧妙应用可以减少记者用于暗记播报词的时间，进而聚焦于资料收集、现场观察等报道的其他方面。

（四）印象笔记为数据转移无缝对接

现在已经有很多人抛弃传统的实体记事本，依靠移动设备来建立备忘录，但是由于各个设备之间的数据转移存在障碍，建立云服务是现在大多数备忘应用所必备的特性。在这一点上，印象笔记表现得就相当出色。除了可以在 Windows、iOS、Android 等平台无缝传输信息以外，它还支持富文本、音视频等多媒体附件。对于免费用户而言，官方提供的每月 60MB 储存空间已经足以满足以文本为主的备忘储存要求。而对于有大量内容需要录入和备忘的新闻记者而言，这无疑也是一个必备工具。此类备忘应用现在已经有了更多功能相似的产品推出，国内较具代表性的如"网易云笔记"等，虽然界面和细节有所不同，但其理念和功能上并没有太大差异。值得一提的是，印象笔记本身也已经在 2012 年进军大陆市场，并将"Evernote"中文名确定为"印象笔记"，本地服务器的优化可以为中国用户带来更快捷的体验，这同样为中国的新闻记者提供了一个可用之材。

（五）声云让录音和上传分享同步

声云属于音频分享社交服务，它支持即时录音和上传分享，记者可以将其作为储存音频片段和采访录音的一个临时平台。当然，声云在剪辑和优化上功能较弱，如果对音频有处理的需求，可能需要音频编辑器这样的应用加以辅助。

（六）推特使信息获取和发布成为一体

推特作为全球最流行的即时文本交流分享服务，对于新闻记者的信息收集和发布有很大的帮助。特别是在突发事件发生时，它更是及时获取资源的一个重要平台。根据推特官方统计的数据，在 2012 年年中就已经有超过 60% 的活跃用户通过移动终端使用其服务，因此官方也将开发相应应用作为重点项目。这里介绍的就是由推特官方推出的客户端软件推特，其优势在于可以为搜索结果、分组成员及某个特定话题定制单独的时间轴窗口并随时关注，这一点现在也为其他客户端所效仿。对于新闻记者而言，话题时间轴的定制有利于他们直接监测事件的进展情况及收集图片、文字资料等。国内的新浪微博等类似平台同样有各种客户端供选用，但是由于国内微博客的发展更趋向于复杂形态的社交媒体，因此和以简洁著称的推特还是有诸多差异。

（七）竹林支持 3G 的实时传输

作为一个摄像工具，竹林不仅支持调节功能丰富的视频摄录，其亮点还在于它支持通过 3G 网络实时传输信号，允许其他人到开发者所提供的平台观看和评论。除了利用竹林平台，用户还可以将视频播放器嵌入个人网站，以扩大传播影响范围。竹林正在和美联社合作，鼓励用户使用该服务播发事件视频，开发者还提供了商业模式，满足新闻媒体和工作者的更多需求。随着 3G 网络的成熟甚至是更高速的 4G 网络的普及，此类应用未来有可能在新闻实时播报领域有所作为，为信息传播提供更为直观和吸引人的音视频资源。

（八）标记解决了网络不畅的阅读

标记是现在颇为流行的稍后阅读服务之一，顾名思义，它提供网页内容的标记、后台下载和离线阅读功能，并且支持收藏、标签等分类设置。它的实用意义在于当网速不理想，或者没有时间阅读长篇文章时，可以标记想要阅读的内容，然后在空闲时随时回顾，并且彼时将不会再受到网络质量的影响。现在和其他稍后读服务一样，标记也提供了对离线下载内容排版上的优化，使之更适合阅读；标记还支持多种分享服务，可在各个平台同步。对于忙碌的新闻记者而言，这是帮助标记、储存、搜索和分享关键内容的一个有效工具。

（九）翻板使各种电子阅读不受障碍

翻板同样也是一个阅读工具，但是我们更愿意称它为个性化电子期刊订阅工具。使用翻板不仅可以订阅新闻网站、个人博客及其他支持 RSS 源的网站，还支持对于多媒体网站的抓取。也就是说，你可以用它来无障碍地阅读图片网站、视频频道。此外，翻板也为脸书、推特等社交媒体进行了优化，根据网站特性提供收藏、评论、分享和状态发布功能。翻板的特色在于，可以将自己感兴趣的内容全部收藏到一个应用中，也可以订阅由应用本身推荐的各类媒体。每次打开时内容自动更新，再加上友好的阅读体验，该应用广受好评。翻板现在也已经针对中国市场开发了本土化版本，不仅支持订阅大量的国内新闻站点，也开始支持包括新浪微博和人人在内的社交网站。

三、新媒体技术的运用将为新闻传播提供更多服务

上面所介绍的应用实际上仅仅是凤毛麟角，在庞大的 iOS、Android 市场及微软推出的 Windows 8 平台上还有更多便利工具等待发掘。值得一提的是，除了

可以用于广泛领域的应用，还有更多具有地方性特色的应用可以为当地的新闻记者提供辅助作用。美国政府就专门为移动终端设计了政府网页和美国搜索应用，提供政府信息的搜索功能，这为记者在新闻报道中提供了丰富可靠的信息来源，值得其他国家和各个领域效仿。

除了移动终端的海量应用，还有一项技术在新闻工作上将发挥很大的作用，那就是博客直播。严格说来，博客直播的服务依靠的是提供博客直播服务的平台，从字面上可以看出，它和电视广播等直播的本质相同，都是为某个正在进行的事件发布消息，只是载体变成了文字和图片等经典的博客语言。现在国内最为常见的博客直播通常被运用在科技公司的新品发布会上，如每年由苹果公司举办的苹果全球开发者大会就是一个典型案例。当演讲者在台上开始展示和介绍产品特性时，多家媒体就会实时拍摄图片和记录文字，并将其发布到一个可以自动刷新的博客上进行报道。尤其是在某些不提供现场视频直播的事件中，博客直播更是得到了广泛采用。在国外，诸如伦敦市长选举和美国大选辩论中也都用到了类似的报道形式。

博客直播所依托的平台可以多种多样。在专业提供此类服务的平台，如涂鸦直播网站上，用户可以创建一个事件，设置好开始和结束时间，然后进行图文报道。该平台还支持邀请其他作者加入报道行列，并允许将报道的内容嵌入其他网站中去，使用起来十分方便。对于那些大型的科技媒体如瘾科技等来说，它们多会使用自己的博客直播页面实现同样效果——在事件进展过程中，浏览者不必频繁刷新网页就可以即时看到信息的流动了。当然，对于更多条件受限制的人而言，最常用也是最易使用的博客直播平台当属微博，也就是新浪微博和推特等平台。想必你已经发现，这些平台的信息流动特征和专业博客直播平台如出一辙。

博客直播服务在新闻工作中用途甚广，除了上面所提到的产品发布会和政治活动，突发事件、自然灾害、体育赛事等都可以借助其实时更新的特点进行传播。当然，对于此类服务如何影响未来的新闻播报形式还存在诸多争议，特别是由于信息更新的速度过快，博客直播在报道深度上恐怕会远逊于传统媒体报道。当然，为了迎合大众新闻消费习惯和对时效性越来越苛刻的要求，熟练运用和掌握这一平台对新闻记者而言并不是一件坏事。

随着移动终端的普及及相应应用和平台的发展趋于成熟，新闻记者在日常工作中对其巧加利用将会产生很大的辅助作用。由于此类工具的使用不一定能够完

对话与变革
——智能媒体技术驱动下的国际传播

全体现在所呈现的最终成品上,所以我们还很难统计现在的新闻媒体在多大程度上采用了这些新的工具,但是从其他侧面我们还是可以找到一些蛛丝马迹——国外的诸多新闻机构,包括CNN、美国广播公司(ABC)在内都有各自的公民新闻互动平台,其中的大部分音视频素材实际上就是借助移动设备获得的。这些平台上的热心用户会利用手中的移动设备来捕捉新闻素材,一些是为了迎合平台所提供的话题而有意寻找的,而另一些则是真正的突发新闻。这些新闻发生的不确定性使其报道受限于专业新闻记者的行动力,因此鼓励公民参与成为新闻机构争相采用的一个线索收集办法。不过,现在除了普通人,不少专业人士也真正开始拿起手中的"非专业"器材来完成自己的工作。

2011年5月,美国国家公共广播电台(NPR)记者罗伯特·史密斯(Robert Smith)在推特上得知本·拉登(Bin Laden)死讯引发人群聚集于世贸中心遗址庆祝,他随即赶赴现场,并在没有其他工作人员协助的情况下完成了一次及时而高质量的报道,所用的设备仅仅是一部iPhone。此外,波士顿的公共广播站记者比安卡·巴斯克斯·托内斯(Bianca Vazquez Toness)也曾在没有携带专业录音设备的情况下,巧妙地利用手机应用完成了对采访对象的录音,最后呈现在广播中的成品质量同样令人满意。

2012年9月,BBC新闻频道记者尼克·加内特(Nick Garnett)在报道英格兰东北部洪灾事件时,遭遇了卫星车故障,于是他转而借助手机成功完成一次实时现场视频报道。据加尼克·内特称,在3G和Wi-Fi网络的帮助下,他成功获得足以支持电视直播的网络带宽,从而利用一个名为"德杰罗现场+"的应用完成了自己的任务。据悉,BBC现在正在尝试利用更多相关的应用服务于节目制作,其他媒体想必也会很快跟进。

根据奥列拉公关网络对全球记者进行的问卷调查显示,在线下媒体增长趋缓的同时,网络新闻媒体正在逐步增长,而且有60%的受访记者表示现在有60%或以上的新闻为在线即时新闻,而在2011年该比例仅为46%。网媒为何能够迅猛发展并不断扩大其受众群,其中的一个重要原因就在于他们对新兴工具的运用频度和熟练程度要更高。

也许现在我们讨论由于新媒体技术导致的"快餐文化"的优劣还为时过早,虽然我们必须承认这种追求速成和瞬时利益的心态对于一些学术和文化领域产生了很多消极影响,对于深度调查类型的新闻报道也带来伤害,但换个角度来看,在新闻界，这种对时效和信息奔流的需求促使新闻记者寻找更高效的工作方式，获取更即时、更丰富的内容，进而加剧了媒体间竞争。正如自然界所体现出来的优胜劣汰的法则，对于质量和速度的追求也迫使那些守旧的媒体或早早退出了这个市场，或改变模式，以适应新的环境。对于那些还处于迷茫状态的媒体人来说，重视移动终端应用及新型内容制作发布平台的使用，无疑将为自己提供一条新的出路，或者至少辅助他们以寻找竞争的有力武器。实际上，同样是在奥列拉公关网络调查中，这种对于时效和信息奔流的需求在一些记者眼里并没有削弱新闻质量。36%的受访记者认为，新闻质量比去年有所提升，而亚洲地区的记者对数字化媒体在工作中所发挥的积极作用更是持肯定态度。

上述所介绍的工具平台我们可以视其为新闻记者所用器材的延伸——这些手中的工具现在俨然有了新的发展，而且这种发展更多是对现有工具的扩展，或许不仅仅是在新闻工作中，在其他业界这也是发展的一个趋势。不仅是各个媒体在探讨对新工具的使用，就连美国加州大学伯克利分校的新闻学硕士专业如今也已经提供了为期八周的速成课程，为学生介绍使用 iPhone 进行采访和新闻采集的方法，今后这样的培训将会越来越多。在中国，首当其冲的就是那些对科技和网络嗅觉敏锐的科技新闻领域工作者，至于更庞大的传统媒体和主管新闻网络的政府如何改变自己的态度，则需要有更多的时间去观察。

中国主要报纸的新媒体应用调查与分析

田智辉 马 林 张 淼[*]

【内容摘要】2009年12月28日，在中国网络电视台的开播仪式上，时任中共中央政治局常委李长春同志指出，在信息传播技术高度发达的当今社会，主流媒体向互联网等新兴传播领域延伸是大势所趋，谁占领了新兴媒体阵地，谁的传播手段就更先进、传播能力就更强大。主流媒体如何在加强传播能力的建设中增强向互联网延伸的紧迫感和主动性，如何开拓新兴媒体领域，不断扩大覆盖面、增强影响力，已经成为各主流媒体思考和实践的重要命题。面对传统报业的逐渐萎缩和新媒体的不断勃兴，报纸如何利用自己的优势，融合网络的各种手段和方式，更是报业发展的紧迫问题。

【关键词】传统媒体；新媒体；互联网；报业发展

一、调查背景

在与互联网等新媒体的融合应用中，报纸媒体能否抓住契机，与各种新媒体共生共荣，赢得读者或网民的青睐，这关乎报纸的未来发展和生死存亡。近年来，中国报纸媒体积极应对互联网的发展，不断通过新的方式接纳新媒体，作为报纸的网络载体——报纸网站紧随互联网技术的发展，积极探索网络媒体的规律，扩展其网络应用范围，满足各类受众日益增长的信息需要。从世界范围来看，传统报纸走向网络应用，与各种新媒体融合发展更是大势所趋。2009年4月，美国历史悠久的

---

* 田智辉系中国传媒大学互联网信息研究院教授；马林、张淼系中国传媒大学2009级硕士研究生。

《基督教科学箴言报》发行量从1970年鼎盛时期的22.3万份下滑至5万份，最终该报纸质版被迫停刊。而与此同时，该网站点击率却大幅上升，2009年每月浏览量达600万人次。该报目前的发展重心已逐步转移到了其网站的内容经营与管理上。

中国目前有近2000家报纸，其中的重要报纸是如何接纳新媒体的？采纳了哪些新媒体形式？这些新媒体是如何与传统报纸互动的？为了解这些情况，笔者组织了中国传媒大学硕士研究生参与实施了这次调查。本次调查依据央视市场研究（CTR）和北京世纪华文国际传媒所做的2008—2009年全国报业排行数据，选取全国都市报30强、全国日报10强、全国晚报20强、全国综合专业报10强，共70家报纸为样本进行调查、研究和分析。此外，考虑到报纸的影响力等因素，还加入了不属于上述类别的《人民日报》《参考消息》《南方周末》3份具有全国影响力的报纸。由于央视市场研究和世纪华文全国报业排行数据不涉及港、澳、台地区报纸，我们还选取了该地区具备社会和市场影响力的7份报纸进入样本总量，报纸样本总量共计80家。

本次调查是在2009年12月14日至21日对这80家报纸网站的有关内容进行统计分析的。调查期间，由于有些报纸网站未提供网站服务或无法打开链接，最终分析样本总量为73家。按照各报纸的地区分类，这73家报纸主要集中在东部，占比78.1%，西部次之，占比13.7%，而中部更少，占比仅8.2%。从这些数据可以看出，东部地区由于经济的发展，报纸的市场份额及影响力在不断提高，而这几年西部地区四川、重庆等地的报纸，如《华西都市报》等发展势头良好，相比而言，中部地区的报纸则表现平平。

通过选取调查样本、对信息进行编码、将数据录入、经过SPSS分析，获得了相关统计数据，使抽象的研究问题数据化。本次调查重点对报纸网站的开办模式、报纸的PDF版应用、网站新闻排行榜、是否有滚动新闻、视频新闻、音频新闻的应用、在线调查、订阅服务、订阅种类、满意度评价、页面收藏服务、用户制作内容形式、分享工具类型及站内站外搜索等21个项目进行调查、统计和分析，其具体应用状况体现在以下数据及分析中。

二、利用新媒体与网民有更多的互动和参与

报纸是否拥有自己独立的网站，是衡量一家报纸对网络应用是否重视及在品

牌创建时能否保持一致性的指标之一。在网站开办模式方面，在抽样的73家报纸中，有超过一半，占比53.4%的报纸拥有独立经营的网站，而其余占比46.6%的报纸多依附于其他网站，其中最主要的是挂靠于其所属的报业集团网站名下。

在给网民提供发表评论项目中，占比72.6%的网站允许网友在其页面上发表评论，可见大部分报纸网站都非常注重读者的信息反馈，希望通过"发表评论"这一方式调动读者"参与新闻事件"的积极性，扩大报纸在读者中的影响，同时，也通过网友的参与程度来评估报纸新闻内容的质量。当然，网站在评论留言处提醒读者"文明上网"，屏蔽一些不良信息。

通过点击率来衡量新闻的受欢迎程度，是网站简单易行而又能提供信息反馈的重要方式。占比65.6%的报纸网站有新闻排行，有占比20%的网站提供评论排行，可见大部分网站都很重视读者对新闻的关注程度。网站依据每天网友对新闻的浏览点击数及评论次数对新闻进行排行，以便读者一眼就能看到最近一段时间内人们关注的热点事件或话题。这是网络媒体相比平面媒体的优势之一，能够及时了解读者的阅读信息及反馈信息。

在所调查的报纸网站中，大多数网站已经开始利用网络的即时更新优势，提供滚动新闻，这一应用在所调查的73家报纸网站中占比78.1%。可以说，报纸网站越来越接近于"新闻网站"了。网友登录报纸网站，浏览的信息不再是纯粹的当天报纸内容，还可以通过滚动新闻，了解即时的资讯动态。这一应用使网站信息量进一步扩大，并且吸引了更多读者。

三、利用新媒体提供信息的多种获取方式

报纸的网络应用除了提供文本信息，更大的优势是能够提供音频、视频等全方位的资讯形态服务，以更生动的形式让网友了解信息。在73家报纸网站中，有视频新闻的网站占比65.8%，有占比15.1%的网站有音频新闻，这两项新闻服务使报纸网站不再是纯粹的报纸"数字化"，而是真正的"网络报纸"，让读者能够更直观地、全方位地了解新闻。

提供报纸的PDF版是报纸为网民提供服务的一种重要方式，目前占比97.3%的报纸都能在网站上找到其PDF版本。在网络兴起的同时，许多年轻人不再订阅报纸或在报摊买报，而是选择在网上浏览新闻，PDF版能满足日益增加的年轻

群体的需求。为了方便用户查询,寻找关键词,站内搜索服务目前得到大多数网络报纸的青睐,有占比93.2%的报纸网站提供了站内搜索服务。与"站内搜索"服务相比,"站外搜索"服务则没有被很多报纸网站采用,仅有占比19.2%的网站包含站外搜索服务,其余占比80.8%的网站都没有提供此项服务。这意味着受众在浏览某一网站时接触到多源信息的机会较少,选择空间不大。

在目前的情况下,"注册成为本站会员"被许多网站所使用,目的在于加强与用户的沟通,以及了解用户信息,有超过2/3的网站包含了注册会员的选项。"注册会员"是报纸网站吸引并留住受众的重要方式,也是测量网站固定受众的重要指标。一些网站内容通过"注册会员"设置了阅读权限。在统计的网站中,设置"注册会员"数占比67.1%,有49家;不设置"注册会员"占比32.9%,为24家。可以看出,大部分入样的网站重视发展固定受众。

在73家报纸网站中,开辟自己的"社区"的有63家,占比86.3%;没有"社区"的有10家,占比13.7%。可以看出,绝大部分受调查的网站都重视网络"社区"建设,该应用已经在报纸网站上基本铺开,对凝聚固定受众群、增强固定受众间的关系有益。

论坛和社区已经成为各大报纸网站的重要应用手段,四大类报纸网站都运用较多,占比分别为91.7%、72.7%、81.3%和90%(见表2-1)。其中一些论坛影响力颇大,如人民网的"强国论坛"。

表2-1 论坛应用的报纸类型化比较分析

报纸类型	论坛应用的数量	占比
都市报	33	91.7%
日报	8	72.7%
晚报	13	81.3%
综合行业报	9	90.0%

四、利用新媒体为网民提供多种服务

在报纸网站中,已经有接近一半(占比49.3%)的网站采用在线调查服务形式对热点问题或者网站服务进行读者调查,以便捷地获知"舆情"及用户反馈。

这一方式比起一般报纸的读者来信等传统方式更加方便、及时，网站能迅速根据调查信息作进一步调整。在报纸的网络应用中，网络的技术便捷性给读者和编辑架起了一座很好的沟通桥梁。

在所有受调查的报纸网站中，有占比53.9%的网站可以使用不同方式订阅，而且订阅方式较为丰富。手机报订阅占据半壁江山，占比达55.6%；其他几种各占一定比例：RSS订阅占比10%，邮件订阅占比7%，其他综合订阅占比6%，"源订阅"较少，仅占比1%。

满意度评价是指网民查看报纸网站内容之后，对其内容或者页面进行打分，或者简单的"赞"或"顶"。这比发表评论更加简便，符合快餐时代的快节奏，更易获得网友的参与。但是在入样的报纸网站中，仅有占比34.2%的网站包含了对文章的满意度评价，其余的均没有。

页面收藏服务是提供给受众收藏网站地址的一种服务，有利于培养受众的忠诚度，增加网站点击率。页面收藏既可以是网站首页收藏，也可以是某个文章链接的收藏，有占比60.3%的网站包含此项服务。其中，东北地区和港台地区的报纸网站基本上都有此项服务。

"便民服务"是报纸网站为方便网民了解最近的天气、简单交通信息（如公交线路、路况等）、车（机）票情况等实用生活小信息而设置的栏目，是网站贴近百姓、贴近生活的具体体现。在统计的73家报纸网站中，提供"便民服务"的有63家，占比86.3%；没有"便民服务"的有10家，占比13.7%。可以看出，"便民服务"栏目的应用已经较为普及。

目前，许多网站都为客户提供了"相关链接"服务，以便更好地了解相关新闻和背景，已有占比67.1%的报纸网络版都含有相关内容链接。

五、为用户提供更多内容制作的机会

目前，很多报纸使出各种招数吸引读者，尤其是采纳受众制作的内容作为媒体内容的一部分，以增强读者的亲近感，扩大读者群，从而提高媒体竞争力。网络时代的崛起，使读者前所未有地拥有话语权，并日益通过网络的聚集作用，形成一种强大的力量。读者的话语权表达形式包括博客、论坛、网上社区等。

用户制作内容在网站上的体现非常明显，种类日渐丰富，目前绝大多数（占比 87.7%）报纸网站包含了用户制作内容。用户制作内容的形式多种多样，最多的是"博客"和"爆料"两项，分别占比 32.4% 和 27.9%；紧随其后的是"投稿"，占比 15.4%；"提问"和"播客"两项所占比例相同，皆为 8.8%；而"拍客"则比例较小，占比 5.1%；其他类型的占比 1.6%。

从报纸的种类分析，都市报比重最高，占比 97.2%，显示了其贴近读者的特点，日报占比 72.7%，晚报占比 81.3%，综合行业报占比也达到了 80%。

调查发现，目前应用中的"互动环节"主要有"编读互动""报网互动"，同时，还设置了"其他"类选项，以涵盖不足。其中，设有"编读互动"的有 18 家，占比所有设"互动环节"报纸网站（共 41 家）的 32.7%；设有"报网互动"的有 27 家，占比 49.1%；"其他"类中主要为读者之间的互动，有 10 家网站，占比 18.2%。

分享功能使受众可以将自己感兴趣的内容与好友分享，体现了网络的互动性和扩散性，人际传播在这里发挥了意想不到的影响力，也有利于扩大网站的知名度和点击率。目前，报纸网站拥有分享功能的并不占多数，有分享工具的占比 34.2%，而没有此功能的占比 65.8%。分享工具在报纸网站中的应用分布各不相同：分享至聊天工具最多，占比 40.6%；分享至博客的占比 18.8%，分享至社交网络的占比 12.5%。以《南方周末》为例，其网站的文章拥有诸多分享选项，几乎涵盖当前所有的热门社交网站，有"分享到开心网""分享到做啥""分享到我的空间""分享到豆瓣""分享到鲜果""分享到新浪微博"。其中，"新浪微博"在 2009 年下半年刚刚开通，对许多人来说还是新鲜事物，就已经被列入其分享名单，可见网站的与时俱进。

六、报纸网站的新媒体利用还有待提高

通过对总共 21 个应用项目的整体调查、分析，并对各调查项目进行排名后发现这些应用的普及程度。

通过排名发现，"PDF 版"（71 家报纸网站具有，占入样报纸网站总数的 97.3%，以下数字格式、含义均相同）、"站内搜索"（68 家，占比 93.2%）、"用户制作内容"（64 家，占比 87.7%）、"论坛"（63 家，占比 86.3%）、"生活服务"（63 家，占比 86.3%）为所有 21 项应用里排名前五的应用类型。

"PDF版"的应用仅在2家报纸网站中没有出现,表明其普及率已非常高;"站内搜索"的普及率紧随其后,仅5家报纸网站没有设置"站内搜索",表明报纸网站对"站内搜索"的应用已给予足够的重视;"用户制作内容"排在第三位,表明报纸网站不仅提供内容给受众,也在提供平台给受众,实际上增加了报纸网站和受众之间的黏性;"论坛"是受众比较自由地表达自我的平台,其普及程度也较高;"生活服务"与"论坛"的受重视程度相当,表明报纸网站在努力贴近百姓和生活。

与排名前五位相对应的排名倒数五位的应用类型,分别是"音频新闻"(11家,占比15.1%)、"网站CI"(13家,占比17.8%)、"站外搜索"(14家,占比19.2%)、"多种语言版本"(24家,占比32.9%)、"满意度评价"(25家,占比34.2%)。"音频新闻"最少,说明报纸网站目前的发展还不够全面均衡;"网站CI"应用次之,表明报纸网站还没有充分建立起品牌和形象意识;"站外搜索"排在倒数第三,体现出某一报纸网站受众对多源信息的选择空间较小。"满意度评价"是受众对某一报纸网站文章、音视频等内容的评价体系,是受众对某一内容的态度(如高兴、悲伤等)或认可程度(如得分的高低)的直接表达,该应用的普及率较低,说明多数受测报纸网站缺乏这一了解受众兴趣偏好和情绪态度的基本渠道。在调查的报纸网站中,设有"互动环节"的有41家,占比56.2%,没有"互动环节"的有32家,占比达43.8%。这说明,近一半报纸网站的互动性有待进一步提高。"互动环节"是报纸网站增强编辑和网民之间、报纸和网络之间及受众之间的互动程度、联系紧密程度的具体应用,提高与网民的互动是有效改进报纸、提高报纸网站建设的重要举措之一。

整体来说,综合行业报网站在提供生活服务信息等方面表现欠佳。在这方面,都市报网站做得最好,占比达到了97.2%,日报紧随其后,占比为90.9%,晚报占比为81.3%,综合行业报占比为50%。在应用新媒体如手机媒体订阅方面,综合行业报的手机报应用较差。订阅是报纸网站扩展受众范围、延伸报纸影响力的重要手段。四类报纸在订阅应用上总体相当,都市报占比52.8%,日报占比63.6%,晚报占比56.3%,而综合行业报较少,占比为40%。在报纸网站的互动应用中,都市报、晚报和综合行业报占比都超过了60%,日报比重最低,占比只有18.2%,可能与日报作为机关报约束比较多有关。

综上所述,从调查的情况看,报纸网站对新媒体的应用日渐重视,内容日渐丰富，滚动新闻加强，有向新闻网站发展的趋势。报纸网站在互动和参与等方面的应用取得了一定成绩，但在一些方面仍然有很大差距。地方性报纸网站应该立足本地，发挥地方特色，做当地舆论的有力引导者。中西部的报纸网站发展较东部报纸网站仍存在较大差距。在各种报纸类型中，都市报和晚报在报业改革中走在前列，其数字化进程有待其他类报纸积极跟进。

App 时代新闻信息生产的新特质

田智辉 赵 璠[*]

【内容摘要】通过分析新闻 App 之间激烈的竞争与发展对新闻信息的生产与传播的诸多环节产生的持续影响，指出在新闻 App 上的新闻信息生产呈现出的新特质："短、浅、快"的信息成为新闻传播内容的主要特征；新闻的交互性被放大，社交关系网形成了新闻传播的多渠道；个性化阅读和全媒体趋势成为新闻生产的新动向。

【关键词】新闻 App；信息浅化；互动性；个性化阅读；全媒体

移动互联网时代的到来造就了信息社会的跨越性发展，信息井喷式的流动给纸质媒体带来了前所未有的格局性变动。技术的不断进步促成了信息生产与获取方式的转变，新媒体的强势崛起使信息的传播朝着快捷化、随身化的方向不断发展，新闻 App 应运而生。2015 年 4 月 24 日，《经济学人》推出 Apple Watch 的专属 App。新闻媒体已经开始在技术前沿发力，试图抢占新生市场，在新闻客户端的争夺战中获得先机。搜狐新闻客户端也携手三星手机推出了定制版 App，寄望于软硬件强强联合的方式推动搜狐 App 的发展。各媒体在移动客户端的争夺战还将继续，而新闻 App 激烈的竞争与发展也将会对新闻信息在生产、传播和获取的诸多环节产生持续的影响。

---

[*] 田智辉系中国传媒大学互联网信息研究院教授；赵璠系中国传媒大学 2014 级硕士研究生。

一、新闻类 App 应用

改变原有传媒格局智能手机的出现不仅颠覆了人们的使用习惯，更重新定义了用户入口，浏览器不再是用户唯一的入口选择，原本基于网页端的用户入口之战延伸到移动客户端，互联网巨头不得不在移动终端再次开始争夺用户流量，试图增强用户黏度，培养用户新的使用习惯。在移动互联网领域，App 就是用户使用移动互联网服务的主流方式，App 现已成为互联网巨头在移动端的必争之地。根据移动应用数据分析公司 Flurry 提供的数据，使用智能手机和平板电脑的用户花费 80% 的时间在应用程序上，远高于花费在浏览器上 20% 的时间。与此同时，移动设备上浏览器产生的流量也已远低于 App 的总流量，浏览器的使用时长和流量占比日渐下滑。❶ 由此可见，在移动客户端中，App 吸引了受众绝大部分的注意时间，成为移动互联网最主要的信息呈现方式。

而在现今的 App 布局中，新闻 App 的地位不容小觑。移动应用数据分析公司 Flurry 曾公布过各种 App 的"用户忠诚度"表格。该表格根据使用频率和用户保有 App 的时间进行绘制，而用户使用频率和保有时间双高的 App 只有通信类应用和新闻类应用。这一表格证明了受众对新闻 App 的高需求，新闻 App 的市场潜力广阔。借助移动终端来获取新闻信息已经成为移动互联网时代新的受众习惯，这一习惯催生了传统媒体对于转型新闻 App 的追逐战。《纽约时报》顺势推出了 App，并实行收费制度，然而却遭遇了折戟，其数字订阅大部分并不是来源于移动应用，而是来自网站；新闻集团试水推出专属 iPad 的新闻应用 The Daily，却不幸阵亡。纵使传统媒体在转型 App 的过程中不甚顺利，然而几乎所有媒体都前赴后继地争夺着移动客户端上的主权。社交媒体，如脸书发布了新闻聚合类阅读应用，传统媒体巨头 CNN、BBC、《经济学人》等相继推出了移动应用，新闻聚合类应用诸如 Zite 和翻板也和传统媒体争夺着移动客户端的蛋糕。新闻应用的出现颠覆了传统的新闻阅读方式，进一步改变了媒体的新闻发布方式与内容。作为新闻内容承载体的 App 改变了新闻传播业的旧有格局与业界生态，使各类媒体能够在移动终端上展开新一轮的角逐。

---

❶ 张向东. 移动互联网时代四大入口解析 [EB/OL].（2013-04-06）[2020-10-06]. http://www.ifanr.com/278194.

二、新闻"App 之争"

App 的兴起与 iPhone 开创的智能手机时代密不可分，智能手机在改写手机定义的同时，也促成了 App 成为一种新的信息组织方式。2008 年，苹果公司开放了 App 商店。最初开放时，该应用商店只有约 500 个第三方应用，经过一年的时间，到 2009 年年末时，苹果 App 商店中已有了超过 10 万个第三方应用。伴随着智能手机在世界范围内的流行，App 也逐渐进入主流媒体的视野，其庞大的消费者群体吸引了媒体的目光，媒体之间的明争暗斗由网页端延伸到移动端。《纽约时报》和美联社是最先发布新闻类应用的媒体，新闻集团更是推出了只针对平板电脑用户的新闻 App "The Daily"，国外传统媒体对新生 App 的反应十分迅速，各媒体都深谙在移动端之战中快速的反应往往能够抢占先机，更好地适应用户的需求。

随着智能手机进入中国市场，部分传媒集团也开始了在移动终端上制作新闻的尝试。2009 年 10 月，《南方周末》推出了第一个适用于 iPhone 的新闻 App。次年，中国日报便推出了"中国日报精选"App，这是中国第一代的新闻 App。此后，门户网站和自媒体平台也都陆续推出了新闻资讯类 App 以抢占移动互联网市场中的高地。传统媒体在移动端进行的 App 尝试并没有想象中的顺利，门户网站和第三方技术团队凭借出色的互联网思维在移动端之争中占据了优势。互联网数据中心发布的《2014 年移动互联市场门户客户端用户行为调查报告》显示，主流新闻客户端用户知晓率呈阶梯式分布：门户类新闻 App 知晓率明显高于聚合类新闻客户端产品，聚合类新闻客户端高于传统媒体旗下新闻客户端。[1]

数据显示，网易、腾讯、搜狐三大门户新闻客户端认知率均超过了 65%，而传统主流媒体新闻客户端，如央视新闻、《人民日报》新闻 App 的知晓率仅为前者的一半。传统媒体在互联网和移动互联网领域的缓慢转身造成了在这场战争中的落后之势，门户新闻客户端凭借在互联网上成功的实践经验、迅速的布局措施在移动客户端之争中占据了先天优势。移动互联网领域的新闻 App 之争也围绕

---

[1] 中国网.DCCI 发布年度数据报告：主流新闻客户端市场差异渐现 [EB/OL].(2015-01-20) [2020-10-06].http：//www.donews.com/media/201501/2877100.shtm.

着门户网站、主流传统媒体和新闻聚合类应用而展开。中国IT研究中心在2014年对中国市场上8个手机新闻App在6个平台上的下载总量及增速状况进行过统计，数据结果表明，腾讯新闻、搜狐新闻、网易新闻占据了绝对优势，而在下载量居高不下的同时，各新闻客户端仍然在以高速度增长。这充分证明了新闻客户端巨大的市场潜力，各媒体都在争抢这块新的蛋糕。

然而，手机屏幕并不是新闻App之争的终结，技术的进步继续推动着新闻App的进程。2015年3月10日，苹果公司发布了智能手表Apple Watch，这一产品促动着各方应用再一次市场抢滩。新的随身设备意味着新的市场，各家媒体的App之争也从手机端延伸到智能手表上，在苹果首批公布的智能手表App名单中，《纽约时报》和《华尔街日报》都名列其中。

三、移动互联网时代新的新闻传播特质

（一）新闻信息呈现"短、浅、快"的特质

新闻App的出现适应了受众对获取新闻信息的即时需求，然而移动App的性质、用户随时可以从新闻App跳至游戏App的现实，使新闻App不得不在最短的时间内博取用户的关注、留住用户的注意力。在注意力时代下，移动App的新闻信息呈现出"短、浅、快"的特质。现下，多数新闻App均以"简短标题＋醒目图片"的方式来吸引受众。一方面，在移动互联网时代，受众的注意力极其容易分散，许多受众很可能只浏览新闻标题而不关注正文，简短而富有冲击力的标题和图片有助于在最短时间内获取受众注意力；另一方面，为了留住受众的注意力，App上新闻报道的正文也有向简短化发展的趋势，手机屏幕的大小和吸引受众注意的需要，使在App上进行深度报道可能性极低。故而App上的新闻生产更加注重标题与正文的简短化以博得受众注意。新闻App对于新闻信息的浅化趋势难以阻挡，Apple Watch的推出更是加剧了这一趋势。《纽约时报》此前宣布要在Apple Watch上推出"一句话新闻"的推送服务，声称《纽约时报》正推出一种全新的报道模式来帮助读者瞬间掌握世间万变"。[1] 这从侧面证明了App对新闻报道模式

---

[1] 楼婍沁.纽约时报要在Apple Watch上登"一句话新闻"[EB/OL].（2015-04-01）[2020-10-06].http：//www.jiemian.com/article/255291.html？utm_source=tuicool.

对话与变革
——智能媒体技术驱动下的国际传播

的影响。在移动互联网时代，新闻生产更加注重浅信息，在最短时间内告知信息，吸引注意。此外，用户在移动客户端上阅读新闻时更倾向于使用零散时间，这一趋势也加剧了移动客户端上的信息浅化。笔者之前对中国传媒大学学生的问卷调查结果显示，多数用户在新闻客户端上阅读新闻的时间都在10分钟以内。

与此同时，新闻App也放大了对于突发事件报道的时间要求。新闻App的随身性特征使突发新闻能够以推送形式传达给受众，现今多数新闻App都采用了新闻推送的方式。这种形式能够使受众在第一时间得知新闻资讯，而不必受到地点的限制。新闻推送方式的出现使各家App在对突发事件进行报道的时候，更加注重时效性，追求"短、浅、快"，在最短时间内告知受众新闻信息。由于手机屏幕大小的硬性限制，新闻推送往往省略导语，而直接以标题来吸引受众，这种情况下的新闻报道也必须以简短为要，以最少的字数尽可能快速地传递信息。新闻App这种对新闻标题和新闻内容简短化的极致追求更使新闻App上的信息浮于表面。多数新闻App提供的都是快餐式的阅读体验和碎片化的资讯，新闻App更多的是浅信息总汇，缺乏对新闻的专业、深入的解读，这是新闻App本身的媒介特质所决定的。纵然也有新闻媒体意识到这一问题，努力在App平台上尝试深度报道，然而就目前看来，App的特质给予了碎片化信息生存的土壤，深度报道能否在App上存活，能在多大程度上为受众所接受还是一个问号。

（二）新闻的互动传播、社会化交互成为可能

移动互联网时代，传者与受众之间的互动更加凸显，受众会寻找有交互感的媒介，在网络空间中主动表达自己的观点并与他人分享，构建在网络空间中的身份认同感，而受众之间的互动也能够弥补新闻App在深度分析方面的不足。腾讯移动媒体产品部相关负责人曾说过："移动互联网的核心需求是阅读、分享与互动。"❶新闻App相较纸质媒介和浏览器而言，给消费者提供了更加便捷的渠道，使传受双方及受者之间的互动更加易于进行。在传受双方的互动方面，网易App无疑是其中的典型，而网易声称要做"有态度的新闻"，对读者评论相当重视，新闻跟帖是网易新闻客户端与其他新闻应用相区别的特点，甚至有读者表

---

❶ 李晶. 门户巨头博弈新闻App[EB/OL]. (2013-05-22)[2020-10-06]. http://www.eeo.com.cn/2013/0522/244312.shtml.

示，网易 App 的读者评论远比新闻内容来得精彩，称"无跟帖不新闻"。同时，网易新闻客户端还精选热门话题进行投票，扩展互动渠道，给受众的观点以表达的空间。对于传统媒体而言，新闻的交互性难以实现，而新闻 App 则让用户能够对新闻发表意见和评论，最大限度地实现与用户的互动。

新闻 App 对于新闻生产互动性的改变不只体现在读者的评论互动中，更体现在受众之间通过社交媒体对新闻信息的分享与传播。这种通过社交媒体关系链进行新闻传播的方式正成为新闻 App 扩展影响力的新途径。腾讯新闻就将平台资源优势发挥得淋漓尽致，用户点击他人头像就可查看对方的微博信息，同时用户还可将自己感兴趣的新闻或者评论分享至微信、朋友圈、新浪微博等社交媒体平台，通过受众与强关系好友的互动，提升新闻客户端的影响力和消费者的互动感。网易新媒体中心总监吴茂林曾说过："移动互联网是一个碎片化领域，同时必须是社交化的。社交化就像一个过滤器，帮助（用户）鉴别什么信息值得看。"[1] 通过用户关系来传递新闻资讯，形成互动传播的模式，提升用户黏性已经成为新闻 App 区别于浏览器等新闻媒介的重要特点。除了用户之间通过社交媒体进行新闻传递和互动，新闻 App 还会主动分析用户社交媒体上的关系网来进行社会化推荐，通过用户社交媒体内容，分析其感兴趣的新闻资讯，推荐更符合用户趣味的新闻内容，增强用户体验。新闻 App 的社交化趋势和社会化推荐已成为其独特的特色，改变着新闻的传统传播渠道，成就了新闻的多渠道传播。新闻 App 使新闻的互动传播、社会化交互成为可能，展现出了移动互联网时代新的新闻传播特质。

（三）实现个性化阅读和全媒体尝试

与传统媒体相比，依托于移动互联网的新闻 App 得益于大数据技术，能够研究用户习惯并进行针对性推送，实现用户的"个性化阅读"。"个性化阅读"的实现方式有两种，一种是新闻 App 根据大数据信息，针对性地提供符合用户阅读兴趣的资讯："今日头条"的成功就依赖于此，"今日头条"能够根据用户喜好推荐新闻和图片，完成新闻的私人定制化，在注意力时代，受众更愿意将有限的注意力投入自己所喜好的事务上。个性化推荐是"今日头条"的特色，"今日头

---

[1] 李晶. 门户巨头博弈新闻 App[EB/OL].（2013−05−22）[2020−10−06].http：//www.eeo.com.cn/2013/0522/244312.shtml.

对话与变革
——智能媒体技术驱动下的国际传播

条"在聚合主流新闻平台的新闻内容的同时，还汇聚了社交平台上的评论，根据用户的兴趣数据对评论进行智能排序，不仅提供个性化的新闻阅读体验，还提供个性化的观点与解读。无独有偶，百度新闻App也进行了个性化阅读的尝试，在用户的使用过程中，百度新闻的个性化推荐引擎会根据用户的历史阅读行为，自动了解用户的兴趣偏好，选择个性化的兴趣新闻和话题及时推送给用户。而"个性化阅读"的另一途径是用户根据自己的阅读需求、确定兴趣标签来定制新闻推送。美国的新闻阅读App Zite就是以这种方式来给用户提供个性化的阅读体验的。Zite会要求用户选择感兴趣的话题，根据话题标签来推送文章；在Zite上阅读文章时，该App会询问你是否喜欢该文章，并提供作者资料和相关报道；"跳过"某篇文章或者因为标题而阅读某篇文章，这种隐含的阅读倾向也会为Zite的算法所记录，真正做到实现新闻阅读的个性化体验。新闻App与大数据技术的强强联合使新闻的生产更加具有个性化色彩，丰富了受众的阅读体验。

此外，App上的新闻生产日益显示出向全媒体方向发展的趋势，文字、视频、声音等形式都能够在App的技术平台上得以实现。目前，最为广泛实现的形式还是"文字+音频"的多媒体呈现方式，Umano就提供了真人语音读新闻的服务，同时配以新闻文字，实现了多样化的新闻呈现。国内网易新闻也是先行者，自2013年起，网易发力音频新闻，在网易新闻App上开辟了"听新闻"栏目，用户可直接在该栏目下收听涵盖娱乐、经济、股票等方面的新闻。同时，该栏目下所有节目均可离线下载收听。音频新闻的方式使新闻资讯能够更好地适应用户需求，解放用户的双手和眼睛，同时对阅读环境限制更少了。搜狐新闻客户端实现了在产品技术上的突破，第一个实现了"直播+分享+视听"功能，真正实现了"全媒体"化的平台功能。❶新闻客户端使新闻生产朝着全媒体的方向进一步发展，音频新闻、视频新闻与文字的结合给用户带来全方位的体验，随着技术的进一步发展，新闻客户端的"全媒体"呈现趋势也将成为现实。

---

❶ 牛华网. 搜狐移动互联网媒体布局成型 新模式抢占媒体平台高点[EB/OL].(2012-12-27)[2020-10-06].http://www.newhua.com/2012/1227/190616.shtml.

从电视购物到直播电商
——逻辑演进与未来发展

田智辉 解益坤[*]

【内容摘要】 媒介是信息传播的主要渠道，也是宣传、营销的重要载体。从早期的电视购物、网络电商到如今的直播带货，信息技术的发展不断推动媒介的进化，体现出不同的媒介属性、信息分发逻辑和产业发展脉络。目前，在技术、政策、资本等因素的交织作用下，直播电商的产业链不断完备，与社会的融合不断加深，未来也将呈现较大的成长空间和发展潜力。

【关键词】 直播电商；电视购物；逻辑演进；未来发展

一、直播电商的发展现状

截至 2020 年 3 月，我国网民规模达 9.04 亿，网络购物用户达 7.10 亿。[❶] 庞大的网络购物用户基数、视频直播的广泛运用及平台、商家的纷纷入局带来了直播电商行业的快速发展。自 2016 年淘宝、京东等电商平台上线直播功能后，直播电商行业逐渐起步。此后，经过 2 年的成长期，直播电商行业在 2019 年步入

---

[*] 田智辉系中国传媒大学互联网信息研究院教授；解益坤系中国传媒大学 2018 级硕士研究生。

[❶] 中国互联网络信息中心（CNNIC）.第 45 次《中国互联网络发展状况统计报告》[EB/OL].（2020-04-28）[2020-10-06].http://www.cnnic.net.cn/hlwfzyj/hlwxzbg/hlwtjbg/202004/P020200428596599037028.pdf.

了爆发增长的阶段，2019年全年整体成交额达4512.9亿元。❶新冠肺炎疫情也使直播电商逆势增长。在此背景下，各个互联网平台依托自身特质和优势，加紧布局直播业务，如小红书依托垂直类内容优势上线直播功能，加快内容流量变现的转化速度，字节跳动成立专门的电商部门，整合旗下平台的直播资源。此外，《人民日报》、中央广播电视总台等传统媒体接连举办了多场收效较好的公益电商直播，全国多地政府也出台了直播电商的扶持政策。

二、直播电商的演进逻辑

相比电视购物，直播电商与其有着相似之处，从形式上看，直播带货仍然是一种借助视听媒介为用户提供消费建议，进行商品导购的营销模式，并依赖于主播、平台、供应商三方的有效参与。但是，诞生于网络的直播电商天生具备网络化的基因，呈现出不同的行业发展形态。它以数字化、智能化技术为基底，以用户为中心，蕴含着不同于电视购物的媒介属性和价值逻辑，通过经济社会发展和新兴技术迭代相交融搭建出全新的商业模式和发展逻辑。

（一）网络直播具备不同的媒介属性

从媒介形态上来看，电视单向、一对多的特性不同于网络双向、多对多的结构，这使网络与电视在传播模式有着有本质性的不同。

首先，当单向的输出变成了双向的沟通和反馈，电视观众转变为网络时代的用户，消费选择的增多、权力的增加及传播角色的改变都极大突出了用户的个性化需求和偏好，用户不再局限于电视购物所提供的内容和商品，而是结合自身需求寻找信息和产品。互联网双向传播的特质为直播电商的主播、用户提供了快速、即时的反馈渠道。相比之下，传统的电视购物更多是通过广告、宣传片、节目等形式呈现，录制、包装和制作的过程意味着已经设定好的内容、商品难以在播出时因时、因地而随时更改，这不仅难以快速地捕捉用户和市场的需求变动，而且不易实时接收用户的反馈，缺少消费者与商家和带货主持人之间的互动。而

---

❶ 艾瑞咨询.2020年中国直播电商生态研究报告[EB/OL].（2020-07-01）[2020-10-06]. https://www.iresearch.com.cn/Detail/report?id=3606&isfree=0.

在直播电商中，主播虽然也有直播内容的脚本和选品的过程，但依然可以根据用户反馈、供货量进行调整，结合热点事件、社会话题进行借势营销，用户不再需要打电话才能购买，一个点赞、一条评论就能快速地传递自身的消费意愿和态度，一个链接就能轻松购买商品，用户的消费参与度更高，与主播的互动更为密切，用户也不再是电视机前围观的受众，而是成为一场场直播间的参与者和玩家。

其次，移动互联网的发展突破了传统的时空限制，塑造了新的消费时空。一方面，用户可以随时随地、根据自身实际情况来获取信息，在时间上打破了电视媒体时段的概念，激活了属于每个用户自身的"利基时间"；另一方面，移动互联网在空间上突破了电视媒体对固定场所的限制，极大地开发了场景的功能与价值，在用户进行信息获取时，实现了个人时空与大众媒体固定时空的解绑，从而发展和开拓了新的缝隙空间和时间[1]，使信息传播变得更加碎片化和场景化。因此，相比于"客厅产业"的电视，移动直播贴合了用户见缝插针、多平台切换、多任务处理的信息消费习惯。具体来说，网络直播受环境限制较小，用户可以在不同的时间、场景下观看直播。相比于电视，网络直播对媒介消费的情景要求较低；而相比网络图文、音频、短视频，网络直播时间较长，主播对商品的介绍和"秒杀"的时间机制要求用户的投入程度较高甚至保持全程在线的状态，是一种在物理时间上强占有型的媒介。因此，电商直播将直播的优势与移动互联网技术结合，丰富了传统电商平台图文式的呈现形式，成为适应用户消费行为和数字经济发展的重要媒介。

再次，约书亚·梅罗维茨曾经指出，印刷媒介去除了信息大部分的表象形式，更多传递抽象信息，而电子媒介在传递抽象符号外，还包含着大量表象信息，能够传递个人化、私密化的幕后信息，因而具有"后区偏向"的特点。[2]网络视频的出现结合了视听媒介形象化的表达和互联网"草根"化、分众化的基因，营造出基于关系、社群、圈层的传播模式。因此，在内容层面上，电视购物和直播电商最大的区别在于，电视购物往往通过主持人、广告、宣传片、节目对消费者采用狂轰滥炸式的灌输手段，而直播电商则是主播先通过分享、展示、聊天等互动方式与用户建立粉丝关系，让用户对自身产生情感认同和支持行为，并

---

[1] 喻国明.传媒经济学教程[M].北京：中国人民大学出版社，2019：250.
[2] 约书亚·梅罗维茨.消失的地域：电子媒介对社会行为的影响[M].肖志军，译.北京：清华大学出版社，2002：90.

对话与变革
——智能媒体技术驱动下的国际传播

在此基础上向用户传递商业信息，从而达到变现的目的。例如，当观众打开电视购物频道，可能一天24小时都在不间断地播放电视购物广告和节目，主持人的一切行为都在围绕商品本身进行，传递商品信息的方式十分直接和单一。而当用户进入电商直播间时，主播们除了介绍商品信息，还会分享自己的生活点滴，展示自己的宠物，与小助理互开玩笑等。这样一来，用户在观看直播时会感觉到不是被迫观看了一场商品推介大会，更像是在线参与了一场有趣的综艺秀。同时，相比电视的大屏播出，电商直播更多采用自拍式镜头和近景、中景的呈现方式，因而更加贴近主播的面部，放大了主播的表情，使看播用户更容易产生对象感，也容易引起用户与主播之间的情感共鸣。

最后，网络的发展促使受众向用户转变，带来了海量的用户生产内容（UGC），移动通信、视频化技术的发展为用户进行视听化表达提供了工具和空间。在大众传播时代，广播电视是视听媒介的控制者，在Web 1.0和Web 2.0的初期，以图文为主的表达方式依然潜含着抽象符号的精英逻辑，媒体、专业人士依旧掌握着内容生产的权力和话语权。然而，4G发展带来的短视频浪潮极大地降低了公众进行视频化表达的门槛和成本，一部手机、一个支架就可以搭起一个小小的直播间。显然，相比于电视购物，电商直播走出了演播室，不再局限于固定的摄影棚，而是以广袤多样的地理空间为直播场景。

（二）直播电商体现新的产业发展逻辑

从产业链上看，直播电商能够将电商产业上游的供应商与下游的消费者进行更为精准的对接，为商家带来高效的销售渠道，通过直播引流为商家降低经销和流通成本，及时快速地反馈消费者需求，指导和调整着上游供应商的生产能力和水平。同时，直播平台和主播加快利用粉丝经济和网红经济的效应，通过推荐种草、低价优惠、秒杀抢购等手段和病毒营销、口碑营销的传播机制吸引用户的注意力，刺激用户的购买欲和需求，实现用户的货币化。从本质上来说，直播电商是将商家资源和平台资源整合，帮助用户在海量庞杂的购物信息中做出网购决策。因此，电商主播不仅需要与商家进行对接，确保供应链的完备齐全，而且还需要进行选品、包装、推销的工作，因而扩大了电视导购主持人的功能，这样多功能、融合化的角色也使用户仅需要点击直播间里的链接就可以完成下单、付款、配送的程序。同时，淘宝等电商平台的客服、物流与直播购物的适配性较高，为用户提供了一个完整的服务体系和"购物交易闭环"。这种"一站式"服务的商业模式满足了消费者一系列衍生性消费需求，相比电视购物长于销售、短于售后的缺点，直播电商提升了用户的消费体验，增加了用户的黏性和回购率。此外，电视购物的依托点仍然是传统的广电集团，广电媒体向电视购物公司出售频道时段资源，这抬高了电视购物的入行门槛。注册资金、落地费用、广告投入及包装制作费都使电视购物频道的运营成本较高，中小规模电视购物几乎难以生存，而那些拥有时段和频道资源的电视购物公司必然希望通过抬高商品价格来分摊成本，因而造成了电视购物暴利、假货泛滥的现状。相比之下，直播电商因省去了中间的多个环节，通过主播压价、薄利多销的策略形成一定的规模效应，吸引了用户的参与。

从产业属性上看，在我国广播电视仍然属于传统媒体，"新闻立台"和"一元体制、二元运作"的方针意味着电视媒体仍然以传播新闻信息、制作符合人民精神文化需求的节目为主，不是纯粹的商业化机构。同时，电视作为公共内容服务的提供者，会产生一定的外部效应，即在艺术和文化中扮演重要角色，对个人与社会具备潜在的价值。因此，电视广告和购物节目的播出时段将得到一定程度的限制，以免过分占用社会资源。对观众来说，电视购物广告并不是收看电视的主要目的，这样的固有印象使电视购物难以深入大众。同时，电视的传媒属性也使电视购物的零售属性无法得到确立，市场化程度较低，无法享受零售业的优惠政策。[1]相比之下，网络虽然也是公共信息的传播工具，但因其包含一对一的传播模式，具备窄化、细分、私人的传播特点，使网络信息不仅具备公共产品也包含着个人化的属性，这就导致了电视购物的收视率思维与直播电商的品牌思维的不同。相比观看人数，直播电商更加需要用户的停留时间、商品链接点击率和流量转化率。对商家来说，用户单纯的"围观"或话题热度给消费者留下印象并不完全等同于下单量，只有在用户当中形成品牌形象，与消费者建立了信赖关系，才能最终形成完整的商业变现模式。

从消费群体上看，电视购物消费人群结构偏向中老年群体，中年女性占到了消费群体总数的63%。[2]而在直播电商中，无论是主播还是看播用户，40岁以下群体占比最大，年轻化的特点较为明显。而在城市级别上，三线、四线城市的占

---

[1] 商务部. 2017年中国电视购物业发展报告[EB/OL]. (2018-06-22) [2020-10-06]. http://www.mofcom.gov.cn/article/ae/ai/201806/20180602757777.shtml.

[2] 同[1].

比较高。❶ 除了消费人群上的差异，网络平台提升了信息传播的容量，降低了内容生产的门槛，信息传播中的稀缺资源由电视媒体的时段、频率资源转变为对网络用户注意力资源的抓取，多对多的传播特性也使电视观众得以细分，使大众主流市场逐渐向长尾细分市场转变。因此，相比电视购物的大水漫灌式的传播模式，直播电商产生了众多垂直化的带货领域。目前，全国经新闻出版广电总局批准的电视购物企业一共有34家。❷ 仅2020年上半年，直播相关企业新增9256家。❸ 因此，网络直播丰富的产品类型，多层次、多层面的营销手段是仅仅几十个电视购物频道所不能完成的，电视购物也无法适应宅经济、女性经济、银发经济等线上新经济形态和满足消费者多样化、个性化的消费需求。

（三）网络直播处于信息社会发展之中

无论是直播电商还是电视直播，它们不仅是技术进步的成果，也是媒介演化与社会发展相结合的时代产物。因此，在洞悉其发展逻辑时，我们也要将其置于信息社会的发展脉络中。具体来说，从电视购物到电商平台再到直播电商，这一演变过程体现着信息分发逻辑的变迁。传统媒体时代，单一来源和从中心到边缘式的结构意味着电视购物更多是以传者为中心的单向输出；在互联网门户和搜索引擎时代，多源聚合带来了丰富的信息，满足了用户多方面的需求，实现了向用户本位的转变，但海量的信息也意味着，当用户购买某件商品时会面临着信息不对称的情况，仍然需要在淘宝等电商平台搜索查找，自行鉴别和比对；而到了如今的个性化推荐平台，用户画像、个性分析和算法匹配的运用能够帮助和引导用户在纷繁复杂的信息环境中做出购物决策，直播互动的手段更为商家提供了新的捕捉和保持用户注意力的机会。因此，直播电商的出现也是互联网信息分发机制朝着高效化、精准化、适位化和个性化发展的体现。

网络发展的本质是连接与再连接的过程，通过连接建立用户之间的关系，打

---

❶ 巨量算数.2020年6月抖音直播消费报告[EB/OL].（2020-07-15）[2020-10-06]. http：//www.199it.com/archives/1081694.html.

❷ 中国电视购物联盟.中国电视购物联盟会员单位名录[EB/OL].（2020-08-07）[2020-10-06].http：//www.chinatvshopping.com.cn/lists_hui？pid=2&pid2=12.

❸ 界面新闻.全国22地出台直播电商扶持政策，带货主播争夺战打响[EB/OL].（2020-07-28）[2020-10-06].https：//m.jiemian.com/article/4739255.html.

通了不同的生活场景，消弭了行业之间的边界，激活了每一个用户的价值，创造出开放、协同的生产环境。在数字经济加速产业融合的背景下，直播电商的出现顺应了这一发展趋势，它的崛起是以电商平台的资源为基础，通过整合平台上的用户注意力资源和关系资本，在4G、5G的视频化通道上快速前进，成为数字经济的重要组成部分，在促进消费、扩大内需、促进国内循环方面发挥着重要作用。例如，在新冠肺炎疫情的冲击下，直播为遭受重创的线下实体经济提供了复工复产的途径，百货商场、餐馆、批发商纷纷利用直播自救。2020年2月，湖南株洲王府井百货商场通过抖音直播带货，创下了11小时总销售额超240万元的成绩。

三、直播电商的未来发展趋势

（一）内容营销：专业度、品牌化

电商直播本质上属于一种内容消费产品，消费的对象不仅包括直播电商的内容，而且包含主播的人设形象和价值理念。在直播电商行业，除了低价优惠等促销手段，吸引用户的关键在于主播的粉丝基础、内容专业度及个人魅力。相反，众多商家花大价钱请明星带货，可最终销量惨淡、入不敷出。这也充分说明，电商主播仍是一个有门槛、需要专业度的职业，明星固然有庞大的粉丝基础和流量资源，往往能够快速设置议题、引发关注，但从流量关注到消费支付的过程仍然需要主播的可信度、专业选品能力、商品性价比等因素发挥作用。这样看来，前者更像是形象广告，即通过明星网红引流，给消费者留下的是印象，给商家带来的是知名度；而后者则是一套完整的商业模式，主播要着力加强的是用户与商品之间的黏性，建立自己与看播用户之间的信任感，实现人货合一，让用户把自己当作一个类似于百货商场一样的品牌。因此，未来的电商主播的核心竞争力将在原创内容、专业服务、品牌营销等层面延伸。

（二）技术赋能：智能化、差异化

直播电商的兴起得益于线下零售产业链数字化，在电商购物的供货、营销、支付、物流的环节中，大数据、人工智能、算法、移动互联网等发挥了极为重要的基底作用。而在未来，随着5G技术进一步的发展，区块链、物联网也将成为直播电商发展的"新基建"。直播电商全链条的智能化将提高行业内生产与沟通的效率，VR、AR 的引入也将提升用户的购物体验，满足用户差异化的需求，在商业驱动下，内容科技、营销科技也将进一步革新传统线下零售业的运作模式，加速新零售和数字经济的发展。

（三）竞争格局：垂直化、规范化

目前，直播电商行业仍处于上升期，多方的入局使行业加速发展。但是，在人口红利见顶、媒介迭代更新的背景下，直播电商必然要在现有的用户规模、盈利模式上深挖，如把握下沉市场、沉淀主播私域流量、开发垂直内容价值，提升产品的质量，走精细化、纵深化的发展道路。同时，随着技术提升用户的购物体验，用户本位的特点将更加突出，除了固定的产品和内容，结合不同场景提供服务也是电商主播的重要发展方向，能否塑造与用户产生共鸣的品牌价值也是竞争的焦点。此外，直播电商在快速发展的同时，也暴露出一系列问题，如虚假营销、退货率高等。无论是在消费者层面还是商家层面，这样的问题都将使主播信誉扫地，不利于直播行业良性运转。因此，有关部门出台了分级分类管理，将电商直播上岗规范化的措施有利于开辟直播行业发展空间，实现可持续发展。

四、结语

直播电商的发展体现的是媒介技术进化带来的渠道终端迁移、用户消费行为的改变，产业融合转型的加速及我国经济发展从高速度向高质量的转变，与电视购物有着不同的底层逻辑和演进机制。因此，对于传统媒体来说，入局电商直播需要全新的认知和理解，只有整合和优化现有的资源，加强开放、连接与协作，才能变更生产模式，加快融合创新，把握直播带货的机遇。

短视频的未来内容与商业模式创新

田智辉　解益坤*

【内容摘要】 短视频是当前应用范围较广的信息传播方式，通过借助自身的传播特色，短视频与多个领域相结合，从个人、媒体和社会的层面给信息传播环境带来了极大改变。在资本注入和互联网巨头的青睐下，短视频在电商、广告等领域大展身手，带来了新的营销手段和传播载体，通过改变用户、平台和商家的连接方式，呈现出新的商业模式。未来，在技术的推进和媒介演进规律的作用下，短视频的内容生态必将朝着场景化、强交互、人性化等方向发展。

【关键词】 短视频；未来内容；场景化；商业模式；媒介演进规律

据中国互联网络信息中心（CNNIC）发布的第 43 次《中国互联网络发展状况统计报告》显示，截至 2018 年 12 月，中国短视频用户规模达 6.48 亿，网民使用比例为 78.2%。[1] 短视频以其"短、平、快"的传播特性贴合了用户的使用习惯，渗入生活的方方面面，不仅改变了当前的传播环境，并且通过与不同行业融合，呈现出新的商业营销模式。

---

* 田智辉系中国传媒大学互联网信息研究院教授；解益坤系中国传媒大学 2018 级硕士研究生。

[1] 中国互联网络信息中心（CNNIC）.第 43 次《中国互联网络发展状况统计报告》[EB/OL].（2019-10-28）[2020-10-06].http://www.cnnic.net.cn/gywm/xwzx/rdxw/20172017_7056/201902/t20190228_70643.htm.

对话与变革
——智能媒体技术驱动下的国际传播

一、短视频行业发展现状

随着网络通信技术和新兴媒体的发展，短视频行业在经历了十多年的探索后，在2016年迎来了高速发展的新阶段，这一年是短视频行业真正的启动年。短视频在新闻领域的运用加大了用户的视频化接触，也不断扩大了短视频的社会影响力。2016年9月，《新京报》联合腾讯新闻打造的"我们"视频成立；同年11月，梨视频上线。中国三大互联网公司（BAT）企业及今日头条加入短视频的战局，短视频在2017年呈现爆发的发展态势。

2017年11月，今日头条收购海外音乐短视频平台，并与抖音合并，正式开拓海外市场。腾讯出台了一系列大动作，在2017年公布了"芒种计划2.0"，拿出10亿资金补贴优质短视频与直播内容，同年3月正式接手快手，并在2018年4月重启微视，在随后的半年内接连推出7款短视频应用。

在如今高度媒介化的社会，短视频作为一种新型传播介质，其浪潮也席卷了多个领域。政务媒体通过抖音等平台抢占信息舆论阵地，商家通过短视频营销，塑造出一批"网红城市""网红店铺"，网易、大众点评、知乎等互联网公司纷纷入驻短视频领域，"短视频+"的模式也日渐成熟。2019年，微录的异军突起使短视频成为一场个人、媒体、社会的"全民共舞"。5G技术变革将使视频化传播与消费的环境进一步优化，届时，以短视频为代表的网络视频必将再次迎来井喷式的发展契机。

二、短视频未来的内容创新

随着5G、4K、8K技术的日渐成熟，信息传播生态环境将面临极大的变革，全媒体传播的时代即将来临。在此背景下，短视频的未来内容将在技术的推动下，按照新兴媒介发展的内在逻辑不断演进。

（一）内容产生来源：协作共存

一方面，互联网双向、多维的结构赋予了用户近用权，带来了信息传播的"去中心化"时代；另一方面，传播与内容生产的权力下放也带来了信息量的剧增。在当前的传播环境下，一事当前，往往是观点和冗余信息众多，而真相与核心事实缺失。在庞杂的信息面前，对发掘事实、整合信息的需求带来了新一轮"再中心化"的过程，短视频的发展趋势也是如此。在短视频早期发展阶段，优酷和 You Tube 上大量的 UGC 内容带有浓厚的"草根"化、平民化的特质，移动摄像技术和互联网的发展使用户的视频化表达成为可能。近年来，随着移动终端技术的发展，视频化表达和消费的门槛逐渐降低，视频化成为网民获取信息的主要形式。然而，自娱自乐式的视频内容分享难以满足用户的信息需求，对专业化生产的内容的需求将进一步促使短视频专业生产内容（PGC）的出现。在融媒体时代，每一个内容的接收者又都是内容的生产者，双重的角色带来了专家生产内容（PUGC）式的内容生产模式，短视频未来的内容必将是"草根"民众与专业组织协作共存，既有大量贴近生活的一手资料和线索，也有专业化生产的优质内容，是"草根"与专业的协作创新。

（二）内容传播方式：个性化、场景化

随着信息技术的不断进步，人们获取媒介表达自我的途径愈发便捷，从文字式的博客到图文并茂的微博和微信，再到如今借助视听语言记录自我的短视频，技术的进步带来了人们自我表达手段的丰富与创新。当前，各方对于短视频的关注和应用使短视频在拍摄、剪辑、特效等方面的进化日新月异，个性化、自动化的特点不断凸显。如成立于 2015 年的来画视频，作为一个短视频智能创作营销平台，利用海量视频模板与素材，结合 AI 绘图功能和 AI 配音技术自动生成短视频，大大降低了用户制作视频的技术门槛。基于这样的低门槛和便利性，未来的用户将对短视频的传播方式拥有更多掌控和选择的权利，也将呈现出更加个性化的特点。

罗伯特·斯考伯（Robert Scooper）和谢尔·伊斯雷尔（Sheryl Isrel）所著的《即将到来的场景时代》一书指出了与场景时代相关的"场景五力"：大数据、移动设备、社交媒体、传感器和定位系统。❶ 回顾历史，GPS 定位系统的发展使移动广播汽车时代的到来，伴随性强、感染力强的广播再次找到自身的"用武之地"。在未来的传媒生态格局中，5G 技术高速、低延时的特点将极大地挖掘出"场景五力"的潜能，使短视频等视听化传播内容更易于和不同场景融合，更能适应不同场景的衔接与切换。当前短视频的传播终端仍以手机等智能终端为主，在 5G 技术变革的浪

---

❶ 彭兰. 场景：移动时代媒体的新要素 [J]. 新闻记者，2015（3）：20.

对话与变革
——智能媒体技术驱动下的国际传播

潮下,物联网广泛运用和新型移动智能终端的催生指日可待,人与物、物与物的相连将进一步深化社会各要素之间的连接,也将促进传播介质与时间维度及地理空间的融合。基于大数据和传感器等"场景五力"的作用,短视频的传播内容也会更为精准地与不同场景对接和匹配,呈现出更具场景化特色的传播方式。

(三)内容传播形态:虚实交融与深度参与

马歇尔·麦克卢汉曾将电子媒介和机械媒介进行了区分,"电子媒介是中枢神经系统的衍生,其余的机械媒介是人体个别器官的延伸"。❶在融媒体时代,无论是网络直播还是短视频,层出不穷的新兴媒介都是文字、声音、图像和特效等元素的综合体现,调动的是用户的多项感官和整体感知上的变化。随着5G技术的广泛运用,短视频与AR、VR、AI等技术的深度结合将尽可能地从多个管道刺激用户的感官,丰富用户沉浸式的视听体验,不断优化用户"身临其境"的效果,促使现实与虚拟的进一步交融,模糊现实与虚拟的界线,带来信息传播形态上的虚实交融。当前的短视频仍旧以阅听形式为主,在互联网双向的结构和信息宽带速度提升的作用下,交互性、强参与或将成为短视频内容形态发展的方向。2018年年底,网飞推出了交互式影片《黑镜:潘达斯奈基》,用户在观看的过程中随时面临不同的选项,通过不同的选择来决定主角下一步的行动,由此来影响情节的走向,从而强化用户与视频内容的联系,增强用户的深度参与。在未来,无论是抖音还是微录,为进一步吸引用户的注意和增加用户黏性,交互式的传播形态必将得到广泛运用。

(四)内容价值逻辑:演变与回归

保罗·莱文森曾提出两条媒介演进的规律,即"人性化趋势"和"补救性媒介"。他认为,在新旧媒介的相互竞争中,媒介的演化将越来越人性化,新旧媒介不是相互取代而是后者对前者的丰富和补充。因此,媒介只有贴合了当时的社会时代背景,满足了人类传播的特点需求,才能被广泛地运用和不断地发展。在当前分众化、碎片化、融媒化的传播时代,短视频以短小灵活、即时同步、易于

---

❶ 马歇尔·麦克卢汉.理解媒介:论人的延伸[M].何道宽,译.北京:商务印书馆,2000:9.

参与等特点适应了当前信息传播环境，贴合了用户"见缝插针"的阅读习惯，被广泛地用于多个领域当中。在未来，短视频的发展也将继续沿着"人性化趋势"和"补救性媒介"的规律演进，在不断进化自身功能、拓展应用场景的同时，进一步满足用户需求，这可能促使短视频在未来形态发生极大改变，但是短视频具备的视频化、网感化、社交化、速食化的"基因"还将继续体现。

"一切新旧媒介都具有与生俱来的社会性。"❶保罗·莱文森指出了媒介具备的社会属性与社交功能。媒介通过传递信息，加强用户的社会参与，强化用户之间的关系，并通过传递信息与观念，制造用户之间的共识，促进了他们之间的共同交流。相比电视等视听媒介来说，短视频即时同步的特点使"历时"走向"共时"，拓宽了应用场景，其碎片化、易反馈的属性适应了网络传播的语境，开门见山、视听合一的优势更是精准对接了用户的心理感知和生理触觉。因此，未来的短视频除了被媒介、事实、用户等传统要素所影响，还需要考虑网络传播中情感、关系、场景等因素的作用，从而能够在未来的传播环境下制造共同的话题，融通共同的情感，从而为用户接受。如春节期间的电影宣传短片《啥是佩奇》，结合春节的节日气氛反映了现实议题，并与网络流行符号相结合，既贴近现实也立足前沿。

当前的短视频内容大多仍停留在娱乐搞笑、粗浅性的信息层面，用户在通过短视频消遣的同时，大量低质量、冗余甚至虚假的内容必然阻碍用户获取有价值的信息。随着短视频行业的进一步发展，相比早期的"跑马圈地"，短视频从流量竞争走向了内容深耕的阶段，对于内容价值逻辑的回归也带来了对事件完整度、深度分析及专业化信息整合的需求。因此，未来的短视频除了呈现流于表面的内容，专业媒体的进一步介入也将催生出更多有深度、高质量的优质内容。

同时，社交短视频平台在商业资本的驱动下，由于缺少必要的监管，充斥着大量低俗、虚假信息，消费主义、拜金主义的内容泛滥，短视频平台深陷伦理困境当中。2018年4月，国家网信办就传播涉未成年人低俗不良信息的问题约谈快手、火山小视频等短视频平台。2019年1月，中国网络视听节目服务协会发布《网络短视频平台管理规范》及《网络短视频内容审核标准细则》，对开展短视频服务的网络平台制定了相关规范。在这些外部作用之下，基于UGC内容运营的社交短视频平台进一步得到净化。短视频的未来内容也将以更为规范化、专

---

❶ 保罗·莱文森.新新媒介[M].何道宽，译.上海：复旦大学出版社，2014：43.

业化的方式呈现。

三、短视频商业模式的创新

2018年，在网络视听应用中，新网民对短视频的使用率达到了53.2%，短视频对新增网民的拉动作用明显。❶ 短视频凭借灵活适应性强、表现形式丰富、感染力强特点在用户流量获取、用户黏性和商业变现上表现突出，受到资本和互联网巨头的青睐，通过与广告、电商融合呈现出新的商业变现模式。

（一）内容营销的新形式

短视频广告的出现带来了内容营销的新形式。短视频具有短小灵活的特点，强调费效比和场景的广告则要求尽可能地抓住用户的眼球、抢占用户的时间，贴合用户的接收场景。短视频的传播特点恰好与广告的特性相吻合。据相关数据显示，广告内容是短视频广告打动用户的最主要因素，90%的用户因广告内容而对广告有印象。❷ 而短视频图文并茂、视听合一的特性能够带给用户多项感官上的冲击，有利于软性植入，产生较好的营销效果。无论是视频贴片广告、信息流广告还是内容原生广告，短视频广告注重对于目标用户、场景、大数据等元素的把握，力求做到直击靶心式的精准营销效果。短视频通过结合人脸识别、AR技术、图像识别技术在视频中直接植入广告，加强了沉浸式的营销效果，并依据大数据平台的支持，根据自身定位、目标群体进行短视频营销的内容定制，对用户精准发布，短视频成为营销内容植入有力的载体，通过与旅游、汽车、电影等行业的紧密结合，短视频不断拓宽自身网络内容营销手段和场景，并打造内容IP，挖掘优质内容商业价值。

（二）平台渠道的新整合

短视频即时同步、表现力强的特点使其与易电商平台相结合。相比静态的图

---

❶ 中国网络视听节目服务协会.2019年中国网络视听发展研究报告[EB/OL].（2019-06-03）[2020-10-06].http://www.199it.com/archives/882433.html.

❷ CSM媒介研究.2018—2019短视频用户价值研究报告[EB/OL].（2019-02-21）[2020-10-06]. http://www.csm.com.cn/Content/2019/02-22/1033368410.html.

文，视频化的表现方式更为生动形象，具有较强的互动性，为用户营造了消费场景，调动了用户的消费欲望，达到了营销效果。相比网络视频和网络直播，短视频电商转化率最高达到45.2%❶，远远超过其他视频形式。因此，短视频与电商的结合不仅带来了"短视频+"模式的推广，还带来多渠道分发网络（MCN）与关键意见领袖（KOL）模式的短视频化。借助短视频这一载体，头部、腰部和长尾KOL通过视频化的传播形式塑造自身的人设，与目标用户进行匹配，并结合热点和时间节点进行营销。如"口红一哥"李佳琦通过微录进行推广口红新品，以极其夸张个性化的动作、表情、语言来吸引"粉丝"，不仅为自身带来了影响力，也为营销活动和产品实现了导流。因此，短视频为电商营销等提供了更具象、更立体的"表演"的舞台，基于圈层化传播的深度和大众传播的广度的结构促进了内容方、平台方与广告方的融合与整合，并挖掘平台渠道的商业价值。

（三）网红经济的新载体

短视频的出现降低了视频化表达的门槛和成本，扩大了参与主体，全民参与也使短视频对于日常生活的渗透力度不断加大，也扩大了用户视频化表达和分享的需求。用户通过将手机镜头对准特色美食、地标景点、城市人物等内容，加以"草根"化、趣味化、个性化的解读，并发布到抖音等社交短视频平台上，带动了一系列"网红城市""网红景点""网红店铺"的潮流，如"西安永兴坊的摔碗酒""张家界的玻璃悬索桥""8D魔幻立体城市重庆"等。这些"网红"城市和景点借助视觉化的传播方式，并辅以地方特色的音乐及丰富多样的特效手段，引发病毒式的传播机制和跟风狂潮，大范围地宣传了城市形象，带动了城市旅游业发展的同时，也创新了口碑营销和旅游宣传的模式。

2018年，短视频市场规模达467.1亿元，同比增长744.7%。❷在万物互联的物联网场景下，短视频的运用领域进一步拓宽，商业化变现的速度将进一步加快，在市场、资本、技术等因素的作用下，短视频将继续带来新的商业模式。

---

❶CSM媒介研究.2018—2019短视频用户价值研究报告[EB/OL].（2019-02-21）[2020-10-06].http：//www.csm.com.cn/Content/2019/02-22/1033368410.html.

❷中国网络视听节目服务协会.2019年中国网络视听发展研究报告[EB/OL].（2019-06-03）[2020-10-06].http：// www.199it.com/archives/882433.html.

短视频浪潮下 MCN 与广电的融合创新及发展前景

田智辉　解益坤[*]

【内容摘要】 短视频的发展改变了信息传播的机制，带来了传媒产业新的运行机制。在媒体融合发展、多平台传播的背景下，MCN 机构在短视频浪潮中高歌猛进，通过整合媒体产业链中的生产要素，重构内容产业的生产逻辑，带来了一种新的商业组织形态，成为广电媒体融合发展的重要方向和创新风口，并在 5G 技术的发展和传媒产业演进规律的作用下，呈现出未来发展的新图景。

【关键词】 MCN；广电；融合创新；发展前景

据中国互联网络信息中心（CNNIC）发布的第 44 次《中国互联网络发展状况统计报告》显示，截至 2019 年 6 月，我国短视频用户规模已达 6.48 亿，占网民整体的 75.8%。[1] 庞大的短视频用户群体也带来了视频化消费需求的扩大，推动了短视频与新闻资讯、广告营销、电商直播等领域的融合，带来了内容生产的新机制与新范式。其中，MCN 作为一种适应视频化传播趋势的商业形态，不仅改变着媒体产业资源配置的结构与方式，也带来一种媒体融合传播的创新实践。

---

[*] 田智辉系中国传媒大学互联网信息研究院教授；解益坤系中国传媒大学 2018 级硕士研究生。

[1] 中国互联网络信息中心（CNNIC）.第 44 次《中国互联网络发展状况统计报告》[EB/OL].（2019-08-30）[2020-03-12].http://www.cnnic.net.cn/hlwfzyj/hlwxzbg/hlwtjbg/201908/t20190830_70800.htm.

一、MCN 的起源与发展现状

MCN 即多渠道分发网络，是一种将上游内容供应者和下游的平台连接，实现流量变现的网络商业模式，其本质上是一种具有中介化色彩的组织形态，通过整合内容生产供应链上的内容产品和渠道流量资源，在互联网平台上提高传播效率、扩大市场空间、实现传播价值最大化的目标。早期的 MCN 起源于美国，主要存在于内容创作者和 You Tube 之间。随着迪士尼、维亚康姆、美国电话电报公司等传媒巨头对合金娱乐、真棒电视等中小 MCN 的补贴和收购，美国的 MCN 市场呈现出市场萎缩、发展缓慢的特点，MCN 也转变为多平台分发网络（MPN）。相比之下，中国 MCN 机构伴随着国内的短视频浪潮呈现蓬勃发展的态势。

具体来说，中国的 MCN 在 2012 年短视频行业起步时而引入，随着 2016 年前后短视频的快速发展而兴起，并在 2018 年资本入局、平台扶持和网红经济的多重作用下快速增长，数量从 2015 年的 160 家急速增长到 2019 年的 14500 家，市场规模突破 160 亿。❶ MCN 的快速发展不仅体现在机构数量和市场规模上，还体现在自身的角色定位、形态功能的演变上。在自身定位方面，相比于早期单纯扮演经纪公司、广告代理商等中介角色，国内的 MCN 还在内容产业的垂直供应链中不断纵向扩张，通过建立网红筛选、签约、孵化机制，在上游的内容生产和包装层面发挥更大作用；通过与新浪微博、今日头条、小红书等平台合作，在账号运营、广告投放、社区维护等发行推广层面拥有更大市场权力。在内容类型层面，MCN 也走出了单纯的视频产出形式，迈向直播、文字、音频等多样化形态，从早期的网红娱乐向新闻媒体、电商导购、知识付费等领域进军。而在发展业态层面，MCN 通过与不同属性的平台对接合作，形成了丰富多样的发展业态，从早期的微博微信等社交平台，到抖音、快手等短视频平台，再到小红书、易车号等垂直电商平台，MCN 多平台、产业化的特点也带来了变现模式的创新，形成了以广告收入为主，平台补贴、电商导购、IP 授权等为辅的生存模式。

---

❶ 艾媒咨询.2020—2021 中国 MCN 产业运行大数据监测及趋势研究报告[EB/OL].（2020-01-22）[2020-03-15].https：//www.iimedia.cn/c400/68403.html.

二、MCN 与广电的融合与创新

在 MCN 井喷式发展、加速布局的当下，广电媒体作为生产视听内容的专业化组织，在当前 PUGC 的视频化表达中具有天然的优势，其优质的内容资产和强大的社会文化影响力能在多平台分发中产生规模经济的效应，进一步拓展网络市场空间。知名的主持人、记者和节目所积攒的品牌影响力更是重要的网络 IP 资源，由此衍生出的产品和服务也有助于延长广播电视产业链，挖掘和整合广电媒体的传播资源，在全媒体时代加快融合发展的进程。

（一）内容生产流程的再造

广播电视作为一种大众媒体，其一对多的特性需要尽可能面向更多的群体。而互联网技术的发展突破了信息传播容量的边界，也使用户有了更多的消费选择，庞大的用户群体得以细分，技术赋权和大数据技术使用户的个性偏好得以凸显和捕捉，这样的传播环境也使电视媒体以频道和节目为单位开发 MCN 成为可能。部分电视台的王牌栏目通过在抖音、快手等短视频平台开通账号，背靠节目资源保证持续不断的内容输出，通过与平台合作进行内容的分发和运营，这实质上就是采用了 MCN 的生产架构。如央视 2019 年 7 月上线的《主播说联播》短视频栏目，其抖音账号拥有 2714.6 万粉丝。该栏目不是对《新闻联播》片段的截取，而是基于短视频传播的特点，依托《新闻联播》平台和资源，在竖屏呈现和背景音乐的配合下，让节目主持人运用通俗凝练的"金句"，就国内外重大时政新闻发表评论，从而一改《新闻联播》的语态样态、编排机制和生产流程，呈现出广电短视频内容新的样态。

广电媒体是视听内容的重要供应商，旗下的主持人、记者、编导等工作人员是 MCN 内容创作者的主要组成部分。其中，部分知名主持人相当于 MCN 中的头部 KOL，是确保 MCN 的运作关键。目前，多位知名主持人已在抖音、快手等平台开通账号，这些账号不仅有其个人的生活片段的分享，还是其塑造节目主持人形象、提升节目影响力的重要平台。如江苏卫视《非诚勿扰》节目主持人孟非的个人账号，不仅有个人生活感悟的分享，还有节目的片段、预告的呈现，更有围绕婚恋问题的采访问答和情感语录。而电视剧作为从广电媒体成功转型 MCN 的范例，不仅借助湖南娱乐频道的主持人资源推出"张丹丹的育儿经"等优质账号，还通过签约、孵化自媒体艺人，保证持续的内容输出。互联网使用户不仅是内容的消费者，更使用户成为内容产业上游的生产者。因此，MCN模式下的广电短视频内容生产已经不仅仅是一种单一的组织生产模式，更是专业和群众的融合，是个人、媒体、大众与技术之间开放、协同的生产实践。

（二）渠道运营手段的创新

媒体产品的公共产品属性使传媒行业具备规模经济和范围经济的特征。❶ 一方面，媒体可以通过扩大生产规模实现平均成本的下降，从而获得规模经济的效应；另一方面，也可以通过生产多元产品，采取范围经济的收益策略。在互联网络时代，数字化传播技术使信息几乎可以不计成本地分享和传播，多平台的兴起带来了媒体传播渠道的多样化，同时也割裂了用户的注意力，引发了传播资源的泛化。2020年1月，抖音短视频日活跃用户超4亿❷，快手日活跃用户超3亿❸。短视频平台的兴起极大地吸引了用户的注意力，广播电视不再是用户视听内容消费的唯一渠道，只借助广电媒介传播的内容难以到达大多数的用户。在此背景下，MCN作为连接传统媒体机构与新兴平台之间的重要中介，对广电媒体的融合发展十分关键。一方面，MCN多平台分发的机制能够充分地开发媒体内容资产的价值，实现范围经济和规模经济效益的最大化；另一方面，多平台的分发策略必然在一定程度上提高广电的媒介渗透和用户接触，实现用户注意力资源的货币化。当前，各大广电媒体虽然纷纷加快布局短视频战略，或成立专门的短视频团队，如浙视频、看看新闻、北京时间等，或依托抖音、快手等短视频平台开通节目账号，但由于缺乏平台差异化传播策略和与用户的精准对接，广电短视频媒体呈现出同质化严重的特点，容易湮没在信息流当中，难以形成传播合力。而浙江广电旗下布噜文化和"黄金眼融媒"通过对传播内容的垂直化细分，并在搭建平台的基础上提升全渠道分发的传播能力，加之对传播热点的精准把握，打造出

---

❶ 吉莉安·道尔. 理解传媒经济学 [M]. 黄森，董鸿英，译. 北京：清华大学出版社，2018：12.

❷ 2019年抖音数据报告 [EB/OL].（2020-01-07）[2020-10-06]. http：//www.199it.com/archives/993771.html.

❸ 2019年快手内容报告 [EB/OL].（2020-02-21）[2020-10-06].http：//www.199it.com/archives/1010343.html.

了广电媒体 MCN 的品牌产品。

媒体不仅需要有内容生产者，更需要有触达用户的传播渠道。相比大众传播时代的广播电视，抖音、快手成为视听媒介内容供应链上的关键节点，成为媒体内容与用户之间的门户垄断者。因此，基于短视频平台庞大的用户数量，与其自建平台不如与已有平台合作，更好地利用平台型媒体的流量资源，从而改善用户流失、渠道失灵的现状。对于广电媒体来说，MCN 有利于广电媒体在传媒产业链中实现纵向整合，多平台分发、流量资源的优化配置使广电媒体不单单是内容的生产者，更通过与平台的合作，基于平台方对于用户行为的分析、对传播取向的把握，在包装、发行、推送等运营层面提高媒体资源配置的效率，从而在产业的下游获得更大的市场权力。

（三）商业变现模式的拓展

广告是媒体收入的重要来源，媒体通过信息内容的生产与传递，在内容和用户之间建立联系，通过二次售卖的理论从广告收入中获益。因此，如果媒体内容无法真正地触及观众，就难以与用户之间建立相应的关系，也无法将用户的注意力资源货币化。目前，MCN 的主要盈利模式仍以广告营销收入为主，通过利用自身具备的 KOL 优势和全网传播的综合能力，根据广告商的要求进行量身定做，通过原生广告等内容输出形式实现营销手段。在广电媒体广告收入大幅度下降的背景下，借助广告收入导向的 MCN 有利于广电媒体实现转型发展。各大电视台有的采用成立媒体 MCN 的方式，如黑龙江广电的龙广电 MCN、湖南娱乐频道的电视剧等；还有与传媒公司合作的 MCN，如长沙广电与中广天择成立的中广天择 MCN、济南广电的"鹊华 MCN"等。这些广电 MCN 借助自身的内容资源优势和平台及头部 MCN 的渠道运营模式实现广告收入的增长。而湖南娱乐频道的电视剧在 2020 年的收入将超传统电视广告板块收入，占比超 50%。❶

除了广告收入，MCN 还具有平台补贴、内容电商、课程销售、IP 授权等商业变现模式。对于广电媒体来说，部分主持人具备 KOL 的带货能力，专业的语

---

❶ 唐瑞峰.广电 MCN 收入超传统电视广告板块，八大转型案例可借鉴[EB/OL].（2019-11-22）[2020-03-14].https：//mp.weixin.qq.com/s/jmqIhiIgtXlOIemRWPd_1A.

言组织能力、与观众之间亲切感及个人风格和影响力都使主持人具备 KOL 号召力强、关注度高、影响范围广的优势。比如，湖南卫视主持人张丹丹在"张丹丹的育儿经"的抖音视频号上进行带货，经她推荐的儿童绘本有着不错的销量成绩。此外，广播电视拥有的优质节目也是 IP 资源开发的基础。广播电视作为节目内容的生产者，拥有 IP 开发的所有权，通过多平台的分发整合，在用户市场日益碎片化的背景下，减少电视内容在窗口二、三级市场的巨大内容损失，实现内容资产价值最大化，拓宽广电机构收入的来源与方式。

三、MCN 的发展前景

（一）竞争格局：竞争加剧、头部效应

MCN 作为一种商业模式，随着短视频行业的发展而突飞猛进，MCN 机构数量类别的跳跃式增加、市场规模的急速扩大也促使了 MCN 行业竞争的不断加剧。据艾媒咨询报告显示，虽然近几年来 MCN 的数量和市场规模呈现高速增长的态势，但自 2018 年前后以来，MCN 数量和市场规模的涨幅明显放缓，这样的市场机构显示出 MCN 同质化趋向、流量见顶、入局阻力变大的特点。此外，MCN 的发展逻辑仍没有脱离媒体产业规模经济效应的本质，因此，MCN 行业内的马太效应明显。2018 年，头部 MCN 撬动 60% 的市场规模❶，而群聚效应也使头部 MCN 融资更加容易。未来的头部 MCN 将吸纳更多的内容创作者，掌握更多的平台资源，不断实现自身规模的扩大，中小 MCN 可能会面临进一步的行业内的淘汰与整合。

（二）内容形态：垂直纵深

在 MCN 行业竞争不断加剧的同时，各 MCN 机构对优质资源抢夺和变现的局面也将不断升级。MCN 的本质是规模经济，如果人口红利和流量殆尽，MCN 的模式也将难以继续获利。在未来产业边界明确、流量天花板见顶的红海市场，垂直化、细分化、定制化的能够使 MCN 更加瞄准目标受众，降低生产和运营成

---

❶ 克劳锐.2019 中国 MCN 行业发展研究白皮书 [EB/OL].（2019-06-10）[2020-03-15].http：//www.199it.com/archives/856334.html.

本，更加精准地进行创收，KOL 等引流方式也将带来更多的私域流量，激发行业发展的内生动力，带动流量格局的再分配。目前，MCN 机构在内容生产、产业形态、变现模式上已有垂直细分的趋势出现，不同属性的合作平台也显示出自身的独特优势。

（三）5G 技术：场景拓展

随着 5G 技术发展进程的加快，高速率、高容量、低延时、低能耗将给信息传播和社会发展带来极大的变革，用户视频化消费的能力将大幅度提高，人与物、物与物之间的连接将带来新型的平台，使 MCN 有更多的应用场景，促进内容驱动的 MCN 产业向多个领域迈进。而万物连接或将颠覆 MCN 多平台分化的模式，人工智能技术的极大进步也将提升内容产出的效率，改变内容生产的模式，同时也进一步改变内容的呈现形态。

（四）产业规制：行业规范与媒体属性

随着 MCN 行业的快速发展，MCN 作为内容产业链中的重要一环，其与内容创作者和平台之间的关系也需要进一步明确化和程序化，相关的行业规则也将促使行业规范性加强。同时，MCN 以广告收入为主的盈利模式使其需要不断争夺用户的注意力资源，这必然促使 MCN 需尽可能地考虑与社交媒体平台合作，通过社交媒体信息传播的实效性保持用户黏性，引起用户的关注。因而，新闻资讯在内容生产中的比重增加也将使一些 MCN 的媒体化趋势愈发凸显。媒体作为面向大众传播的组织形态，其生产的内容具有广泛的社会影响，因而承担相应的社会责任。而随着广电 MCN 的加快布局，对于内容正确导向和价值观输出方面的要求也势在必行。

（五）海外布局

在国内流量空间逐渐饱和的同时，国内 MCN 也在借助抖音海外版（TikTok）和全球网红经济的风潮加速进军海外市场。2019 年，抖音海外版全球活跃用户数超 15 亿，下载量超 7.38 亿次，全球排名第二。庞大的用户流量使抖音成为网红经济的重要载体，也是 MCN 合作的重要平台。同时，网红经济在全球市场仍有较大的增量发展空间，相比国内的抖音、快手等短视频平台，You Tube 超 20

多亿的月注册用户量仍为 MCN 提供了广阔的海外市场。在 YouTube 上，粉丝数超过 900 万的李子柒和超 800 万的"办公室小野"都拥有超 10 亿的播放量，为其获取了巨额的广告收入，释放了 MCN 模式的潜能，这些成功案例也使国际化的发展方向和趋势逐渐明晰。

短视频的媒介环境渐变与内容产业生态

解益坤　田智辉[*]

【内容摘要】 短视频作为一种新兴媒介，视频化符号和场景化生产带来了新的传输特性和信息流动模式，通过改变用户的传播活动和媒体传递信息的方式，将自身的传播逻辑嵌入社会发展的过程中，从而在网络空间和物质世界不断形塑新的媒介文化，催生了媒介环境渐变的过程。而在未来产业发展中，短视频的独特生态位优势会愈发凸显，并在技术、资本及政策的作用下加速产业融合和业态创新的进程，从而塑造良性多元发展的内容产业生态。

【关键词】 短视频；媒介环境；内容产业生态

一、短视频的媒介环境渐变

媒介环境的概念最早由马歇尔·麦克卢汉提出，经过尼尔·波兹曼（Neil Postman）、保罗·莱文森等人的相关研究，逐渐成为传播研究领域的重要学派，它重点研究媒介形态尤其是媒介技术对于人和社会的影响。[1] 在如今媒介化的社会中，媒介对人的影响愈发明显，对社会的渗入程度日益加深，技术的飞速发展也使短视频、VR、AR 等传播形态不断涌现，而以短视频为代表的新兴媒介改变了人类交流与传播的模式，蕴含着新的内在价值和传播资源，塑造着新的社会文化。

---

[*] 解益坤系中国传媒大学 2018 级硕士研究生；田智辉系中国传媒大学互联网信息研究院教授。

[1] 陈力丹，毛湛文. 媒介环境学在中国接受的过程和社会语境 [J]. 现代传播（中国传媒大学学报），2013（10）：35.

（一）作为社交工具的短视频

短视频拓展了具身化传播的空间，为用户提供了面对面视频化交流的物质平台。在文字、图像等符号出现之前，人的身体就是兼备信息生产和接收能力的传播媒介，一个神态、一个动作都可能透露着各种各样复杂的信息。当人与人之间通过社交活动时，人的身体就是人们之间进行物质和精神层面交流的传播工具。传播学者保罗·瓦兹拉威克（Paul Vazlawick）认为，我们与他人相遇的过程，可以看作视听媒介的社会个体参与到多元化的传播活动之中的过程。[1]因此，在电视出现时，传播者通过身体传递信息的价值被逐渐开发。但是，诞生在大众传播时代的电视更多还是单向、一对多的信息输出，无法满足人际传播的多元形态。网络节点化的传播结构使实时反馈互动成为可能，为用户的人际交往提供了实现环境。原生于互联网的短视频天生具备社交化的基因，视听语言和滤镜、动画等视觉特效也极大地赋予人们丰富的表情空间，激发了用户具身化传播的内在动力。当抖音、快手等短视频平台的用户跟着15秒的音乐一起"摇摆"时，作为传播物质资源的身体成为人们分享所思所感、搭建社交关系、融入群体社交生活的重要媒介。

当每一个用户的身体传播资源得到极大程度的开发时，短视频平台也逐渐成为人们表演的场所，各种特效、装扮让用户可以用丰富的符号塑造不同的自我，让一人分饰多角的"个人小剧场""模仿秀比拼"有了施展的空间。同时，这些表演大都取材于日常生活中的不同情境，是用户基于现实的创新与想象，是用户对于现实的投射和回应，也是人们在不同场景下的情感浓缩。在新冠肺炎疫情期间，一位抖音海外版用户发布的"黑人抬棺"视频火爆全球，电子音乐加上欢快的舞蹈动作，搭配非洲加纳特有的葬礼文化，呈现出另类、奇特的画风，一改葬礼肃穆、悲伤的气氛，缓解了人们在疫情期间的紧张情绪。它的流行恰恰说明，当短视频用户加入这场全球传播中时，他们在网络平台中的交流和互动逐渐转变为在疫情这类公共卫生事件中的参与感，短视频成为他们融入当下环境、调节自身情绪、回应现实世界的社交工具。

---

[1] 克劳斯·布鲁恩·延森. 媒介融合：网络传播、大众传播和人际传播的三重维度[M]. 刘君，译. 上海：复旦大学出版社，2012：70.

（二）作为新闻媒介的短视频

短视频的出现为传统媒体适应新兴传播环境提供了融合转型路径。这也是基于短视频的信息承载功能，时长短、易操作的特点适用于时效性强、突发重大的新闻事件，能够确保媒体建立及时回馈、不断跟进的反应机制，贴合了新闻事件往往处于动态发展状态的特点。视频化的表现形式能够更好地还原现场，带来直击人心的传播效果，片段式的呈现相比直播能够最大限度地突出重点，也易于为用户获取，符合当下用户注意力资源分散、泛化的特点。自 2016 年以来，国内传统媒体借助短视频融合转型的浪潮开始涌现，抖音、快手用户的激增也带来了短视频社交平台转向平台化媒体的趋向。截至 2019 年年底，38 家广电媒体在短视频平台常态运营的活跃账号超过 2200 个。❶

传统媒体与短视频的加速融合也使新闻资讯视频化的特点愈发明显，由此带来了新闻的语态、样态和表现方式的转变。视频化突出的是个人化的新闻呈现。约书亚·梅罗维茨曾经指出，印刷媒介去除了信息大部分的表象形式，更多传递抽象信息。相比之下，电子媒介在传递抽象符号外，还包含着大量表象信息。❷因此，电子媒介对于视觉和听觉的调动，使人们不仅关注印刷媒介中抽取共性、舍弃非本质的信息，还将人们在私下交谈时能够直接捕捉到的信息也传递了出来。传播者的外貌、表情、音调、口音等印刷媒介无法直接呈现的信息都成了公众关注的焦点，这也大大凸显传播者的个人特质。短视频微录的出现突出了新闻报道个人化的特点，竖屏的呈现方式限制了屏幕中的人数和要素，使用户的注意力更为集中在传播者身上，自拍式的镜头更多强调贴近人物的面部，近景、中景的运用放大了人物的表情，用户也大多通过移动端观看，这就在传者与用户之间营造出一种倾向于直接对话、亲密沟通、情感分享的信息传播氛围。2019 年 7 月，央视《新闻联播》推出的短视频栏目《主播说联播》，极大地改变了传统电视新闻节目的形态，从时长、内容、语态上实现了由 "长" 到 "短"、由 "重" 到 "轻"、由 "硬" 到 "软" 的过程。主播分享新闻稿等节目幕后的内容，更加说

---

❶ 央视市场研究股份有限公司．2019 年主要央媒及广电机构网络传播效果评估 [EB/OL]．（2020-05-06）[2020-10-06]. http：//www.ctrchina.cn/insightView.asp？id=3739.

❷ 约书亚·梅罗维茨．消失的地域：电子媒介对社会行为的影响 [M]．肖志军，译．北京：清华大学出版社，2002：90.

明相比电子媒介，短视频是一种更为"后区偏向"的媒介，即易于让人们呈现私下沟通和"幕后"生活的内容。在美国，《华盛顿邮报》的抖音海外版账号"We are a newspaper"也取得了成功。相比国内传统媒体利用短视频实现内容层面的突破，《华盛顿邮报》更多是编辑部日常的片段分享，以及记者们围绕报纸本身展开的"情景喜剧"，这样一来，一个个原本只停留在纸面上的名字成为视频中鲜活、有趣的个体。这种人性化、具象化、立体化的表现手段有助于塑造传统纸媒幽默风趣、新潮时尚的形象，从而拉近与年轻人之间的距离。

（三）作为社会文化的短视频

技术的发展和人的媒介化加速了媒介在日常社会生活中的渗透。在媒介化社会，新兴媒介不仅是人们传递信息的介质，更因其信息流动模式蕴含着新的价值、意义和结构，从而重塑社会环境。因此，正如尼尔·波兹曼所言："媒介即隐喻。"当短视频融入社会系统中时，其传播过程超越了自身承载的具体信息和显露的表征，更通过解构和重塑媒介环境，生发出新的社会文化现象。

1. 传播仪式的变迁带来大众文化

詹姆斯·凯瑞（James Carey）通过引入"仪式"的概念，提出了传播仪式观的研究理论，通过将"传递观"与"仪式观"进行比较。他指出："传播的'仪式观'并非指讯息在空中的扩散，而是指在是时间上对于一个社会的维系；不是指分享信息的行为，而是指共享信仰的表征。"[1] 在大众传播时代，报纸杂志、广播电视塑造了基于自身媒介偏向的传播仪式，短视频的出现极大地消解了传统媒体的媒介仪式。在时间维度上，短视频的"短"无疑改变了电视按时段编排、块状播出的模式，碎片化传播时代冲击了强调完整、整体的视听模式。用户在消费短视频时，不再是等待循序渐进地播出，而是按照需求随意拖动进度条，通过在视频信息之间的快速跳转，拼接出自身对事件、概念的理解。在空间维度上，移动端和通信技术的发展对于作为客厅产业的电视冲击更大，用户可以在不同的场景下点击短视频，突破了看电视时的地理空间限制。而在内容价值维度上，短视频平台的信息分发逻辑是基于用户需求的个性化定制，不同的内容需求带来了细分垂直内容的出现，细化了电视一对多的广撒网模式，这也削减了电视观众因同

---

[1] 詹姆斯·凯瑞. 作为文化的传播 [M]. 丁未，译. 北京：华夏出版社，2005：7.

对话与变革
——智能媒体技术驱动下的国际传播

时接受相同信息所形成共感和共识。同时，相比微博、微信等图文偏向的社交平台，抖音等短视频平台上内容往往不会明显标记内容的时间，用户接受信息的时间尺度被弱化，新闻媒体注重的时效性、重大性被以用户需求和传播流量为导向的平台逻辑冲淡。

因此，短视频平台放大了用户的自我表达，消解了电视媒体中的整体性、公共性的媒介仪式，成为一种在场、参与的个人化仪式。当用户参与抖音上各种各样的挑战时，一个个用户个体的参与就会累积成一场场声势浩大的社会传播行为，进而演变成短视频时代的媒介事件。相比于电视，短视频的传播仪式凸显的是用户大众文化的价值，而不是居高临下的权威。土味视频、"快手老铁"文化的流行蕴含着后现代主义的特征，解放了主流媒体对于文本定义的控制。当短视频宣传片《后浪》在用"你们要"这样二元对立式的口吻传播时，其透露出的观念是与短视频的"大众"基因不相容的，必然引发网络争议和用户的任意解读。

2. 场景化生产塑造新的群体角色和形象

短视频突破了视听内容生产的地理限制，基于现实生活中物理场景塑造了时空交错的短视频信息场景。当不同的场景在短视频平台上融合时，"场景的组合改变了角色的行为模式并且改变了社会现实的构成"[1]。根据约书亚·梅罗维茨的"媒介情景论"，传播媒介通过塑造新的情景来影响人在情景中的社会行为，改变了原有的社会规范，带来了新的社会文化现象。相比于电子媒介的情景，短视频进一步重组了人们生活的社会地理场景，使人们在不同场景下的角色扮演发生变化，人们私下的行为和表演通过短视频的传播逐渐暴露在公共平台上，带来了公共与私人、"前台"与"后台"边界的消弭。黑龙江13岁男孩在快手、抖音上模仿老师的短视频引发社会热议，网络用户对其塑造的"钟美美"老师形象产生共鸣，认为他表演得惟妙惟肖，丝毫没有儿童痕迹，俨然一位自己上学时的老师。而这种儿童"成人化"的表达在短视频平台上不是少数，一方面，短视频平台上的内容使儿童处于一个"前台"与"后台"混合的媒介环境中，视频符号的通俗易懂使儿童能够接受和模仿一些超出自身认知的成人化内容，获得超出现实生活限制的知识和经验。另一方面，拍摄的低门槛赋予了儿童表达的空间，使其能够

---

[1] 约书亚·梅罗维茨. 消失的地域：电子媒介对社会行为的影响[M]. 肖志军，译. 北京：清华大学出版社，2002：5.

将自身在家庭、教室等多个场景中的观察和社会习得作为短视频内容的现实取材，并加以模仿和表演，从而带来了儿童社会化和社会行为的转变。

此外，短视频依托地理空间式的生产也使更多个人、群体和环境的形象能够更加清晰地呈现在公共平台上，在以"三农"、小镇青年为题材的短视频中，不同于文字的精英取向，视频表达的低门槛为他们呈现人文风貌和群体形象提供了可能。浙江一对农民夫妇自创的"鬼步舞"吸引了众多网民的关注，妻子带丈夫练舞，本为了缓解其车祸后的心理创伤，却因为欢乐的舞步引发网民的感动，通过短视频的传播，他们的"田间劳作"转变为"自由创作"，个人经历成为大众参与，他们通过短视频与网民和社会互动的过程也是对自我形象、认同的重新建构的过程。

3. 媒介进化拓展艺术空间

保罗·莱文森曾经提出了"玩具—镜子—艺术"的媒介演化理论，他认为："媒介以招摇的姿态进入社会时多半是以玩具的方式显身的。"❶ 随着媒介的不断发展，人们也开始随着重视它反映现实的实用功能，并随着与新媒介的组合成为一种艺术文化的化身。对于短视频来说，早期更多是基于网民的自娱自乐，而随着短视频与新闻媒体、电商、广告等行业的结合，它的工作效用也被逐渐开发了出来，短视频与 AR、VR 技术的融合进一步提升了视觉传达和数字艺术的效果，逐渐成为一种激发大众创作和艺术传播的工具。在抖音平台上，用户借助动感的音乐和炫丽的特效不仅促进了潮流艺术的传播，同时也促进了京剧、剪纸、舞蹈、国画等传统文化和非遗传承在传播效果和形式上的创新。2019 年，抖音艺术类视频播放量超 5431 亿次，点赞 169 亿。❷ 从北京现代音乐学院教授丁丹到走向海外的李子柒，从"国家队"到"民间"，短视频使艺术传播和创作成为一种日常生活中随时随地进行的创意实践，它是对多种媒体形态的综合运用，是对日常生活中的人工产品和自然客体加工整合，视觉奇观和戏剧反差调动了用户的多重感官，是人类心灵和想象的延伸。

---

❶ 保罗·莱文森. 数字麦克卢汉（第一版）[M]. 何道宽, 译. 北京：社会科学文献出版社，2001：200.

❷ 2019 年抖音数据报告 [EB/OL].（2020-01-07）[2020-10-06]. http://www.199it.com/archives/993771.html.

二、短视频内容产业生态发展

截至 2020 年 3 月，我国短视频用户达 7.73 亿，占比总体网民的 85.6%。[1] 短视频以其独特的生态位优势，成为互联网传播的重要媒介。在时间生态位上，自 2018 年以来，短视频的用户规模和使用率一直保持强劲的增长势头，短小、快速、视频化的特点使信息易于抵达用户，适应了用户的媒介使用习惯，5G 时代的来临更为短视频传播提供了发展的土壤。而在空间生态位上，短视频对于场景资源的开发使其具备适配强、适用范围广的特点，能够满足用户多元场景消费的行为习惯，与汽车、电商、旅游等不同行业的贴合度较高，相比于网络直播和长视频，在引流的功能上具有较大的商业价值。在整个社会信息生态系统中，短视频组成的媒介生态，通过社会各种力量的互动，不断促进内容产业生态的未来发展。

（一）技术演进：加速产业融合

互联网技术的发展使数据成为信息传播中的生产要素，移动终端整合了用户的信息接收设备，4G、5G 网络通信发展为场景化、视频化的传播搭建了基础设施，突破了内容产业与其他产业之间的限制壁垒。从本质上来说，短视频是承载信息内容的载体，无论是短视频信息流广告还是短视频电商，更多都是借助短视频在内容营销、流量变现层面发力。在内容产业内部，短视频推动了自身与新闻媒体、影视、广告、在线音乐等行业的融合。例如，基于抖音平台庞大的用户流量和音乐属性，许多歌手和工作室都将抖音当作新歌发布的平台，这样一来，平台方为内容创作者引流，创作者为其提供优质内容，不仅实现了内容资源与渠道平台的精准对接，也使娱乐行业与短视频行业之间的界线愈发模糊。诞生于 2018 年，流媒体平台奎比通过"短视频化"的发展，致力于通过背靠好莱坞、华纳等电影公司的内容资源，向用户提供高质量的短剧，将电影电视剧"短视频化"。而在抖音、快手等短视频平台上，内容产业与其他产业之间的融合更加明显，这些平台不仅是一个基于用户的内容生产平台，高日活量和用户数据也使其成为一个商业营销平台，通过商家号、企业号、快单号等模式搭建与美妆、旅

---

[1] 中国互联网络信息中心（CNNIC）. 第 45 次《中国互联网络发展状况统计报告》[EB/OL]. （2020-04-28）[2020-10-06]. http：//www.cnnic.net.cn/hlwfzyj/hlwxzbg/.

游、服装、食品等行业之间的关系，与淘宝、京东、微信等平台进行对接，通过重组产业价值链，重新配置用户注意力资源，形成了"短视频+"的产业生态。

（二）资本入局：塑造新业态

随着短视频行业的发展，在资本、市场、技术等因素的作用下，目前已形成一定的行业格局。在国内，2019年快手用户日活量超过3亿，抖音超过4亿，它们不仅成为短视频行业的"两强"，同时，传统媒体、社交平台也纷纷加速入局，试图抢夺短视频市场的一杯羹。2019年，央视成立短视频平台"央视频"，腾讯在2020年开通微信视频号并引入MCN机构，试图借助微信的用户流量在短视频业务上做增量。而在海外，抖音海外版迅速崛起，2020年5月，抖音海外版的全球总下载量突破20亿次，创造历史最高纪录。在资本入局和技术赋能的作用下，短视频加速了全球产业融合的趋势，带来了新的商业模式和产业形态，成为网红经济的载体。在短视频的场景化生产下，一批批网红城市、网红店铺兴起，逐渐形成了完整的短视频流量变现的商业模式，并在助力扶贫、开发旅游产业方面发挥巨大的作用。而在新冠肺炎疫情期间，线上新经济和宅经济更凸显出短视频平台引流、制造需求的巨大潜力。

（三）政策导向：营造良性生态

自2016年短视频行业快速发展以来，国家有关部门出台了一系列有关于短视频发展的规定和行业规范，相继出台了《网络音视频信息服务管理规定》等规定，并对火山小视频等出现违法违规的平台进行约谈和要求整改。此前，短视频的快速发展带来了一系列乱象，"未成年妈妈"、流量数据造假、无底线作秀等现象，凸显出平台商业利益至上、把关疏漏、责任缺失的问题。然而，短视频平台拥有巨大的用户注意力资源，对于塑造一个良性运转的内容生态和社会发展十分重要。因此，政府有关部门的监管有利于保持短视频行业与社会环境的协调、有序和动态平衡，在实现经济利益、创造社会价值的同时，促进形成健康互动、良性循环的内容产业生态。

融媒体时代短视频的传播特色与创新

田智辉　解益坤[*]

【内容摘要】信息技术的发展带来了层出不穷的新兴传播手段,近年兴起的短视频通过与各类平台、技术相结合,不断扩大自身的"用武之地",形成了不同于电视、网络直播等视听媒介的传播机制和价值逻辑,在丰富传播内容的同时,也呈现出新的传播特色与传播形态。

【关键词】融媒体;短视频;传播特性;创新发展

一、短视频的传播特色

(一)传播内容:时长短、分散化、娱乐化

短视频社交平台的拍摄时长较短,一般时间不超过 1 分钟,这必然要求用户压缩表达内容,在较短的时间内完成传播。一方面,在信息爆炸的时代,用户的注意力越发成为宝贵的资源,短视频短小、灵活的特点恰恰贴合了用户"见缝插针"式的阅读习惯,丰富多样的内容也更能抓住用户的注意力,满足用户的个性化需求。另一方面,正因为时间的限制,短视频在内容上往往缺乏必要的叙事元素和完整的叙事逻辑、缺少镜头的设计、段落的转换,因而较难驾驭长篇、宏大的题材,更擅长片段式的传播,显得较为分散、琐碎。因此,在短视频传播过程中,在时间和内容上的碎片化、接触场景的移动不固定都消解了传播仪式的庄重感,在网络传播语境的作用下,短视频传播具有更强的软性化、娱乐化的特点。

---

[*] 田智辉系中国传媒大学互联网信息研究院教授;解益坤系中国传媒大学 2018 级硕士研究生。

根据威廉·斯蒂芬森（William Stephenson）的"游戏理论"，用户在使用短视频这一媒介时，也会从娱乐的态度出发，满足自身消遣娱乐的需求。UGC 内容生产模式为抖音、快手等短视频社交平台提供了大量的内容来源，也导致了内容质量参差不齐，只言片语的个人表达、无头无尾的模仿秀、不求意义的舞蹈动作更多是彰显自我、满足自身社交需求。

（二）传播效果：感染力强、精准对接

短视频新闻报道在传播过程中呈现出的感染力强、针对性强、影响力大的特点，能引起用户的心理波动，充分调动用户的情绪，具有其他传播方式不可比拟的效果。相比平面媒体，视频化传播具有视听合一的感染力，传播信息会更加直观立体、形象生动。此外，短视频开门见山、直入主题的叙述方式也易于用户接受，经过筛选后的核心画面能够排除新闻事件中的次要信息，将重点内容鲜明地表达出来，清楚明了而又高效。同时，短视频新闻"同步"的特性也使媒体趁热点事件还在不断发酵的阶段，在第一时间发出报道，缩短时间上的延迟。声音、画面、文字三位一体的结合能带给用户更强的冲击力，也能在呈现新闻事件中的矛盾和冲突时，更容易引起观看者的共鸣和情感上的变化，从而产生较大的话题性和社会反响。比如，"我们"视频旗下的人物专访栏目《局面》，通过将对热点人物的采访分割成一个个短视频形式的传播，不仅在新浪微博上引发网友热议，在一定程度上也推动了事件进一步发展。此外，社交类短视频 App 通过引入算法个性化推送的技术，使用户的信息娱乐需求得到精准对接，AI 技术与短视频的结合也在不断创新广告营销的方式，直击靶心、精准匹配的方式大大增强了短视频的传播效果。

二、短视频的传播创新

在技术驱动的作用下，短视频的传播特色体现的是未来视听技术的新机理及媒介演进的逻辑。短视频在与现实世界不断交融的同时，给个体、行业乃至整个社会都带来了变革。

对话与变革
——智能媒体技术驱动下的国际传播

（一）短视频使用户接收传播可视化

1. 带来用户的视频化转向

短视频的本质是信息的视频化呈现。短视频的出现彰显了视觉影像的力量，激发了用户的视频化表达需求。2018年，近四成用户愿意采用短视频代替文字交流，占比达37.3%。[1] 相比动辄一两个小时的直播，短视频的"短"增加了用户传播信息的灵活性与随意性，使用户更容易操作。相比一般的长视频来说，"短"的特点要求短视频一般不需要太复杂的镜头和画面，客观上节省了制作时间和成本，智能手机和各类应用的开发也不断为用户的拍摄提供帮助，因"短"而生的短小、即时的传播特点也与现代生活节奏相吻合。因此，在网络信息视频化转向的背景下，短视频的表达方式更具性价比，这也促使了一系列新潮、个性化的视频语言表达方式的产生。从早期用文字书写自我的博客到用图片展现自我的照片墙，再到用影像表达自我的微录，短视频无疑带来了用户的视频化转向，激发了网络用户视频化表达的"内生动力"。

2. 创新用户的社交表达机制

根据欧文·戈夫曼的"拟剧论"可知，在网络社会中，人们与他人的互动主要通过表演、印象管理等方式完成。短视频使用户的社交互动和自我表达发生了变化，给用户提供了更多、更新的表演舞台和表演手段。一个个短视频平台就是用户进行表演的"前台"。用户在表演时，将个人生活的方方面面分割成一个个琐碎的片段，经过特效、滤镜等手段的包装，放大自身想呈现的一面，在网络虚拟世界里自我塑造、扮演角色。此外，用户还通过评论、转发、挑战赛、答题等多种方式与其他创作者或"粉丝"进行互动，强化与他人的关系。而在短视频平台上，"学猫叫""逆天化妆术""短视频拜年"等层出不穷的流行趋势也为用户的互动增添了新的符号与话题，提供了新的社交表达机制。大量的社交短视频应用也通过不断更新技术来辅助用户创作，丰富和创新用户的自我表达方式。比如，在抖音App中，大量的背景音乐曲库、基于AI技术的拍摄特效和动画都为用户提供了个性化的表演道具和手段，用户能够利用各种元素塑造属于自我的视听语言，拥有更加个性化的表达途径。同时，UGC的内容生产模式赋能于用户，

---

[1] 艾媒咨询.2018年中国社交类短视频平台专题报告[EB/OL].（2018-05-17）[2020-10-06].http：//www.iimedia.cn/61347.html.

源源不断地吸引新的内容,这种开放式的生产方式能够使短视频的创意新玩法不断涌现,不断出现新的短视频社交语言。

(二)短视频使新闻媒体传播手段多样化

1. 创新媒体融合方式

2016年,短视频的兴起为传统媒体的转型提供了新的选择路径。部分传统媒体结合新闻视频化的大背景,相继通过短视频来融合创新。除了《人民日报》、新华社、中央广播电视总台等全国性主流媒体,各地方媒体也纷纷开拓短视频新闻业务。《中国日报》《环球时报》更是通过短视频加大外宣力度,不断提升自身影响力。在国外,《赫芬顿邮报》、美联社、BBC、CNN等多家媒体不断扩大短视频新闻业务。短视频将传统媒体的内容优势和互联网的社交属性相结合,创新了媒体融合的观念和路径,并推动了媒体融合战略纵深发展。

2. 创新新闻生产模式

短视频扩大了参与新闻生产的主体,大大调动了用户参与新闻生产的主动性。如梨视频等短视频媒体在获取信息源、视频素材的同时,也努力建立起庞大的拍客系统,这些拍客不仅会按照媒体的要求提供相应的素材,也会主动地爆料、提供线索。因为个体的差异,拍客在拍摄新闻素材时必然会融入自身视角和价值观诉求,这也是对新闻报道角度和报道内容的一种丰富。相比大众传播时代媒体的"我说你听",短视频的拍客生产模式突出了媒体"信息整合者""把关者"的身份,成为一种"对话与沟通"。基于这种内容生产模式,媒体在新闻生产中的角色也在不断发生变化,与用户的关系也从原来大众传播时代的"单向输出"变为网络时代的"双向互动",再转变为如今的"共同成长"。

短视频使媒体报道呈现出新形式、新特点,如对待一些来龙去脉较为复杂的新闻事件时,媒体可以利用多个短视频的联合报道方式,不断跟进新闻事件的进展,并以多个角度在整体上呈现新闻事件的全貌,形成了一种"短视频专题报道"的类型。也可以对多方进行采访,直面案件的诸多疑点,通过文字、照片、电话录音、关系图等多种方式呈现,形成一种"短视频调查报道"的方式。此外,VR、AR等技术与短视频的结合也不断创新着短视频新闻的形态,如新华社通过与搜狗合作,在2018年11月7日推出了全球首个AI合成主播,对短视频乃至整个新闻领域带来了革新。而欧洲电视台在2016年发布了第一条360度全景 VR 视频后，通过将新闻报道与短视频、VR 技术相结合，推出了一系列 VR 短视频新闻，它将短视频的"短"和"视频化"与 VR 的"沉浸式"特点相结合，丰富和创新了短视频新闻的传播形式。

（三）短视频使社会场景立体交融化

短视频呈现出新的视频传播语态，碎片化、移动化的传播方式重新定义了时空的概念，打破了传播场域的限制，并与生活中的各种场景相交融。在不断渗透日常生活的同时，短视频也通过自身传播特色作用于现实社会，深刻地影响着网络社会与现实社会的互动方式。

短视频的低门槛调动了大众的广泛参与，让大众将镜头对准个人生活和社会的方方面面。但正如《景观社会》中提到的："（景观）它发出的唯一的信息：'呈现的东西都是好的，好的东西才呈现出来。'"❶在抖音、快手等短视频平台上，用户所展示的生活都是经过挑选并经过自我包装与美化的，有的甚至是虚假的表演。这些平台好像一个个万花筒，不断为我们呈现着大千世界的千奇百怪，并用一个个光怪陆离的片段建构了一个个与现实社会脱离的"景观社会"。

基于算法的个性化匹配和推送，一个个短视频片段接连不断地出现，营造了一个超越现实的虚拟时空，使用户在"刷"抖音时忘记了现实世界。"虚拟的媒介影像可以使大众忘却现实社会中存在着的困难和威胁，暂时脱离现实生活，影像景观成了大众的避难所。"❷技术的进步使人们进一步沉浸在景观所塑造的幻觉和影像世界中，这种由短视频所塑造出的景观的吸引力，占用了用户的大量时间，使人们麻木、顺从地接受着景观建构出的世界。在资本和消费主义的作用下，这种物化了的世界观导致拜物教盛行，也迷惑了人们的双眼。居伊·德波（Guy Debord）在指出景观虚假性的同时，也指出了景观与现实的"分离"。资本通过制造"虚假需求"来刺激人们进行消费。景观使人们的消费不再是直接和主动的，而是被动地消费着商品景观所塑造的幻象。对此，我们应当保持高度警惕。

---

❶ 居伊·德波.景观社会[M].王昭凤，译.南京：南京大学出版社，2006：5.
❷ 居伊·德波.景观社会评论[M].梁虹，译.桂林：广西师范大学出版社，2007：9.

我国移动传播的研究状况

田智辉　黄楚新　代　晗*

【内容摘要】 本文通过文献研究的方法，对近年来我国移动传播的相关研究进行梳理与概括。通过归纳分析发现，我国对于移动传播的现有研究主要集中在移动传播的概念辨析、移动传播的特点与影响研究、媒体移动传播的策略研究、移动传播的具体媒介形态研究、移动传播的受众研究等方面。

【关键词】 移动传播；移动传播研究；互联网+

随着移动互联网与智能设备的普及与发展及其带来的社会变化，信息生产与传播机制也发生了深刻变化，并重新塑造了原有的传播格局，衍生出移动传播。[1] 近年来，有关移动传播的研究已经成为一个热门课题，国内专家学者对移动传播的研究日益重视、不断加深，利用多视角展现出了移动传播多方面的新状况、新变化。以"移动传播"为关键词在中国知网中可以搜索到 1540 条结果，其中 79.9% 分布在"新闻与传媒"学科。经过综合筛选，本文选取了 2012—2019 年发表在 CSSCI 来源期刊、北大核心期刊上的移动传播相关研究成果及少量其他期刊上的相关成果共计 76 篇。通过对论文进行梳理，本文主要概括了关于"移动传播"的几个方面，包括移动传播的概念辨析、移动传播的特点与影响研究、媒体移动传播的策略研究、移动传播的受众研究、移动传播的具体媒介形态研究等，进而陈述近年来我国移动传播的研究状况。

---

* 田智辉系中国传媒大学互联网信息研究院教授；黄楚新系中国社会科学院新闻与传播研究所新闻学研究室主任；代晗系上海大学 2018 级硕士研究生。

[1] 黄楚新，彭韵佳. 我国移动传播的发展现状与趋势 [J]. 新闻与写作，2017（8）：32-36.

对话与变革
——智能媒体技术驱动下的国际传播

一、移动传播的概念辨析

对概念的界定是研究的基础，针对移动传播概念的研究是学者们关注的重点领域。邹军在对西方移动传播研究议题进行梳理的基础上对移动传播的概念进行了界定，他认为理解移动传播的含义需要从"移动"二字入手，移动传播中的"移动"不仅指有如此之多的使用先进技术的特殊设备，如手机、平板电脑、电子阅读器，以及参与其中的众多个人用户，更重要的是指由上述各个部分共同组成的社会情境，它是跨越物理空间的、社会互动的语境。在邹军看来，所谓移动传播，即基于移动媒体的传播，是通过各种移动平台，在用户之间、用户与网络之间进行信息交换的传播过程。❶

黄楚新等则对移动传播的概念有着不同的认识，他们认为移动传播主要是指依托移动互联网与移动终端，实现信息实时共享与交换的一种传播行为与过程。其同时实现了传者、受者与媒介的空间可移动性，打破以往时间与空间对传播的限制，实现信息随时随地的互动性与个性化传播。❷

纪忠慧认为，移动传播是指基于互联网、智能终端及各类应用软件技术之上的个性化、定制化、社交化的传授模式，以用户的平等参与、即时分享与互动及信息的实时发布、海量数据与碎片化阅读为特征。移动传播融合了人际传播、组织传播和大众传播的诸般优势，尤以社交与移动的协同效应见长，成功吸引了最庞大的移动社交用户群。❸

二、移动传播的特点与影响研究

对移动传播特点的研究也是学者重点关注的领域。何其聪、喻国明认为，移动互联网绝不仅仅是 PC 互联网的升级移动版本，它具有渗透融合化、即时互动

---

❶ 邹军. 移动传播研究：概念澄清与核心议题 [J]. 新闻大学，2014（6）：71-76.

❷ 黄楚新，彭韵佳. 我国移动传播的发展现状与趋势 [J]. 新闻与写作，2017（8）：32-36.

❸ 纪忠慧. 移动传播：主流媒体的社会主义意识形态话语建构 [J]. 电视研究，2017（10）：13-16.

化、社会同一化等特征，给使用者带来全新媒介体验。❶彭兰认为场景是移动时代媒体的新要素，移动传播的本质是基于场景的服务，场景成为继内容、形式、社交之后媒体的另一种核心要素，场景本身也可能成为移动媒体的新入口。❷黄楚新等认为，移动传播主要具有生产多元化、传播即时化、社交互动性高等主要特征。❸晏青等指出，移动传播具有移动性、伴随性等空间特性，体现为碎片化空间的意义消弭和重组、互动空间的意义杂音与协商、场景空间的意义争夺与复调。❹宋建武等指出，移动传播体系包括三部分：智能终端的普及、移动应用的丰富和应用平台的形成。❺周浒将移动传播时代新闻图片传播的特点总结为传播主体的多元化和个体性、传播时空的即时性和移动性及传播内容的融合性和社交性。❻马梅等从主体、环境、内容、表达、符号五个角度分析了移动传播的特性，分别为信息传播者与接受者的边界消融、碎片化的信息获取与消费方式、新闻与各种信息产品的边界模糊、轻量化与走心的偏好、数字化信息形式中各种元素的无缝对接。

同时，移动传播带来的变化和影响也受到学者们的广泛关注和研究。移动传播不仅改变了传播逻辑，对社会关系和结构的变迁也有着重要影响，移动传播的影响体现在虚拟与现实两个空间。同时，移动传播不仅对社会带来了积极的影响，也造成了一些负面影响。

二、移动传播的特点与影响研究

胡春阳等认为，移动传播时代体现了移动的社会、移动的技术和移动的个人

---

❶ 何其聪，喻国明.移动互联用户的媒介接触：行为特征及研究范式 [J].新闻记者，2014（12）：35-39.

❷ 彭兰.场景：移动时代媒体的新要素 [J].新闻记者，2015（3）：20-27.

❸ 黄楚新，彭韵佳.我国移动传播的发展现状与趋势 [J].新闻与写作，2017（8）：32-36.

❹ 晏青，景宜.文化类节目的移动传播：空间转换中的意义生产 [J].中华文化与传播研究，2018（1）：43-52.

❺ 宋建武，黄淼.移动化：主流媒体深度融合的数据引擎 [J].传媒，2018（3）：11-16.

❻ 周浒.移动传播背景下新闻图片的传播策略研究 [J].新余学院学报，2018（2）：108-111.

的联盟，手机对人际传播、社会关系与结构的变迁都具有先锋意义。❶彭兰认为，移动传播重新定义了新闻生产与信息消费的时空观，是数字传播发展进程中的一个新飞跃。❷在刘明洋看来，移动传播在虚拟世界和现实世界两个领域，实现着新的建构——从观念、技术到内容、渠道，再到文化与社会。❸匡文波从大数据改变传统内容生产、人工智能改写内容生产格局、新闻推荐算法重塑内容生产、短视频内容增长最快四个方面总结了移动传播时代内容生产的新规律。❹雷鸣对移动传播催生出的位置媒介进行了研究，在他看来，移动传播和通信技术将"位置"重新嵌入媒介，催生出基于位置的信息分享、社交、商业服务和实景游戏等地理媒介的新业态，位置媒介在弥合了虚拟空间与现实空间的同时，也对传统媒介研究范式提出挑战。❺漆亚林等指出，移动传播的"去中心化"和"去边界化"改变了社会构型和传播逻辑，驱动移动网络空间的话语转向。❻

杨季钢重点研究了移动传播对社会发展的负面影响。移动传播时代促成信息爆炸，碎片化信息肆意滋生，加之网络以"用户"为中心的思维导致信息日益窄化，在信息碎片化和信息窄化螺旋中逐渐产生了信息失真、信息回音室等问题，伴随着这些问题的出现，移动传播对社会发展产生了一系列实质性的负面影响，导致了诸多社会问题的出现。❼

三、媒体移动传播的策略研究

传播的移动化是大势所趋，移动化生存成为媒体发展所面临的重要课题。学

---

❶ 胡春阳，姚玉河.移动·传播·第二现代：手机传播的形而上学解释[J].学术月刊，2012，44（4）：28-32.

❷ 彭兰.社会化媒体、移动终端、大数据：影响新闻生产的新技术因素[J].新闻界，2012（16）：3-8.

❸ 刘明洋.解读移动传播的八个关键转变[J].青年记者，2015（6）：71-72.

❹ 匡文波.移动互联下的内容生产规律与传播规律[J].新闻与写作，2018（7）：19-23.

❺ 雷鸣.位置媒介：移动传播与地理媒介的新业态[J].科教导刊（上旬刊），2018（13）：159-160.

❻ 漆亚林，王俞丰.移动传播场域的话语冲突与秩序重构[J].中州学刊，2019（2）：160-166.

❼ 杨季钢.移动传播对社会发展的负面影响研究[J].新闻知识，2016（12）：44-46.

者们纷纷针对不同类型的媒体，从实际情况出发，对媒体的移动传播策略进行研究，这对媒体的转型与发展具有重要意义。

官建文认为，传统媒体应该通过构建权威、独特的数字化传播平台，形成可持续发展的赢利模式，将传统优势转移到数字化平台等方式完成数字化转型。❶ 徐栩就主流新闻网站发展提出了有关移动传播的几点思考，认为主流新闻网站应该熟悉移动传播规律，建立互动传播新模式；重视社交媒介平台，善用微博、微信；以用户需求为核心，开发个性化的新闻产品；利用新技术，实现PC终端和移动互联网终端的互联互通。❷ 韩琰琰等认为，媒介品牌的经营管理是提升媒介形象、增强媒介竞争力的重要手段，并以《三联生活周刊》为例提出了媒介品牌在移动传播环境下的传播策略。❸ 崔士鑫指出主流媒体要认真坚持"移动优先、内容为本"，积极推进媒体融合创新。❹

面对未来的传播格局与移动互联网的传播规律，匡文波为传统媒体提出了大力投资数据新闻、拥抱而不是回避人工智能、顺势而为打造内容积极向上的短视频三方面的对策以主动参与传播生产、主动引领内容潮流。❺ 针对电视媒体，吴占勇提供了四个方面的创新路径，包括立体开发精品IP的内容创新、在竞合中寻求共生的渠道创新、多维引领受众体验的技术创新和多元深耕社群经济的经营创新。❻ 沈卓具体针对城市广播电视台提出了在移动传播格局下的发展路径，积极运用本土优势，增强和受众之间的互动，对经营模式进行完善，构建城市综合平台，拓展内容传播渠道，并结合受众的实际需求对经营策略进行及时的调整，从而在市场竞争中处于优势地位。❼

---

❶ 官建文. 从网络传播走向移动传播 [J]. 传媒，2013（02）：17-19.

❷ 徐栩. 主流新闻网站的"移动化传播"初探 [J]. 新闻世界，2013（8）：110-111.

❸ 韩琰琰，李晴. 媒介品牌的移动传播策略：以《三联生活周刊》为例 [J]. 青年记者，2015（15）：53-54.

❹ 崔士鑫. 移动优先、内容为本，推进媒体融合创新 [J]. 传媒，2017（17）：26-28.

❺ 匡文波. 移动互联下的内容生产规律与传播规律 [J]. 新闻与写作，2018（7）：19-23.

❻ 吴占勇. 跨屏困境与路径重组：移动互联时代电视媒体的融合发展与创新 [J]. 中国电视，2019（2）：56-61.

❼ 沈卓. 论移动传播格局下城市广播电视台发展路径 [J]. 新闻传播，2018（21）：111-112.

推动自身的良性发展。王丽以央视和各省级电视台近年来的新闻创新作品为例,从强化传受双方交互传播、降低报道视角、加强新闻解读、丰富新闻表达元素四个方面,探讨新时代电视新闻内容创新与突破之道。❶徐丹等从"牵妈妈的手"专题报道出发,提出了对主流媒体在移动时代的深度融合与效果深化具有一定参考意义的"3I"模式:受众被告知、激发,产生互动,从而取得了涵盖认知、态度、行为三个层次的立体传播效果。❷对于广播新闻节目生产,刘锦岳等认为,在"移动优先"的理念下,广播新闻节目生产应该从新闻篇幅更加短小凝练、新闻表达更加突出关键信息、新闻提要更加追求创新、新闻时效更加追求同步、节目编排更加强调张弛结合、新闻评论更加"微言大义"等方面进行改革,推动传统媒体和新兴媒体融合发展,探索打造新型主流媒体的路径。❸

四、移动传播的受众研究

在当今移动化、碎片化的阅读趋势和收看模式中,传统媒体不仅要强化移动优先意识,加大移动传播力度,还要充分了解网民的社交互动需求,探寻当代年轻人趋同求异的心理特征,在不断推出的个性化原创内容中,增强自身在新媒体平台的品牌认同感。❹因此,对于移动传播时代受众群体的研究也十分重要。

何其聪、喻国明将发展心理学中的自我同一性发展框架和社会系统理论框架结合在一起,为移动互联时代媒介接触行为的研究建构了新框架❺,并在"时间—地点—关系—伴随活动"四个维度上,对受众的媒介接触行为进行了分析研

---

❶ 王丽.移动传播时代电视新闻内容创新探析 [J].今传媒,2018(10):91-92.

❷ 徐丹,白慕豪,张梓轩.移动时代的融合传播与效果深化:从"牵妈妈的手"专题报道看"3I"模式 [J].新闻战线,2018(13):78-81.

❸ 刘锦岳,刘玉军."移动优先"对广播新闻内容生产的影响 [J].中国广播,2019(2):72-74.

❹ 杜泽壮,王晓彤.全国广播频率移动传播现状盘点 [J].中国广播,2018(6):44-48.

❺ 何其聪,喻国明.移动互联用户的媒介接触:行为特征及研究范式 [J].新闻记者,2014(12):35-39.

究，从而做出了移动阅读也许可以挽救以图文为主要内容的纸媒未来的预测。❶王贵斌指出，移动传播及虚拟社交网络的普遍应用，增长了公众和政府的信息传播能力。移动社交的广泛应用时代，是一个密集网络连接的时代，公共舆论的社交传播增加了参与者与政治机构的直接联系，并且因为网络连接的复杂性，从而加速了公众彼此联结的可能。移动传播的公共舆论只不过是现代公共舆论的一个构成，因此加强了对政治机构的监督。❷吴占勇则将移动互联用户的接收总结为场景化、关系化、消费化三个特征。❸

五、移动传播的具体媒介形态研究

在移动传播时代，传播领域不断延伸，移动传播在移动阅读、移动社交、移动视频、移动资讯等领域取得了显著成效，并且不断开展出新的发展领域。因此，对具体媒介形态的研究也是学者们关注的一大焦点。王培志认为，H5场景化视频化创新引领了移动传播新风向。创造性地运用场景视频，给H5这一移动传播新形态增添了魅力，引领着移动传播发展新的风向：浸入式场景让用户身临其境；"竖着拍，竖着看"更符合用户习惯；抠像技术、模拟AR融入场景让移动传播更生动形象。❹

短视频近年来发展得如火如荼，也是学者们最为关注的媒介形态。移动传播为竖屏发展提供用户基础，曹晚红等结合具体案例，就目前国内竖屏资讯类短视频的兴起、现状、发展瓶颈与未来趋势进行分析，以期为短视频行业的健康发展提供参考与建议。❺陈珏以梨视频为个案进行研究，剖析了移动传播时代资讯类

---

❶ 何其聪，喻国明.移动传播时代：纸媒二次崛起的机遇——"移动互联网时代中国城市居民媒介接触状况"数据解读[J].出版发行研究，2015（7）：33-38.

❷ 王贵斌.移动传播时代的公共舆论生产秩序[J].现代传播（中国传媒大学学报），2017（1）：138-144.

❸ 吴占勇.跨屏困境与路径重组：移动互联时代电视媒体的融合发展与创新[J].中国电视，2019（2）：56-61.

❹ 王培志.H5场景化视频化创新引领移动传播新风向[J].新闻战线，2017（19）：64-66.

❺ 曹晚红，丁蓉.竖屏资讯类短视频的瓶颈与趋势分析[J].东南传播，2018（10）：7-10.

对话与变革
——智能媒体技术驱动下的国际传播

短视频的发展特点与问题。❶ 李淼认为视频化是移动新媒介发展的趋势。近年兴起的短视频社交热进一步革新了新媒介生态。作为一种社交化生产的融合媒介，短视频在社交网络中缘起、发展与扩散，实现了媒介文本层面的全媒介化，同时在媒介实践层面的短视频社交，使短视频向社会各层面融合延伸，深层次嵌入全社会传播网络中。未来短视频或将成为全社会基础性架构与媒介语言。❷

在移动传播时代，对媒体确立一套新的科学的评价体系也十分重要。评价体系的确立能对媒体的移动化转型提供有力的帮助和促进作用。杨淑娟等以《中国媒体移动传播指数报告2014》中的纸媒移动传播评价指标体系作为研究对象，阐述其建立过程，探讨其科学性与局限性，并提出了一些完善建议，探讨如何科学评价主流媒体的影响力。❸

移动传播带来了媒介生态的变化，改变了媒介生产的方方面面，也为高校媒介教育改革指明了新风向，因此对教育模式的反思也得到了学者的重视。但日益变化的媒介环境却对从业学生提出了新的要求，新的就业环境要求学生能够适应未来不同的、充满诸多变化的媒介工作，所以旨在培养多元化的全媒体复合型人才的媒介教育改革势在必行。马梅等认为，新的媒介环境对媒介教育的人才培养模式、人才培养目标、课程设置等方面都提出了新的要求，提出了一些媒介教育改革的探索路径：结合产学研用，以实践反哺教学；融合社会资源，补充教育短板；优化师资队伍，构建融合型教师团队；融合专业特长，适应媒介生产需要。❹

六、移动传播研究存在的问题

从上述国内关于移动传播的研究来看，对于移动传播的研究已经有了一定的

---

❶ 陈珏.移动传播时代资讯类短视频的发展特点与问题[J].新闻世界，2018（1）：52-54.

❷ 李淼.数字"新视界"：移动短视频的社交化生产与融媒传播[J].中国编辑，2019（3）：82-86.

❸ 杨淑娟，向安玲，沈阳.如何科学评价主流媒体的影响力：以《中国媒体移动传播指数报告2014》中的纸媒移动传播评价指标体系为例[J].新闻与写作，2014（10）：21-25.

❹ 马梅，王潇然.移动传播环境下的媒介教育改革[J].陕西理工大学学报（社会科学版），2019（1）：66-71.

成果。总结来说,从研究方法上来看,对移动传播的研究首先是采用定性分析,其次是采用个案分析对媒介的移动传播的实践经验进行探讨,再次是采用定量分析对移动传播的传播效果进行研究。从研究内容上来看,移动传播研究主要包括移动传播概念辨析、移动传播的特点与影响研究、媒体的移动传播策略研究、移动传播的具体媒介形态研究、移动传播的受众研究、移动传播的传播效果评价体系研究及移动传播与媒介技术教育等。但目前的研究成果依然存在一些不足和问题,主要体现在以下几方面。

第一,研究成果存在同质化问题。虽然我国移动传播研究成果在近几年猛增,也产生了一些有深度、具有开创性、拥有真知灼见的研究成果,但仍存在一些研究成果是基于追随研究潮流完成的,在观点上人云亦云,甚至存在一定程度的同质化现象。因此,研究成果虽然多,但真正高质量、高水平、具有开创性的成果还比较缺乏。

第二,研究存在微观性问题。对于移动传播的研究大多局限于对某一类型的媒体该如何进行移动传播的讨论,缺乏整体性的考量。在移动传播影响整个传播格局和社会关系结构的背景下,对移动传播的研究应该增加宏观层面的考量,如应树立法治思维,重视移动传播的秩序问题。

第三,研究层次不高,缺乏理论深度。很多研究者都是一线的媒体人,丰富、与时俱进的传媒实践工作使他们对移动传播有着最直观的体会与经验,但往往其研究成果缺乏理论支撑,表达的严谨性也有待提高。

第四,研究具有片面性,一些领域的研究有待补充。虽然近年来我国的移动传播研究成果越来越丰富,但具体研究的领域还比较集中,重点集中于对传播策略的研究,对于评价体系、媒介技术教育改革等具体领域的研究还有待进一步扩充。特别是对于移动传播中具体媒介形态的研究,大都追随这两年的行业热点对短视频进行研究,对其他媒介形态的研究还有所欠缺。

第五,研究具有滞后性。"研究跟着实践走"是众多研究领域存在的普遍现象。再加上随着传播技术的飞速发展和媒介产品的层出不穷,我国的移动传播研究不可避免地存在一定的滞后性问题。研究者应该紧跟移动传播的发展步伐,甚至应该以更具前瞻性的眼光看待移动传播研究,使移动传播的研究成果更加与时俱进。

七、移动传播的未来研究趋势

随着媒介技术的不断发展与创新，互联网、智能终端与各类应用软件不断普及与再升级，移动传播已经成为最吸引用户、受众的传播形式之一。因此，对于移动传播的研究得到了越来越多学界和业界人士的关注和投入。近年来，我国移动传播研究主要呈现出以下趋势。

第一，研究数量呈现递增趋势。以发表年度对移动传播相关的研究成果进行分组可以发现，2012年到2016年，研究成果逐年递增且增长速度迅速，研究成果大量出现，移动传播的相关研究数量在2017年有所回落，但自2018年起又开始呈现增长趋势。预计在未来几年内，随着移动传播的发展和运用，移动传播的相关研究数量还将继续呈现增长趋势。

第二，研究内容呈现多样化、细分化趋势。2012年到2016年，移动传播研究的内容主要集中在移动传播的概念、特点、影响、策略及受众方面，研究内容较为集中，并且研究多针对时下整个移动传播领域，研究内容尚未形成细分。自2017年起，移动传播的研究内容除了对上述研究内容的延伸与发展，出现了对于移动传播的具体媒介形态、移动传播环境下的媒介教育改革及与移动传播相关的其他研究内容，研究内容呈现多样化，且多样化趋势愈加明显。与此同时，移动传播相关研究内容开始呈现细分化的趋势，从以整个移动传播领域为研究对象到针对某个具体移动媒介进行研究，从研究移动用户的媒介接触行为到针对某一具体传播领域的受众心理或受众行为，从研究一类媒体的移动传播策略到研究某一媒介品牌、某一次传播活动的移动传播策略，研究的切入点越来越小，研究内容逐渐呈现细分化趋势。

第三，研究热点随移动传播的发展而变化。随着移动互联网技术的进步与智能硬件设施的研发，移动传播环境在不断变化，移动传播的形式与渠道日趋多样、内容不断创新与多样、对社会的影响及受众的心理与行为也在发生变化，移动传播的热点也在随之发生改变。以对移动传播具体媒介形态的研究为例，研究热点经历了从微博、微信到H5再到短视频的三个发展阶段，

随着媒介技术的发展，新的媒介形态的出现及应用将带来新的研究热点。在移动传播研究的其他领域也是如此，研究者时刻关注着移动传播的现实变化，研究热点也就随之而不断改变。

智慧媒体研究综述

王雅萍[*]

【内容摘要】 互联网发展带来了媒体的 4.0 阶段——智慧媒体，智慧媒体是立足于共享经济，充分发挥了个人的认知盈余，基于移动互联、大数据、人机交互、VR 等新技术的自强化的生态系统，形成了多元化、可持续的商业模式和盈利模式，实现信息与用户需求的智能匹配的新的媒体发展形态。本文梳理智慧媒体的概念、特点，介绍智慧媒体在具体场景中的应用实践，并在现有智慧媒体的基础上展望了未来智慧媒体的发展方向和研究前景。

【关键词】 智慧媒体；媒体融合；大数据

一、引言

随着互联网为代表的信息技术的发展及其对社会生活各个层面的不断渗透，人类社会已经来到全新的历史拐点，当下世界正处于百年未有的大变局之中。在这个背景下，以实现全球信息互联互通和信息共享为价值追求的第四次工业革命成为人类社会转型的关键驱动力。

伴随着第四次工业革命，技术浪潮在全球范围内袭来，未来媒体也朝着智能化、共享化迅速发展。在技术的推动下，人类社会将真正意义上进入万物互联的智慧时代，信息将无处不在、无所不及。信息的融通、开放在某种意义上使得个体有机会更大程度享受到发展的红利，但同时我们也必须意识到这种信息的开放和共享必然会颠覆原有的舆论生态和媒体格局。

---

[*] 王雅萍系中国传媒大学 2020 级硕士研究生。

对话与变革
——智能媒体技术驱动下的国际传播

在信息技术如此发达的今天,想要切实有效地推进媒体升级进程就必须在互联网、移动互联网思维的基础上,从更上一级的物联网、智慧社会的思维来看待媒体未来建设,即以一种智慧媒体的思维来引导未来媒体发展。

从时代的进步角度来看,每一个时代都有适应其发展阶段的产物,报纸如此、电视如此、互联网也是如此。智慧媒体建设是传媒机构转型升级的现实需要,其不仅能促进传媒效能的提升,而且更贴近用户的需求。为强化其建设的驱动因素,传媒界要积极运用大数据技术,着力开发各种新闻采集、资讯整合和传播的智能软件,并加强应用过程管控,以充分发挥新媒体功能。

二、智慧媒体概述

(一)智慧媒体的概念

智慧媒体是立足于共享经济,充分发挥了个人的认知盈余,基于移动互联、大数据、人机交互、VR等新技术的自强化的生态系统,形成了多元化、可持续的商业模式和盈利模式,实现信息与用户需求的智能匹配的新的媒体发展形态。官建文认为,智媒体是未来的媒体,具有感知能力,能够提供多方面、多层次、个性化、小众化信息服务。❶胡正荣等认为,智慧媒体实际上就是在全媒体的基础上更加注重场景,其内容、服务完全基于用户所处的时空,从而实现价值聚合。❷

近年来,以移动互联网和大数据、云计算、人工智能为引领的新技术、新应用,深刻改变了媒体格局和舆论生态,主流媒体的融合转型进入了深水区,智慧媒体成为媒体行业的新标签。

智慧媒体从定义上是利用情景感知计算,分析信息消费者的环境、行为和偏好,提供与用户需求相匹配的内容、产品和服务,以提升消费者的用户体验。智慧媒体是以互联网为基础,依托在不同的智能终端上,结合云计算、云存储这些新的技术,让用户可以快速判断、分析截取到他想要得到的内容。

---

❶ 官建文. 媒体·融媒体·智媒体 [J]. 传媒,2015(8):36-37.

❷ 胡正荣,李荃. 走向智慧全媒体生态:媒体融合的历史沿革和未来展望 [J]. 新闻与写作,2019(5):5-11.

传统媒体的传播是单向的，互联网等新媒体的传播是双向的，而智慧媒体能主动寻找目标受众。从传统的纸媒、广播电视到新兴的社交媒体、数字媒体，再到由传统媒体和新媒体汇聚、演化、创新后的智慧媒体，体现了新旧媒介形态的逐步演进。

上海报业集团党委书记、社长裘新进行了题为《标到非标，非标到标——技术如何加快媒体深度融合发展》的主题演讲。裘新认为，2014年以来，我国媒体融合发展大体呈现出三个阶段。第一阶段是融媒体阶段，第二阶段是智能媒体阶段，第三阶段是智慧媒体阶段。❶ 他认为，智慧媒体阶段，是标到非标、非标到标的过程。从融媒体阶段的技术服务内容到智能媒体阶段的技术引领内容发展至智慧媒体阶段的技术生产内容。

（二）智慧媒体的特点

智慧媒体的特点是具备思考、感知、识别等多维度智能，能主动寻求目标受众并融入受众的社会关系网，出现核裂变式的传播，如根据用户的情绪感知为其提供高清、娱乐的内容，根据受众所在的地方、时间和消费习惯，智慧媒体能主动提供家庭娱乐、亲子和家庭购物等信息。

1. 以用户需求为导向

智慧媒体建立了以用户需求为导向、激励服务为准则的组织体系，形成了与时俱进的组织形式，使传播从定时定点到随时随地，从单向传播到多维全媒体互动，及时响应，并使阅读体验更加直观简洁。不仅能根据用户的需求提供有价值、可证伪、有预测的信息服务，而且能通过分析用户的偏好提供个性化服务，如工作、生活、社交等方面根据用户的设定，有针对性地为其提供和推荐相关信息。

2. 多终端全天候的覆盖

智能手机的普及使人们随时随地都能够获取信息，用户时间极具碎片化，所以在用户接触移动终端的同时，智慧媒体多终端的覆盖并不间断地提供相应服务。

---

❶ 新华网.上报集团书记、社长裘新谈技术驱动媒体［EB/OL］.（2020-09-27）[2021-10-28].http://sh.xinhuanet.com/2020-09/27/c_139401396.htm.

3. 精准营销

在做好大数据分析和挖掘的基础上，为用户推送个性化内容和信息服务，根据网络文本分析来匹配相对应的广告，并通过分析读者的偏好来提供个性化的营销策略。

三、智慧媒体现有技术

媒介技术手段的革新首先带来的是时间的突破，即信息通过介质到达终端的时间缩短了，时间是伴随传播的路径的长度而产生的，时间的缩短说明传播路径或者说路程越来越短，信息传播的速度提升了。媒介技术的提高会使得信息传播的距离越来越短、时间越来越短。参考信息论的一个观点，信息从信源处出发经过介质到达信宿，也就是说信源到信宿之间的直线距离是越来越短的。

技术革新日新月异，要求传媒行业快速跟进吸收并升级技术平台。云计算作为新一代ICT技术架构，推动了智慧媒体应用模式的变革：大数据、人工智能驱动是应用平台智能化的主要动力；智能终端、高效率视频编码、数字音视频编码、混合现实（MR）、VR、AR等技术大大降低了应用创新门槛，提升了应用交互和展现水平；泛在互联网、5G成为国家战略性公共基础设施，承载着国家新一代信息化发展和产业升级。

四、智慧媒体的具体应用

（一）人民日报智慧媒体研究院：探索主流媒体转型

人民日报智慧媒体研究院于2019年9月19日宣告成立，将人工智能等新技术运用在新闻采集、生产、分发、接收、反馈各环节，实现内容传播与先进技术的融通共享；探索催化融为一体、合而为一的体制机制，并通过与企业、机构合作，加快资源整合、技术融合、项目联合、人才聚合，形成化学反应，催化融合质变；探究主流媒体向智慧媒体转型升级提供解决方案，加速媒体产业的智能变革。

1. 体现主流算法的人民日报客户端7.0版本

协同国内一流人工智能技术团队开发的主流算法，在满足人民日报客户端算法需求的同时，面向媒体行业提供服务，实现从"千人一面"到"千人千面"，重构信息传播的逻辑和规则，为用户带来更有品质的内容、更懂你的推荐和更丰富和开放的信息环境，利用智能驱动达到品质内容的高效提升。

2. "人民日报+"短视频客户端

主流短视频采用专业用户生产内容聚合平台，内容来源主要包括专业生产内容、用户生成内容、自制三方面。视频、直播、人民问政为客户端的主要功能，以"人民问政"为主要特点，支持用户上传短视频反映民生问题，引导媒体调查、核实和跟进，敦促相关责任机构回应和解决问题，通过对产品、技术、内容、运营全方位把控，致力构建兼具主流价值和创新活力的短视频内容生态。

3. 融媒体创新产品研发与孵化项目

致力于打造通用型"智能化+大数据+云服务"的平台，向媒体行业输出融媒体智能化一站式解决方案。以人民日报新媒体积累的大量的经验和技术资产，对接媒体行业特定的应用场景和服务需求。通过技术输出与合作，打造开放共赢的媒体技术生态圈。

4. 人工智能媒体实验室

人工智能媒体实验室将以人民日报新媒体的业务发展需求为基础，结合百度大脑人工智能开放平台的视觉、自然语言处理、深度学习等人工智能技术，研究一系列关键性、前沿性和实用性的媒体技术服务。对内支持人民日报新媒体创新业务的研发，对外全方位开放，赋能整个媒体行业。

5. 全媒体智慧云项目

基于云计算、人工智能和大数据技术，打造媒体数智生产运营平台，推出面向全媒体的，集智能生产与分发、行业知识图谱、媒体大数据挖掘、区块链版权保护等为一体的智慧云服务整体解决方案。

（二）《齐鲁晚报》：智慧媒体为社会治理赋能

2020年11月，《齐鲁晚报》以探索建立"新闻+政务服务商务"运营模式为目标导向，在自身智能化生产平台、智能化大数据应用平台和智慧化资源整合平台的纸媒矩阵基础上，推出包括内容中台、数据中台和技术中台的"中台战略"，为媒体的社会治理赋能提供了一条新路径。

对话与变革
——智能媒体技术驱动下的国际传播

1. 内容中台为政务商务宣传赋能

基于大数据、云计算、人工智能、区块链等核心技术，聚合成智能采集、生产、分发、接收、反馈等系统，搭建的内容生产与传播平台，主要包括壹点云智能创作平台、内容策划运营平台、视频直播电商平台、党建齐鲁智慧云平台、新媒体产品运营平台和内容库平台等。❶

2. 数据中台助力社会治理信息化、智能化

基于"一切业务数据化，一切数据业务化"的传媒大数据运营模式，构建起数据中台。数据中台涵盖了数据资产、数据治理、数据模型、全域数据中心、垂直数据中心、萃取数据中心、数据服务等多个层次的体系化建设。通过大数据，可以推动社会治理的网络化、智能化和系统化，提升社会治理效能。

3. 技术中台成为社会治理新引擎

搭建基于"传媒+技术"深度融合的技术中台，由基础层、能力层和业务层三部分构成，具有跨平台、低耦合、易扩展、强安全等特点，能够为各个业务应用输出统一的技术能力。拓展了媒体发展的边界。主流媒体充分利用先进技术，发展传媒新手段、新载体、新产品、新业态，以便更好地服务社会同时利用传媒技术为各行业提供统一输出，为行业发展赋能。

五、结语

通过前面的概念综述、特点分析，在各种智能技术将对人类生活形成强力变革之际，智慧媒体也必然成为未来媒体深耕发展的重要阶段。综上，智慧媒体能切实促进传媒效能的提升，更贴近用户的需求，其建设是传媒机构转型升级的现实需要。同时，媒体通过深度融合发展，不断推进移动化与智慧化变革。通过新闻叠加政务服务商务功能，搭建开放共享的大平台，为区域、行业赋能，强化媒体在社会治理的能力，成为智慧媒体新阶段发展的新使命。

未来的传播格局中，各种媒介越来越多地将自身建立在与用户的关系中，人与媒介的一体化，也将促进人人平台、人物平台的有效融通，智慧媒体对既

---

❶ 魏传强.新型智慧媒体如何为社会治理赋能：以齐鲁晚报·齐鲁壹点中台战略为例[J].青年记者，2020（36）：50-52.

有的信息生产格局和传播秩序带来革命性的影响,并以此重构社会关系。❶

智慧媒体阶段,人与人工智能的交互更加紧密,AI技术的超强算力和信息筛查机制及区块链技术的不可篡改等特性为网络空间的内容治理提供了创新性手段,也带来了新的问题。新技术赋权的同时,也带来了责任,与新技术应用相伴而来的伦理和治理问题有待各界的进一步探索。

---

❶ 严三九. 融合生态、价值共创与深度赋能:未来媒体发展的核心逻辑[J]. 新闻与传播研究,2019,26(6):5-15.

Ⅲ 国际传播篇

主流媒体应对博客策略探析

田智辉　张　颖[*]

【内容摘要】近年来，博客以其新型的新闻生产方式和公众参与新闻的形式赢得了越来越多的读者，成为人们获取信息的重要方式和渠道之一。在当今媒体竞争日益激烈的局面下，主流媒体应如何创新新闻报道的方式来从容面对博客的挑战？主流媒体应如何迎接博客的竞合？本文以世界主流媒体及国内主流媒体的新闻实践为例初步探讨了应对博客挑战的策略。

【关键词】博客；主流媒体；策略

从博客中国网站上那篇激情高昂的《博客——e时代的盗火者》博客宣言，到现在"个人博客已经成为重要的传播力量"，博客在中国经过几年的洗礼，快速的本土化，已经变成新闻传播界的重要新媒体形式及大众的流行词汇。在博客的原产地美国，以及在世界其他经济、通信和传媒比较发达的国家和地区，博客的发展程度、状况及博客与当地主流媒体、群众之间关系的发展状况更是中国博客和中国新闻传播界足以借鉴的。面对如此势头猛进的博客大军，传统媒体，尤其是主流新闻媒体为留住受众、吸引注意力采取了怎样的策略或者说应该采取怎样的对策？作为"老大哥"的传统媒体与"小兄弟"的博客之间究竟是怎样一种关系？"大媒体"与"小博客"能够共同生存吗？本文将主要分析博客与媒体，尤其是与主流媒体，与新闻界之间的关系，探讨博客的出现对新媒体、对新闻界产生的影响和价值。

---

[*] 田智辉系中国传媒大学互联网信息研究院教授；张颖系中国传媒大学2005级硕士研究生。

一、传统主流媒体争先登上博客彩车

2006年4月17日,著名博客搜索引擎知识科技公司创始人兼CEO大卫·西弗里(David sifry)在他的个人博客公布了最新的知识科技关于博客发展状况调查的结果:截至目前,知识科技跟踪到3530万个博客,这个数字竟比三年前高出60倍;博客数量基本每半年增长一倍。与此同时,截至2006年4月,每天约有75000个新博客出现。在中国,2005年被看成中国博客产业发展年。据互联网实验室发布的《2005—2006中国博客发展与趋势分析研究报告》显示:"全球博客规模突破1亿,预计今年中国博客规模将突破6000万。"面对博客数量的快速增长,那些原来对博客不屑一顾的传统主流媒体现在却正越来越向博客靠拢,争先登上博客这辆大彩车。典型的例子当属CNN了。在2003年伊拉克战争中,CNN战地记者凯文·塞特(Kevin Sites)的著名战争博客在开办不久即被CNN叫停;而2004年7月21日,CNN宣布引入博客的方式,实时报道民主党全国代表大会的全过程,并推出名为《博客观察》的栏目。加拿大多伦多的《环球邮报》派博客记者詹姆斯·米尔特尔(James Mirtle)到匹兹堡报道一位轰动一时的曲棍球明星——18岁的新手西德尼·克罗斯比(Sidney Crosby)。广告技术公司塔科达系统公司的CEO戴夫·摩根(Dave Morgan)说:"你能围绕一位曲棍球运动员建立一个有影响的站点和引来观众。"其他一些主流传统媒体如报纸、广播、电视等媒体尤其是其网站接纳博客的现象已十分普遍。英国伦敦地铁爆炸案发生后,"以博客为主的市民、群众参与报道,受害者、目击者参与报道的方式使人们对新闻的理解有了新的认识。一种新的传播方式——博客等自制内容的媒体在伦敦悄然兴起"。❶人们将自己的所见和经历出版在自己的博客、主流媒体的互动版块及博客网页或留言板上。更重要的是这一事件后英国的主流媒体如BBC,《卫报》网站都积极与群众,主要是与博客合作,在他们各自的网站上采用用户自制内容。BBC新闻网站请读者发送自己的经历描述,《卫报》在网站上挑选了目击者的叙述,以满足人们对新闻事件发生时真情实况的详细了解。

---

❶ 田智辉.群众报道:一种新的新闻传播方式在伦敦爆炸案中悄然兴起[J].现代传播(中国传媒大学学报),2005(5):113.

对话与变革
——智能媒体技术驱动下的国际传播

目前，英国主流媒体（主要通过其网站）与博客的合作十分常见。《英国电报》网站2006年初推出由其驻外记者写的七个博客。《卫报》网站新开辟了一个叫"自由观点"（Commentis Free）的版块，这是一个博客观点、评论的大汇集。而此前《卫报》网站早已拥有了自己的博客版块，并细分为新闻博客（News Blog）、游戏博客（Games Blog）、技术博客（Technology Blog）、观察者博客（ObserverBlog）等。可见《卫报》网站已不满足于仅使用、刊登来自博客关于新闻事件、突发事件的自制内容，而是把博客观点、评论的自制内容专门吸收和集中进来刊登在其网站上。正如在接受《经济学人》网站采访时大卫·西弗里所说："那些从前被认为是观众或消费者的人们现在参与到了创建媒体品牌的过程中。"

在博客的发源地美国，主流媒体也纷纷与博客合作。美国《纽约时报》早于2004年11月美国大选之时，推出了博客"2004政治大选追踪"。媒体观察家史蒂夫·奥汀（Steve Outing）指出："这是合理的第一步。"目前美国主流媒体包括主要报纸、电视、广播的网站大都引入了博客。如《今日美国》报纸网站上博客版块分为新闻、旅游、体育、天气博客等七大部分。ABC电视新闻网的网站上博客版块提供ABC新闻记者的博客，由他们自己讲述新闻报道幕后的故事。著名的网络杂志Slate每天在其"今天的博客"版块上刊登美国博客界与政界的相关评论，犀利而有趣。在欧洲大陆的法国，《世界报》网站上在"观点"（Perspective）版块中也加入了博客，其中包括一位名叫科琳·莱斯内斯（Corine Lesnes）的《世界报》驻华盛顿记者的博客早在2004年就创建了。

英美等国这些主流媒体在经历了嘲弄、观望后，却欣然接受博客，并大张旗鼓地把它作为一种新的报道方式满足受众的需求，成为人们获取新闻的重要手段之一。

二、"大媒体"为何要笑迎"小博客"

主流媒体对博客态度的转变背后其实蕴含了一种新闻生产力式的全新变革，即由用户自制内容的、互动的、受众参与的新闻生产方式正日益受到受众的青睐。美国新媒体专家杰夫·贾维斯在一篇关于媒体的博客中曾写道："媒体使社会单向化……互联网使对话成为可能……渐渐地，双向变大而单项变小。对话媒体将成长，而媒体将萎缩。欢迎步入后媒体时代！"这篇关于"媒体将萎缩"的"后媒体时代"宣言似乎有些危言耸听。然而他对"双向"和"对话"在今后社会中的重要性的认识是非常有借鉴意义的。博客变得越来越重要，博客与主流媒体相比究竟有何优势？接纳博客对主流媒体会产生何种影响？

（一）作为媒体和新式新闻生产方式的博客

博客本身是媒体吗？这很重要，否则构不成主流媒体接纳博客的基础。套用不久以前传播界、媒界关于"谷歌是不是媒体公司"的讨论，"媒体公司不应根据技术也不应通过商业模式来定义而应通过受众来定义"。❶ 从受众来看，博客当然是媒体，是内容提供者。抛除博客的个人发布方式不谈，博客与任何主流媒体一样也拥有受众，而且受众数量越来越多。由于博客具有以某一感兴趣的话题或方面为中心的个体性，其受众越来越固定。早在2004年知识科技就进行过一项称作"关注度指数"的排名。排名显示博客站点的常用链接，即博客们最关注、最信任的网站依次是纽约时报网、美国有线新闻网、BBC新闻网、华盛顿邮报网。从第五位开始，波音波音、博学网这两个博客网站排在了福克斯新闻和路透社网站前面。

不仅如此，与传统媒体相比，博客还是一种新式的新闻生产方式。在主流媒体之外，博客完全可以是新闻提供者。近几年，博客在重大突发事件发生后的作用和影响力就是很好的证明。与主流媒体相比，博客的发行和内容制作有许多不同。纽约大学副教授克莱·希尔克（Clay Shirk）认为，传统媒体遵循的是"先过滤，再出版"；而社区媒体遵循的是"先出版，再过滤"。作者事先提交故事，大众阅读前已被编辑或舍取。相比之下，社区的参与者说他们想说的，好的从平庸中脱颖而出。博客的新闻制作者更多的是网民，即大众就是写博客的人，而主流媒体的新闻制作者是经过职业训练的记者和编辑。主流媒体通过一定的新闻机构完成新闻的生产和出版，各种媒体如报纸、广播、电视有各自不同的新闻生产和出版渠道；而博客是一种在线的、瞬间的、实时的出版，靠点击完成出版。如果说新闻要具有新近性、显著性、时效性、及时性等特征，博客提供的用户自制内容完全可以具备新闻的这些特征，甚至博客在时效性、及时性上往往比主流媒

---

❶ 田智辉. Google 与 21 世纪媒体 [J]. 现代传播（中国传媒大学学报），2006（1）：117.

体更具有优势。2005年年底中国博客先于主流媒体第一时间记录九江地震就是很好的印证。

（二）主流媒体受益于博客

博客究竟能给传统主流媒体带来什么？

首先，博客作为主流媒体的"监视员"，对主流媒体具有"新闻纠错能力"及"新闻修补功能"。曾喧哗美国新闻界一时的"拉瑟门"事件貌似主流媒体、权威媒体的一次丑闻，其实背后体现的正是博客对主流媒体的监督、纠错。要不是博客们大肆传播丹·拉瑟（Dan Lasser）未经核实引用伪造文件的消息并穷追不舍，丹·拉瑟作为美国电视界享有如此高权威和声望的王牌主持人又怎会成为丑闻的主角？博客在主流媒体没能有效报道新闻或漏掉重要新闻时，还是主流媒体的重要补充。更重要的是，有许多新闻先是在博客中传播一定时间后才被主流媒体发现或报道的。2005年1月，CNN前新闻执行总裁艾森·乔丹（Eason Jordan）在瑞士达沃斯世界经济论坛上说，伊拉克战争中有12名记者是在被美军瞄准后杀死的。其中一位在论坛期间被邀请去的名叫罗尼·阿博维茨（Rony Abovitz）目睹了事件经过，并写了一篇文章发表在论坛的官方博客上。随后，各博客网站纷纷表示对此言论的反抗，而后来主流媒体才对此事进行报道。他的这篇文章及博客界的反应直接导致艾森·乔丹的辞职，尽管他曾在CNN有过许多光辉业绩。

其次，博客为新闻界带来一些积极意义的变化。许多主流媒体网站如微软全国广播公司、《基督教科学箴言报》在其评论版块引入博客形式，因为他们意识到博客能为新闻编辑室带来使之更透明、更易接近和对读者负责的机会。一些记者发现，出版博客能提高他们在读者中的威信和公信力。媒介批评家詹姆斯·波尼沃齐（James Poniewozik）指出："记者认为精确等于公信力。事实上不仅仅是如此。公信力还来自热情、真诚和正直。"博客与开放性的参与架起了对话的桥梁，为新闻媒体与受众之间的关系加深了彼此的信赖。主流媒体网站上记者的个人博客为读者提供了一个倾听记者心声和了解记者个性的机会和渠道，为吸引观众、拉近主流媒体和受众距离提供了便利。

博客以其"双向""对话"的媒体特性为主流媒体注入了新的活力与生机。博客会不会对主流媒体造成威胁呢？知识科技执行总裁大卫·西弗里坦言："博客不会威胁传统媒体，也不会取代它。相反，博客可以提升它，增加额外的声音，增加核对与平衡。博客已成为媒体的一部分了。"中国博客网董事长方兴东也认为："博客不会摧毁传统媒体，但是会变革传统媒体。因为有了'个人媒体'的充分参与以后，传统媒体会真正拥有群众基础。它的这种平等、自由、民主的操作过程会更加完善。"

三、主流媒体与博客的共生关系

（一）主流媒体应如何笑迎博客

主流媒体接纳博客的方式，从接纳的客体来看大致可分为两种类型：一种是接纳其内容，包括主流媒体选择性地刊登博客内容，以及提供空间和工具吸纳用户注册成为网站博客。这种形式是比较保险和可靠的，因为选择性地刊登相当于加入、保留了主流媒体的"把关人"作用，而高明之处在于同时又不失博客所倡导的个体、自由精神，可以实现"新闻把关"与"用户自制"之间的完美结合。美国西雅图PI网站在吸收博客内容上甚至直白地在其网站上招募西雅图地区博客为网站提供内容，或者将已有个人博客搬到其网站上。接纳内容还包括主流媒体放开思路从博客中寻找新闻线索。许多新闻线索是博客首先发现并加以传播的，因而主流媒体可时常从博客中发现重要新闻线索而不至于被动；还有些重要新闻线索也许早已存在于乐于关心周围事物的博客中，只是博客们没有足够的新闻敏感发现它们，此时就需要有职业新闻敏感的记者、编辑从博客中去发现有价值的新闻。

主流媒体接纳博客的另一种方式是接纳其形式，这种方式主要是主流媒体的编辑、记者写博客，他们的博客往往会放在主流媒体网站上，作为主流媒体网站博客版块的内容。比如，ABC电视新闻网网站的博客版块就是这种方式。这种形式利用了博客软件的优越性，可以实现记者、编辑与读者的更好交流、对话和互动。在这个过程中，读者通过主流媒体的记者、编辑更好地了解到记者、编辑作为有情感、有思想的人的一面，了解到许多新闻事件背后的故事，有了交流和读者的参与，读者对主流媒体的亲近感拉近，同时主流媒体在读者中的威信和公信力都会得到相应提升。当然，以上两种方式在运用中有交叉，即接纳博客的内容和采用博客的形式往往是交互使用的，有时是密不可分的。

（二）中国的主流媒体怎样迎接博客

近年来，中国媒体的竞争日趋激烈，媒体报道的同质化现象日益严重，报纸媒体的发行量日渐减少。如何给受众提供丰富多彩、原汁原味的新闻？如何提升传统媒体新闻报道的竞争力？博客是提高新闻质量的有效办法之一。上文中提到的主流媒体接纳博客的几种方式在中国许多重要的传统媒体进行了有益尝试。报纸媒体中，《南方周末》的《网眼》栏目专门登载博客网站有新意、有代表性的观点，每个观点会写明"博客站主""博客地址"等信息。《第一财经日报》网站有"第一财经博客"，其纸质版第二版"博客"会刊登相关博客的内容。

电视媒体中，凤凰网博客版块分为凤凰名主博、个人博客、集体博客、社会百态、商业故事等部分。传统媒体网站中，人民日报社网站人民网的"强国博客"分类较细，包括图片博客，尤其是近年两会期间推出的"人民网两会博客专题"使人民网人气大增。这些中国主流媒体接纳博客的形式要么是为读者、用户提供空间和工具接纳用户自制内容，要么是由主流媒体的记者、主持人、编辑写博客拉近与受众的距离。

中国部分主流媒体在接纳博客的尝试已取得令人满意的效果，然而与美国等国主流媒体积极登上"博客彩车"的盛况相比，大部分中国主流媒体仍与博客处于分立状态，这与门户博客在中国的迅猛发展是很不协调的。中国的新闻媒体应该积极拓展思路、不断创新，充分利用博客这种新的传播方式提高新闻传播的竞争力。

四、结语

博客作为一种新型的新闻生产方式和公众参与新闻的形式并非完美无缺。在《卫报》《自由观点》博客栏目中，介绍篇这样写道："我们希望所有评论者都遵守发表评论及对话的相关规定和准则……与所设计话题不相关的帖子将会被我们删掉。"这实际上揭示的是主流媒体在接纳博客过程中可能遇到的问题。2005年，美国《洛杉矶时报》网站曾引入公众参与评论的实验，读者被邀请直接在网站评论上插入、修改信息甚至得出不同的结论。结果这种做法刚实行不久就因有人张贴淫秽照片而被迫停止。2016年美国《华盛顿邮报》开除了属下名叫本·多梅内克（Ben Domenech）的博客记者，原因是有博客揭发了他从前写的报道有许多都属剽窃。

博客的个人精神给媒体带来新鲜的空气，但同时由于缺少传统新闻生产过程的把关人环节，在主流媒体引入博客后很可能给主流媒体带来信息不准确、不公正等问题。因此，传统媒体在接纳博客时有必要采取各种形式既做到保持博客的自由、个人精神，同时又保证传统媒体的公正、准确、公信力等，这是摆在世界传统媒体与博客面前的共同问题，是"大媒体"与"小博客"共生时代不可回避的问题。然而，正如主流媒体内部从来没有彻底摆脱过新闻准确性、公正性、新闻伦理等问题，博客运用的风险并不能成为传统媒体与博客保持距离的借口。

《赫芬顿邮报》

——互联网报纸的典范

田智辉 赵 璠[*]

【内容摘要】本文梳理了《赫芬顿邮报》的发展过程,从中发现它是如何突出重围,发挥互联网的优势在媒体市场分得一席之地的兴起故事。

【关键词】《赫芬顿邮报》;互联网媒体;内容聚合

《赫芬顿邮报》建立于2005年9月,创始人是社交名流阿里安娜·赫芬顿(Arianna Huffington)和美国在线前任高管肯尼斯·勒瑞(Kenneth Leary),定位为新闻聚合类网站。根据康姆斯克公司的调查数据,《赫芬顿邮报》在2008年10月美国总统大选期间,访问量达到500万,第一次进入美国大众的视野。2011年5月,《赫芬顿邮报》的月独立用户访问量首次超过《纽约时报》,"6年战胜了100年"。2012年,《赫芬顿邮报》凭借其对美国退伍军人的报道获得普利策新闻奖,这是第一家获此奖项的营利性网络媒体。《赫芬顿邮报》用数据和荣誉证明其已跻身美国主流媒体行列。

一、孕育于互联网的博客新闻网站

《赫芬顿邮报》最初定位为高层次读者,聚焦名流和上层人士。创始人阿里安娜·赫芬顿就是一位名人,她曾参与加利福尼亚州的州长选举,能够接触到各

---

[*] 田智辉系中国传媒大学互联网信息研究院教授;赵璠系中国传媒大学2014级硕士研究生。

种上层人士，为《赫芬顿邮报》开拓了丰富的人脉资源。同时，《赫芬顿邮报》独有的特色也引来广泛关注。与其他聚合新闻网站不同，《赫芬顿邮报》最初就是一家博客性质的新闻网站，没有记者队伍，主要为民间记者发布新闻评论提供平台。但网站很注重文章质量，邀请政治界和文化界的著名博主、专栏作家发表评论。

真正使《赫芬顿邮报》名声大噪的还是2008年的总统选举报道。在这次报道中，《赫芬顿邮报》提出了"off the bus"项目，催生了著名的"分布式新闻"。这种报道方式充分运用读者的智慧，使他们参与到新闻的制作与报道中，增强了读者的归属感，提高了网站的认知度。正是这一新颖的报道方式，将《赫芬顿邮报》浏览量推到一个高峰，并一直维持在一个较高水平。

2008年的总统选举给《赫芬顿邮报》提供了契机，此后《赫芬顿邮报》稳步发展，在重视民众新闻、注重与读者互动的同时，也着眼于聚合新闻，从成千上万的网站搜取新闻，由读者选择热点头条。其"分布式新闻"和"聚合新闻"的理念为互联网新闻开辟了不同于传统媒体的发展道路。

2010年，《赫芬顿邮报》开始盈利；2011年3月，美国在线以3.15亿美元收购《赫芬顿邮报》；2011年5月，《赫芬顿邮报》月独立用户访问量首次超过《纽约时报》；2012年，《赫芬顿邮报》获普利策新闻奖，得到业界认可；同年，《赫芬顿邮报》发布iPad版，并开始流媒体视频相关项目的探索；2013年，《赫芬顿邮报》开创日语版，进入亚洲市场。

现在，《赫芬顿邮报》已经有了12种语言版本，成为一家具有广泛影响力的博客新闻网站，拥有一群出色的新闻评论员和专栏作家，并与《世界报》等传统媒体开展合作。

二、突出重围的内容提供商

《赫芬顿邮报》能在诸多媒体的夹击中突出重围，争得一席之地，其原因应该归功于三大特质。

（一）出色的受众意识

《赫芬顿邮报》在运行各方面都体现了以受众为本位的精神，将网站的内容创建交给受众，增加了受户黏度和满意度，改变了受户的阅读习惯。统计数据显示，网民通过网上阅读新闻的时间平均为 26.2 分钟 / 月，而《赫芬顿邮报》受众的阅读时间平均为 55.5 分钟 / 月，其用户忠诚度明显较高。

《赫芬顿邮报》以社交媒体的思维方式来运作新闻网站，鼓励普通公民上传新闻和发表观点；网站首页头条新闻完全根据受众点击率浮动，用户成为网站的建设者和参与者，而不只是内容的阅读者。此外，用户还可以通过评论、上传图片或链接等，对新闻内容进行再生产，增强网站与用户之间的互动。在 2008 年总统大选的报道中，由网站派发任务，网友自主领取，并将获得的素材交给任务负责人，由编辑完成相关报道。

原本需要专业记者花费数月的素材收集工作由若干网友分担，大大缩短了报道形成的时间，提高了报道质量，同时也激发了网民参与的积极性。对受众而言，《赫芬顿邮报》所提供的新闻内容不再是冷冰冰的新闻事实，而是自己可以参与制作的产品，产生了对网站的归属感。这种"受众为主"的意识也体现在《赫芬顿邮报》的版块设置上。网站注重对弱势群体的关注，特别设置了 Black Voices（黑人之声）等版块。《赫芬顿邮报》还提供个性化定制推送服务，用户注册登录后，网站会将每日新闻推送到注册邮箱，用户可以选择推送特定版块的新闻。

（二）强化的社交属性

《赫芬顿邮报》另一个突出的特点是社交属性，用户和用户之间、网站和用户之间的关系更加紧密。通过脸书和推特，用户可以分享《赫芬顿邮报》相关报道内容，对内容进行评论，并可以推荐给其他用户。

自 2009 年起，《赫芬顿邮报》与脸书进行合作，开发了社会化新闻版块，以新闻为中心，连接社会关系，扩大新闻信息的传播力。2014 年 5 月，《赫芬顿邮报》对评论平台进行改革，将自身的评论平台与脸书的评论平台打通，使新闻生产可以在更大的社交平台上得以完善和充实，同时也扩大了《赫芬顿邮报》的用户群。

（三）免费的高质量内容

《赫芬顿邮报》在重视受众和社交关系的同时，也深谙"内容为王"的道理，高质量的内容为其赢得了大量受众。与《纽约时报》不同，《赫芬顿邮报》并未使用"付费墙"模式，其所有收入来源于用户流量带来的广告收入。《赫芬顿邮报》的核心竞争点并不在于对新闻信息的及时报道，而是对新闻信息的多元化解读和民间记者的多角度评论。《赫芬顿邮报》直接使用其他网站的新闻信息，编辑将这些信息进行改写，尽量使其短小精悍并能够引起话题，用户能在短时间内获取所需要的信息，没有必要浏览更多的网站。正是由于新闻内容免费提供，《赫芬顿邮报》赢得了大量受众，而这些受众资源又成为其广告收入来源。

《赫芬顿邮报》高质量的新闻离不开受众的再制作，受户可以通过评论、发链接、发照片或视频等形式，对某条新闻内容进行补充，使内容更加丰富具体，解读更加多元。此外，《赫芬顿邮报》也在努力向严肃报道转型，试图树立自己的品牌，构建自己的话语权，做真正的内容提供者。阿里安娜·赫芬顿曾多次在公开场合表示，要促进调查性报道的发展，雇用更多的专职记者。在内容提供方面，《赫芬顿邮报》仍在寻找更加完善的发展方向。

谷歌与 21 世纪媒体

田智辉[*]

【内容摘要】风头日盛的世界知名公司谷歌是不是媒体，是属于怎样的媒体？如何用新的眼光解读新时期新媒体的规则和属性？本文以谷歌为例，分析了 21 世纪的媒体特征及传统媒体在新时期面临的挑战和应采取的策略。

【关键词】谷歌；搜索；信息把关；媒体规则

2005 年 11 月 17 日，互联网搜索引擎谷歌股票在纽约纳斯达克市场股价达 400 美元，创下历史最高收盘价，从而使该公司总市值达到了 1190 亿美元。

谷歌公司股票于 2004 年 8 月在纳斯达克第一次上市，在 2004 年的收入只有 32 亿美元，时代华纳却高达 420 亿美元。短短一年多，谷歌的股票市值已暴涨 4 倍，超越了市值 780 亿美元的时代华纳，成为全球市值最高的媒体公司。

谷歌在股市上的突出表现，受到如此多人的热烈追捧，引起了行业人士的一场激烈争论，谷歌是不是媒体公司？

这场争论的始作俑者是市场观察网站的乔恩·弗里德曼（Jon Friedman）。他在一篇名为 Sorry, Google isn't a media company(《对不起，谷歌不是媒体公司》)文章中说，谷歌不是媒体公司，因为谷歌不像其他媒体公司那样制作新闻与娱乐内容，它只是汇编各种数据，然后为人们提供信息及新闻或录影。正如消费者所知，谷歌只是一个非常有用的工具。

接着，付费内容网站就谷歌是不是媒体公司展开了两次讨论：其一，什么是媒体公司？媒体公司通常是指任何一家主要业务是向受众销售信息，或者通过广

---

[*] 田智辉系中国传媒大学互联网信息研究院教授。

告触及受众的公司都是媒体公司。无论是谷歌还是雅虎，都是聚合其他网站的内容，然后卖给相关内容的广告商。媒体公司是把内容带给受众。谷歌的内容由独特的聚合搜索结果组成。聚合是一种新的内容。同时，谷歌还是导航工具。是否有创造内容是定义媒体公司的一个关键。其二，如何给谷歌公司业务分类？媒体公司是用创造力和技术从受众注意力获利的行业，是通过一种传播媒体提供信息的实体。媒体公司不应根据技术也不应通过商业模式来定义，而应通过受众来定义，因而，通过内容聚合了受众的公司就是媒体公司。对此，纽约大学新闻传播学院新媒体提倡者杰伊·罗森在一次研讨会上说，媒体不是内容而是形式。或者说，媒介就是讯息！

随后，前路透社执行官文·克罗斯利（Vin Croslie）在文章 *Yes, Google is a Media Company*（《是的，谷歌是一家媒体公司》）中对乔恩·弗里德曼进行了反驳。他认为，如果说因为谷歌没有独家报道，没有新闻从业人员，没有广播发射台，就不是媒体公司，这完全是错误的，这是对21世纪媒体的误解，谷歌绝对是媒体公司。

那么，到底什么是21世纪媒体呢？谷歌又是什么样的媒体公司呢？

一、搜索与传播信息

互联网首先是一个媒体，它所承载的信息量之大，超过之前的任何媒体，而且，这是一个正处在高速增长期的媒体。互联网将之前由报纸、广播和电视等传统媒体承担的任务全都包揽了下来，使受众能方便快捷地获取有用的资讯。网络时代，人们每天面临的信息如同浩瀚大海，网上信息更是应接不暇。搜索引擎成为网上传播的关键形式。随着越来越多的媒体走向数字化，搜索引擎的角色只会更突出。研究媒体产业的硅谷金融家罗杰·麦克纳米（Roger McNamee）认为："归根结底，消费者要依靠搜索技术找到内容，这是很关键的一点。"

而像搜索引擎这样全新的相关性广告载体，则是任何传统媒体都无法替代的。谷歌正是得益于此，才有谷歌市值一举突破1190亿美元的传奇。

谷歌本身不是内容生产者，但是通过聚合内容，谷歌成为内容的提供者（而且从中获利）。今天，全世界访问量最大的4个网站中，3家采用了谷歌的搜索技术，80%的互联网搜索是通过谷歌或使用谷歌技术的网站完成的。谷歌的使命是整合全球范围的信息，使人人皆可访问并从中受益。谷歌是一个搜索引擎公司，其网站浏览数量每天达几百万人次，人们寻找与自己相关的信息，这些用户就是对媒体公司最好的检验。媒体的根本任务就是传播信息，21世纪媒体就是帮助人们获取与生活工作有关联的信息。谷歌的价值就是帮助人们查找信息。

布林克斯（Blinkx）的创办者之一苏兰加·钱德拉蒂尔莱克（Suranga Chandratillake）说，这些媒体公司（搜索引擎公司）不仅要成为内容提供者，而且要成为网络用户必去的地方。2002年，谷歌发布了谷歌网站的测试版，开始提供新闻服务。这是一个不雇用一名新闻编辑的新闻网站，全部新闻的采集和编发都是由程序自动完成的，其工作原理与搜索引擎完全一致，是其搜索业务的一种自然延伸。从纸媒体到电子媒体（广播、电视）、再到网络媒体（门户网站、博客、简易信息集合），都是靠点击率（注意力）。有的是自己做内容，有的是合作伙伴提供内容。像谷歌这样能免费拿到内容的很少见，其核心竞争力在于它的搜索引擎。

谷歌的宗旨是帮助全世界的用户获得所需的信息。谷歌支持的35种语言中任选一种可展示搜索结果。此外，还提供翻译功能，无论用户的母语是哪种语言，都可以搜索到所需的内容；不喜欢使用英语搜索的用户可以将谷歌界面自定义为大约100种语言中的任意一种。可见，信息的传播超越了国界。

二、谷歌与信息把关

谷歌索引了113亿个"目标"，有82亿网页，21亿图像及其讨论组的资料。用户能使用1000个以内的搜索结果。当笔者需要查阅有关北京2008奥运会时，约有101万项符合该项的查询结果。

目前的搜索是根据检索词和适时，而不是根据新闻源名声。无数的在线信息网站及上千的小广播台和电视台都是依赖谷歌所提供的新闻源来获取信息。谷歌对4600个出版物进行搜索，发现新闻，而且对这些新闻从高到低进行排位。专家担心谷歌会成为信息的把关人，决定人们对信息的取舍。谷歌担心那些有偏见和不正确的新闻故事会再排列在质量新闻之上。作为一种修补，谷歌提出了一项新技术的专利申请，这一技术可以根据新闻来源的质量来排列故事的先后。谷歌是一个技术或媒体公司，有超强能力掌握全球网络使用者的浏览行为。

尽管谷歌对自己没有人员干预新闻的排列很引以为豪，但是专利却是根据新闻来源的本身历史，或什么报纸，或获取多少普利策奖来使用人员评估。

专家们对于谷歌把关发表了不同的意见。网络杂志网络专业新闻的作家大卫·米勒（David Miller）说："网络用户不需要任何把关人了，一切由计算机所产生的客观性来决定。"新闻网站东证的副总裁克里斯·托勒斯（Chris Tolles）有不同的说法，谷歌的专利申请太保守，尽管可以理解，但是强调来源和权威，也就是说故事的来源比事件本身更重要。这表现出潜在的判断，新闻来源是价值的驱动器。谷歌是采用了高质量新闻来源的编辑观点。

2005年年初，法国法新社指控谷歌未得到容许链接法新社的新闻报道。一些娱乐公司的经理们也担心如果人们能在网上搜索视频，对长期形成的看电视习惯有影响。谷歌新推出的一些服务项目也引起了业界人士的一些担心：谷歌作为网上强有力的媒介物如何发挥它的影响？这种对谷歌日益强大的势力的敬畏使人们想起了20世纪90年代初对微软主宰网络浏览器的忧虑。美国技术研究分析专家戴夫·爱德华兹（Dave Edwards）说："作为把关人，我们超越了浏览器，现在搜索引擎成了把关人。"确实，搜索引擎公司的把关人作用越来越突出，它具有潜在的控制大量在线活动的能力。

三、谷歌与新的媒体规则

新的媒体规则是什么？美国新媒体专家杰夫·贾维斯认为，首先，让人们支配媒体，受众或用户会使用它，否则这种媒体必然要失败；其次，低成本的媒体制作与发行必然会导致小众，这样媒体成本较低，如果人们参与制作，信息的供应将是无限量的。因此，当媒体制作变得很容易，无数的人在制作消息，那媒体公司怎么办？

传统媒体受到网络冲击，所面对的压力是传统媒体公司最大的挑战。对此，传统媒体公司应该如何应对？

（一）传统媒体的网络扩张

当任何人都可以通过邮件、博客、电话、手机短信和播客传播新闻，这对传统媒体意味着什么？9·11事件、伊拉克战争、印度洋海啸、伦敦地铁爆炸案、卡特里娜飓风……传统媒体可以学到什么？

从上述重大事件的报道中，我们发现，新闻不再专属某个机构或某个人，新闻报道中关乎分享（加进了每个人自己的体验、判断和分析的新闻分享），新闻内容本身变得更个性化了，靠提供内容称王的时代结束了，搜索网站谷歌、网上分类广告大王克雷格列表和全球开放的网上跳蚤市场、每年有14亿的交易额的易趣都是王，但他们本身都不创造内容。以用户为导向——方便用户创造、方便用户传播、方便用户分享，把既往内容放到网上，实现可点播可下载，用种种手段和方法来满足用户。

面对发行量的不断下滑，面对信息随时可获取的挑战，为了吸引未来的读者，报纸必须变革迎接挑战。业界人士认为，内容不是问题，主要是报纸的形式。于是，传统媒体不得不出击。

美国报纸的发行量已跌至历史最低点，传统媒体采取一系列的收购行动。2004年年底，道琼斯以5.19亿美元的价格收购财经新闻网站CBS市场观察的母公司市场观察公司。2005年年初，《纽约时报》以4.1亿美元买下消费者信息服务网站About.com。同年6月，报纸集团斯克里普斯以5.5亿美元收购了比较购物网站Shopzilla。这些数亿美元的收购，拉开了传统媒体争夺互联网资产的大幕。

鲁伯特·默多克在2005年美国报纸编辑大会上说，我们需要觉悟，下一代获取新闻和信息的方式，无论是从报纸还是从其他渠道，对他们所需的新闻有不同的期望。这种期望包括什么时候，如何获得信息，从谁那里获取信息。鲁伯特·默多克自称为数字移民，把他年幼的女儿称为数字土著。2005年，鲁伯特·默多克接连出手，先后以5.8亿美元收购了混合媒体（Intermix Media），以6000万美元收购了体育网站童军媒体（Scout Media），以5.8亿美元收购人气很旺的我的空间网站及父公司INTER-MIX。这个网站在年轻用户中人气很旺，尤其受独立和摇滚音乐迷的喜爱。同时，新闻集团还宣布收购一家大学体育网站Scout。谁能吸引20岁左右的年轻人，谁就有辉煌的未来。这些收购行动显示出鲁伯特·默多克在面对新媒体挑战时，力图打造门户网站，建造媒体帝国的野心。

（二）BBC：老树要开新花

在2005年英国网络出版年会上，BBC的新媒体主管阿什利·海菲尔德

（Ashley Highfield）说，现在媒体的发展正趋向于用户点播和用户自制内容。目前用户自制内容占 BBC 网站内容的 2%，但预计会增长到 10%~20%。

"我们的观念需要改变了，从大众信息生产商或出版商到三方内容的聚合者，合成有效的高质量的小众内容。""内容不再为王"，他告诉与会者说。未来，媒体依赖的有三个支柱：内容、质量和功能。BBC 的生存依靠前两者。"如果我们认为我们有大量的好的内容，就能取得胜利，那我们就错了。""目前世界上价值最高的媒体公司谷歌，它就是靠第三个支柱。就像亚马逊、雅虎和易趣那样，如果我们不想被边缘化，我们也要提供功能。"

BBC 的新闻总裁理查德·萨姆布鲁克（Richard Sambrook）说，任何媒体公司的生存都要依赖与大众关系的质量与深度，媒体与大众一定要有健康、稳固的关系。但是，技术改变了这种关系。2005 年 7 月 7 日伦敦大爆炸成为 BBC 的转折点。爆炸后 4 小时内，BBC 收到了 20 个录影，300 张照片，20000 封电子邮件，这是以前从未有过的，这些资料有助于报道的风格与气氛。有些报道直接被用于电视的新闻报道。在全球，BBC 每周有 1.9 亿观众，BBC 的角色也在改变。播出者—协调者—推动者，我们不再拥有新闻，我们的工作是与不同的用户在受众中建立联系。

BBC 总裁马克·汤普森在 2004 年终讲话中强调了新媒体的重要性，表示要挑战谷歌，使 BBC 成为人们在新的整合信息世界中获取所有音频、视频的手段。

BBC 新媒体主管阿什利·赫菲尔德（Ashley Highfield）说，BBC 拥有世界上最好的内容，最好的品牌，也有最好的技术，如果将其整合在一起，就能创造世界上最好的第二代导航工具。BBC 有视频播放器，有播出节目的数字图书馆创意档案，还有音频播放器。这些是谷歌最强大的竞争者，这也是 21 世纪任何平台所需的搜索和导航工具。BBC 及各大媒体所面临的挑战就是，无论何时，无论何地，无论何处，内容制作者与受众同时获取信息。

2005 年，BBC 推出后台功能，开放其对内容的限制，声称"This is your BBC"。BBC 广播一台和特拉向公众开放节目内容，允许用户再创造。

无论新贵媒体还是传统媒体，都在打造网络媒体帝国。

四、谷歌模式：提供服务与工具

谷歌只是一个搜索引擎，人们对搜索引擎缺乏忠诚度，谁好用用谁的。以前可能是这样，但随着谷歌工具栏、电子邮箱、搜索历史、个性化搜索、个性化首页、Web 加速器的出现，工具媒体变得越来越重要，方便用户创造、方便用户传播、方便用户分享，人们对它的依赖也越来越强。谷歌的定位就是信息服务与提供信息工具，而且这些信息与服务都是免费的。根据谷歌的业绩，可以称为不收费的赢利，提供服务与工具的谷歌模式。美国华盛顿大学设计新搜索技术计算机科学家奥伦·埃齐奥尼（Oren Etzioni）说谷歌是第一家拥有上千万用户，免费提供技术的公司。

谷歌目前所有的服务都是通过互联网来提供的，所有的产品都是软件，但却都是以服务的形式来运行的。谷歌从来都是让用户免费使用其服务，要真正贴近用户。在商业模式上只是另外寻找赚钱的办法，而不是通过向用户收费。但是可以卖用户的忠诚度和使用率。甚至界面都很简洁，朴素，无广告，页面内无任何多余元素，与一些商业网站形成鲜明对比。于是，无数人及非营利组织的网站都是用了谷歌来搜索。

谷歌的主要业务模式就是通过搜索引擎提供普通互联网用户查询资料的功能，这样来积累页面点击率，然后把这些点击率卖给广告商。

本质上讲，免费的互联网内容通过它的渠道（搜索引擎）传递给互联网用户，用户就相当于是它的供应商，提供点击率来交换检索出的内容，而广告商才是它的客户。

随着技术的不断改进，媒体也不断地发生变化。大众现在需要有个性化的或可接近的方式来接受信息谷歌可以免费为大众提供各种技术来使用各种媒体渠道，包括文字、图片、声音、音频、多媒体等。无处不在的网络互联，辅之以日趋精湛的软件工具；借助这些软件，可以在开放的全球数据库里发现并整理不断扩充的信息源，使其成为可用信息。

近年来，网络媒体冲击波尤以两种力量为特征："搜索引擎"的崛起和用于发布"用户自制内容"的许多网上工具。谷歌与传统媒体最大的区别：传统媒体如广播、电视、报纸服务的对象是可听、可看、可读的人；而谷歌服务对象是用户，不仅会听、会看、会读，还要会用，更强调个人，强调参与。参与是人的天性，为大众提供参与的机会是 21 世纪媒体的发展趋势。参与才能互动，受众不再是被动的，信息受众与信息传播者的相互作用，及受众的主体地位越来越突出。

越来越多的内容会来自互联网用户本身。加州研究机构"未来研究所"的保罗·萨福（Paul Saffo）先生说："我们正处在一个从大众媒体向个人媒体的巨大转变中，只要你愿意，你可以提供反馈并且自己创作内容。"

正是由于这些用户自制媒体工具的推出使大众媒体转向个人媒体成为可能。如同媒体专家杰伊·罗森所说："新闻报道以前是职业，现在是一种实践，一种人人可参与的实践。"

新媒体时代海外华文媒体全球传播路径研究

肖玉笛[*]

【内容摘要】讲好中国故事，关乎到一个立体、全面、真实的中国能否被国际社会了解和认同。这启示我们要建立中国特色全球共通话语体系，正视差异精准化传播，实现中国元素的国际化表达。海外华文媒体作为国际表达的重要途径之一，一直以来被相关研究所忽视。在新媒体时代下，海外华文媒体需拥抱新传播技术、构建新传播理念、使用新表达方式，从而担负起国际传播中的重要一环。

【关键词】华文媒体；全球传播；新媒体时代；讲好中国故事

一、海外华文媒体对国际传播具有重大意义

世界上第一份海外华文媒体是 1815 创刊的《察世俗每月统记传》，至今已有 200 多年。在 200 多年不断的发展之中，海外华文媒体"已成长为全球传播界的一道亮丽风景，成为国际舆论界一支不可忽视的重要力量"[②]。据侨务部门权威统计，截至 2015 年，海外华侨华人总数超过 6000 万人。在日益增长且新移民不断融入主流社会的海外华侨华人社会，华人群体是连接中国与世界的重要桥梁，华文资讯传播是承载中国影响力和民族凝聚力的重要力量。截至 2015 年，具有一定规模和影响的海外华文媒体有 1019 家，其中包括报纸 390 家、杂志 221 家、

---

* 肖玉笛系中国传媒大学 2019 级硕士研究生。

❷ 郭招金. 世界华文媒体二百年 [EB/OL]. (2015-08-05) [2020-10-18].https://www.chinanews.com.cn/cul/2015/08-05/7448541.shtml.

电视台 77 家、广播电台 81 家、网站 250 家，分布在 61 个国家和地区。❶海外华文媒体站立于中外文化、东西方文明之间，在新型全球化进程中具有不可替代的重要作用。

（一）新媒体时代海外华文媒体世界布局

随着互联网的到来，海外华文媒体纷纷变革传播技术，不断提升传播能力，建立门户网站，从全球布局上看，呈北多南少的趋势。根据"世界华文媒体"（World Chinese Media）网站统计，在该网站上报备的华文媒体一共有 362 家。按照各大洲从高到低依次排序为：亚洲 148 家、北美洲 103 家、欧洲 57 家、大洋洲 21 家、拉丁美洲 18 家、非洲 15 家。❷从媒体的数量上看，亚洲华人分布广而多，海外华文媒体数量最多，其次是北美洲和欧洲，而整体上北多南少，这与世界华人分布大体一致。

（二）海外华文媒体在对外传播格局中意义重大

从受众上看，海外华文媒体的受众多是海外华人华侨，因此在外宣上更加注重外语媒体，海外华文媒体常被忽略。而近年来随着受众的不断增加，海外华文媒体的重要性也更加凸显出来。首先是海外华人华侨的增加，导致对当地华语新闻的需求增加。其次是最近几年在"中文热"的影响下，学习中文的外国人越来越多，需要的中文资料也就越多，华语媒体也有了外国受众。

从对外传播格局上看，海外华文媒体属于国际传播的一部分。2013 年的全国宣传思想工作会议强调了"要精心做好对外宣传工作，创新对外宣传方式，着力打造融通中外的新概念新范畴新表述，讲好中国故事，传播好中国声音"。海外华文媒体为海外华人华侨提供祖国和居住国的各种信息，是中国与海外华人华侨建立联系与交流的重要渠道，在传递中国声音、传播中华文化、讲好中国故事、塑造中国形象等方面具有得天独厚的优势。

---

❶ 吕振亚.国际舆论环境越复杂越要发挥华文媒体作用：中新社建设世界华文资讯中心的实践与探索[J].对外传播，2015（10）：10-11.

❷ 世界华文媒体[EB/OL].（2020-06-30）[2020-10-18].https://www.worldchinesemedia.com/.

二、海外华文媒体面临传播困境

位于异乡，海外华文媒体发展多有不易。海外华文媒体受众范围本身就小，而驻在国又有当地媒体分流，多数华文媒体靠的是公益和信念支撑。

（一）缺乏人才和资金支持

尽管海外华文媒体发展迅速，但市场经营和人才缺失等困境依然明显。[1]在资金上，一方面，作为当地小众媒体市场本就狭小，广告收益多来自华人企业，而非主流社会的商家。另一方面，为了竞争生存，各报也存在分割市场的现状。在订阅市场，来自中国香港地区的移民喜好《星岛日报》，而来自中国大陆的移民则青睐《侨报》。这种泾渭分明的分割，也不利于海外华文媒体的整体发展。

在人才上，大多数海外华文媒体的从业人员没有接受过专业的新闻采编训练，有的虽有新闻专业背景也深谙中文，英语水平则差强人意，在社区进行采访，存在一定难度。优秀人才又青睐在英文主流媒体就职。但最根本的原因是海外华文媒体收入偏低，甚至低于劳动力市场的平均水准，因此优秀人才短缺乃至流失现象较为严重。为了谋生，很多海外华文媒体的员工都有其他副业，采编的专业性无法得到充分保障，也影响了内容品质。

在资金和人才都得不到保障的情况下，海外华文媒体能拿到手的新闻就少，而新闻是第一生产力，缺少这一根本自然也就导致受众流失。另外，人才流失，以及工作人员身兼多职也不利于媒体的科学化管理。

（二）传播手段单一，传播方式落后

囿于资金和人才的限制，海外华文媒体的传播手段和传播方式较为落后。随着互联网的发展，海外华文媒体也开始实现数字化，但在新媒体时代发展有所滞后。门户网站时代的海外华文媒体演变渠道一般有两个，一个是由电视、报纸等传统媒体网络化而来，一个是直接建立网站。网络给海外华文媒体带来了极大的便利，尤其是在节约资金上面，既省下了实地办公的花费，又方便从互联网上

---

[1] 赵文刚.美国华人现状与华文媒体生态的考察研究：基于对美国华文媒体的实地考察[J].新闻传播，2019（24）：31-33.

寻找信息。这一时期海外华文媒体迅速增加，获得了较好的发展。到了新媒体时代，海外华文媒体心有余而力不足。以上所统计的362家海外华文媒体，大多数仍然处于门户网站的状态，很少实现新媒体化转型。

（三）信息获取渠道有限，缺乏国内合作

在内容上，华文新媒体较少关注政治、经济新闻，总体以奇人奇事、明星新闻等来获得流量，头条新闻内容主要以突发事件、犯罪、星闻、灾难等内容为主，究其原因是因为华文新媒体的信息获取渠道有限。因为没有采访记者，不生产原创内容，几乎所有的华文新媒体内容主要来自驻在国主流媒体的报道和各社交媒体的相关信息，很多新闻只是翻译语言不同，而内容基本一致，有时候不同社区之间内容也趋同。比如，2019年年底至2020年初的澳大利亚森林火情报道，与"今日墨尔本""微悉尼"等各大公众号的报道文字大同小异，配图几乎相同。而在2020年上半年的疫情报道中，同一篇报道华人华侨捐赠抗疫物资的新闻在《欧亚时报》、欧洲华人网上都能看到。这种低水平的重复带来了受众的阅读疲倦和媒体资源浪费。

海外华文媒体消息渠道缺失不仅仅体现在驻在国报道上，也体现在国内报道中。笔者浏览各大洲比较知名的华人网，发现在国内新闻报道上，海外华文媒体多引用《人民日报》（海外版）、中国新闻网等几个媒体的新闻，缺少其他信源，导致国内新闻单一、信息更新不及时等问题。综上，海外华文媒体缺少新闻报道支持，内容吸引力不够，受众黏性小。

三、新媒体时代海外华文媒体转型升级的途径

在信息高速化的今天，海外华文媒体是构建国际传播体系中不能缺少的一环，海外华文媒体要与国外受众对话，讲好中国故事；转变传播方式，顺应新闻视频化的变革；与国内媒体开展合作，强化中国因素；最重要的是要抓住"人类命运共同体"的价值导向。

（一）转变传播方式，顺应视频表达

4G带来了更快的传播速度，也催生了新的传播形态——短视频。短平快的

对话与变革
——智能媒体技术驱动下的国际传播

视频传播内容迅速获得粉丝、平台媒体和资本的青睐，微博、秒拍、快手、今日头条纷纷入局短视频，由此，短视频制作转向 UGC 与 PGC 的共存。视频传播的互动性更强，能够促进用户的关注欲望和记忆加深，极大地提升传播效果和增强传播力。

21 世纪以来，海外华文媒体也开始数字化转型。根据刘康杰、夏春平的调查，截至 2014 年，全球五大洲 31 国 59 家海外华文报纸中，已有 49 家报纸拥有网络、手机报或微博、微信。❶《世界日报》《欧洲侨报》等纸质媒体通过网站、电子纸（e-Paper）等形式，拓展其覆盖范围；欧洲华文电视台等借助移动互联网，通过手机、平板电脑移动终端等，提供"中国内容全球传播"。但当新闻传播迈入视频传播之后，海外华文媒体的转型却并不顺利。视频传播对人才的要求很高，需要掌握视频拍摄和剪辑能力。同时，视频传播需要借助平台，而海外华文媒体的平台入驻率不高，传播范围有限。

依托于视觉传播，短视频以其短小精悍的内容能迅速吸引人们的注意力，并通过模因（meme）传播扩大传播范围，引起受众狂欢。2020 年 6 月，《一剪梅》模仿视频在国外的爆火充分证明了短视频强大的传播力。新媒体时代，海外华文媒体需完成由"内容生产商"向"视频平台"的过渡，尽快布局视频内容生产，探索新闻传播的场景化应用，顺应信息革命与社会变革。在 UGC 领域，海外华文媒体要建立常态化激励机制，吸引用户参与视频生产；在 PGC 层面，海外华文媒体应利用其互联网新闻信息服务的内容优势，积极与第三方合作，定制生产精品视频。

（二）开展"对话"机制，讲好中国故事

利用海外华文媒体讲好中国故事，需要建立中国特色全球共通话语体系，而这一体系的关键就在于"对话"。当代著名思想家西奥多·泽尔丁（Theodore Zeldin）在《对话》一书中指出，"21 世纪需要一种新的抱负：发展对话（Conversation）而不是谈话（Talk）。对话会改变人，真正的对话点燃激情，而不只是信息的发送和接收"❷。海外华文媒体由于其特殊性，处于一个文化交叉点，更

---

❶ 刘康杰，夏春平. 新媒体淘汰报纸？——五大洲 31 国 59 家海外华文报纸调查 [J]. 新闻大学，2015（1）：22-31.

❷ 赵彦红. 对话传播的理论探索与现实聚焦 [J]. 东南传播，2018（7）：79-82.

加应该建立不同文化之间的"对话"机制，促进国家之间、民众之间的交流。

在讲中国故事时存在两种倾向：一是过分考虑采用本民族的话语体系，导致西方受众对"中国故事"接受无力；二是过分迎合西方受众，套用西方话语逻辑与表述体系，导致传播中自主性的削减。因此在"讲故事"时，需要把握两者的平衡，从而搭建起既具有中国特色，又易于西方民众接受的，具有人类共同意义的话语体系。

对话性传播最大的价值是其体现了平等性，真正的对话不仅仅是宣传说服、同化对方，而是让对话参与者在平等的交流中，通过对话拓宽彼此的视域，通过对对话者行为背后态度和目的的共享，达成相互理解，进而实现意义层面的共造与联合，实现不同文明之间的交流互鉴和创新发展。在全球化不断加深、共建人类命运共同体的大背景下，环境、气候、粮食和网络安全等全球性问题日益凸显，海外华文媒体要多用经济、文化、科学等较少参杂意识形态的话题，讲述与人们息息相关的各种故事，创设具有中国特色和人类共通意义话语体系，创新讲述中国故事的话语体系，真情而巧妙地讲述中国理念和中国价值。

在新媒体时代，互联网为这种平等对话提供了土壤。海外华文媒体可以将自身打造成沟通交流的平台，促进国内外受众的相互了解。在新闻报道上，多选取经济、文化等较少带有意识形态的内容；在渠道上，拓宽新媒体传播平台，利用国外社交网站进行传播；在方式上应增加对话机制，了解国外受众的关切和接受习惯，表现人类最基本的情感，注重故事本身所蕴含的内容能引起其他国家人民的共鸣。总而言之，海外华文媒体处于中外文化和文明对话的优势位置，具有开展对话性传播的先天优势，要充分利用这一优势，以精准定位、加强互动、场景性传播提升"讲好"中国故事的能力。

（三）加强与国内媒体合作，注入中国因素

利用海外华文媒体讲好中国故事，需要将中国元素国际化表达。所谓"中国因素"，既包括中国社会发展的硬实力，也包括中国文化传播的软实力，它可以是中国制度的优势，也可以是中华文化的魅力。而海外华文媒体由于距离远，对国家大事的了解程度远不及国内媒体，因此要想体现中国元素，必定要加强和国内媒体的合作。

"每当中国进入重大历史变革时期，内地媒体与海外华文媒体总是产生强烈

共振和互动。"[1] 海外华文媒体与国内主流媒体、通讯社的合作，应从信息互换、技术合作转向更为深入的业务联动，包括产品营销、品牌推广、跨界合作。

海外华文媒体强化"中国因素"，就是在其已经形成的贯通中外的话语体系中，加强其对国际舆论的影响力，为中国的发展创造更加和谐的国际舆论环境。海外华文媒体对所在国受众来说，具有亲和力，借这种具有亲和力的话语体系，推进中国的对外合作交流，将中国态度、中国观点、中国发展有机融入新闻报道和信息服务之中，促进中国与世界更加紧密的联系，促进"人类命运共同体"理念深入人心。海外华文媒体对于所在国的非华人华侨受众而言，更具有可信度，因此，海外华文媒体在对外传播体系的构建中能够担任重要的角色。

（四）贯彻"人类命运共同体"的价值观念

疫情期间，华人华侨通过捐献医疗物资等行动践行了"人类命运共同体"的理念，而海外华文媒体也在过程中进行了十分详尽的报道："西班牙华人网"发表了《为全球战疫贡献侨力量》的文章；《中美邮报》发布了"华人华侨，同心战疫"系列报道。海外华文媒体和侨胞保持密切联系，形成多方位、多角度的跟踪报道，并且各媒体之间相互转发，形成了"华人华侨海外助力抗疫"的传播氛围，塑造了良好的国际形象，也传播了"人类命运共同体"的价值观念。

"人类命运共同体"这一全球价值观，着力促进的不仅仅是资本的流动、物质的交易，还包括文明的对话、心灵的交流，这是超越地缘对抗、摒弃冷战思维和强权政治、实现合作共赢的国与国交往新路。在当前不稳定性、不确定性更加突出的国际形势下，更需要传播创新予以助力。

海外华文媒体将国内外连接起来，处于文化的交汇处，更应该主动贯彻"人类命运共同体"价值理念，从多角度开展新闻信息服务，有助于海外华文媒体从追求人类文明创新发展的高度，履行社会责任、提升传播影响力。

---

[1] 郭招金. 世界华文媒体二百年 [EB/OL]. (2015-08-05) [2020-10-18]. https://www.chinanews.com.cn/cul/2015/08-05/7448541.shtml.

海外在华媒体数字化转型探析
——以《金融时报》(FT) 中文网为例

冉旻鹭[*]

【内容摘要】随着网络新兴技术的发展，传统媒体的数字化转型迫在眉睫。实现传统媒体的数字化转型，是互联网时代发展的趋势，才不至于被时代潮流淘汰。近些年来，海外媒体纷纷打入中国市场，数家媒体都成立了中文网，其中最为成功的可谓是英国《金融时报》(FT) 中文网（以下简称"FT中文网"）。FT中文网以独有的数字化转型模式，成为影响力较大的新闻媒体平台，它以"全球财经精粹"为主打内容，从知识角度切入，用国际媒体的优质内容吸引读者。它的包括知识付费在内的数字化转型，对于西方纸媒建立并完善中文网是一个有益的探索。伴随着知识付费的发展，对海外在华新闻新媒体而言，其数字化转型模式是怎样的？如何实现转型？面临什么样的挑战？存在什么样的问题？本文以个案分析法，基于FT中文网的数字化转型进行探析，研究海外在华媒体数字化转型，为想要进入或扩大中国市场的国际媒体提供一份典型案例研究报告，同时增加对海外在华媒体的数字化转型了解，从中总结经验，为国内媒体迈入国际市场提供一些借鉴。

【关键词】FT中文网；海外在华媒体；数字化转型；知识付费

如今各个行业和领域都渗透着新媒体，新媒体的发展给传统媒体带来了巨大的冲击，实现传统媒体数字化转型具有其时代必要性，传统媒体需要充分利用新媒体技术，发挥自己的优势，进而有效提升传统媒体的影响力。2003年1月，

---

*冉旻鹭系中国传媒大学2019级硕士研究生。

对话与变革
——智能媒体技术驱动下的国际传播

FT中文网正式成立，扎根中国本土，深入分析对全球商业和中国经济产生重大影响的事件。FT中文网是英国《金融时报》唯一的非英语网站，致力于向中国商业精英和企业决策者及时提供来自全球的商业、经济、市场、管理和科技新闻，同时报道和评论对中国经济和全球商业真正重大且具影响力的事件并揭示事态的来龙去脉。对于跨国传媒公司《金融时报》而言，当它进入一个不同文化背景的国家时，必须跟随时代潮流，进行数字化转型，优化其新闻产品，以满足该国读者的不同需求。

据《中国共享经济发展年度报告（2021）》显示，2020年，在突发新冠肺炎疫情的冲击下，以共享经济为代表的新业态新模式表现出巨大的韧性和发展潜力，5G、人工智能、物联网等技术得到更广泛的应用，推动线上线下加速融合。共享型消费新业态新模式将在构建双循环新发展格局发挥重要作用。❶艾媒咨询分析师认为，中国互联网的发展为知识付费提供了重要的发展基础，随着网络视听行业不断增长，知识付费很大程度上也会享受到红利，行业规模将持续扩增。英国《金融时报》是全球极受关注和令人尊重的高质量新闻媒体，也是较早实施付费墙战略的传统媒体之一。《金融时报》从2002年开始实施在线订阅服务，并且一直在优化这一战略。在过去的十年里，该报专注于一个基于读者参与度的"北极星"指标。截至2019年4月，《金融时报》的付费读者达到100万人，比原计划足足提前一年。根据英国《金融时报》的声明，数字订阅目前占该报发行量的3/4以上，其中70%的读者来自英国以外，FT中文网占较大部分的比例。艾瑞网络公司2018年12月对中国商业资讯网站的分析数据显示，FT中文网的月度覆盖人数约为607万，排名第一；在客户端，月度独立设备数约为5万台，排名第四。❷在互联网冲击下，"付费墙"成为国内外报刊业应对广告收入下滑、用户流失严重及数字化转型与变革的重要"抓手"之一。从0到突破100万付费订阅用户，《金融时报》走了整整17年，中国重建付费墙，或许需要更多的时间和尝试。

---

❶ 国家信息中心.中国共享经济发展年度报告（2021）[EB/OL].（2020-02-19）[2020-10-06]. http://www.sic.gov.cn/News/557/10779.htm.

❷ 艾瑞数据.FT中文网网站指数[EB/OL].（2018-12-31）[2020-10-06].http：//index.ireserach.com.cn/pc/detailed=2700&kid=175&Tid=71.

一、国内外媒体数字化转型研究现状

数字化转型是建立在数字化转换、数字化升级基础上，进一步触及公司核心业务，以新建一种商业模式为目标的高层次转型。数字化转型是开发数字化技术及支持能力以新建一个富有活力的数字化商业模式。海外在华媒体的数字化就是采取统一的数字化的采编和制作手段，以手机、平板、计算机、网站内容、订阅邮件等数字化手段来呈现新闻媒体内容。全媒体的发展，传统媒体的数字化呈现方式也在拓展，微博、微信等社交类通信媒介、数字电视等都成为新的内容承载载体，凡是能够将模拟信息转化为数字信息的形式，均可归入数字化表现形式的范畴。

尼古拉斯·尼葛洛庞帝（Nicholas Negroponte）是倡导用数字化技术推动社会生活转型的典型代表，其著作《数字化生存》使数字化概念得以被广泛推广和认知。在他看来，信息产生价值的时代，使用通信、网络等信息领域的数字技术能够高效率地加工和传输信息。相比之下，传统的产业模式需要处理物理试题，原子只能为有限的人所拥有和使用，信息无法统一到同一介质，信息传输依赖于对能源的消耗。从原子步入比特，有效提升了人们处理传输信息的效率。加拿大学者全球传播政治经济学领域权威文森特·莫斯可（Vincent Moscoe）认为："数字化是集文字、声音、图像、动画于一体。将这些立体化的传播形态转变为一种共同的语言。其传播的速度和灵活性优于早期以模拟技术为基础的电子传播形式。"❶ 正如他自己所说："尼古拉斯·尼葛洛庞帝高兴地宣称原子世界的终结，并预言了一个我们必须学会'数字化生存'的时代的到来。"❷ 本人在外文学术资源检索平台 EBSCO 中以"media transformation"为关键词进行查询，相关文献 310 余篇，其研究主要涉及以下几方面：对传统媒介数字化转型的路径研究，关于媒介转型之下的效果研究，包括受众媒介行为的转变，大众传媒对受众议程设置效果研究等。

---

❶ 文森特·莫斯可.数字化崇拜：迷思、权利与赛博空间[M].黄典林，译.北京：北京大学出版社，2010：144.

❷ 同 ❶.

对话与变革
——智能媒体技术驱动下的国际传播

1996年起，中国最早一批互联网分子将尼古拉斯·尼葛洛庞帝的《数字化生存》引入中国，数字化概念快速普及。从1997年起，我国的报刊已经开始媒介数字化探索，经历了制作简单的电子报到创建网站、报刊PDF版本及当下多媒体并存的发展路径。笔者在知网中以"媒体+数字化"为关键词进行检索，并收集到1009篇相关文献，从研究视角、研究方法而言，大体从以下几个角度切入：占主体的为产业形态研究，描述当前媒介数字化转型现状，从宏观角度切入，集中探讨某一类媒介的数字化应用；另一类，作者大多具有媒体实践经验，采用案例分析法，具体讲述某一杂志或集团数字化转型实践；再者是有关国外杂志等媒体数字化转型的研究也不在少数，特别是欧美传统报刊的数字化转型，分析其报业转型的背景、原因、战略及经验。代表作有程铭劼的《论〈纽约时报〉数字化转型及全球化布局》，对比性研究或具体技术应用探讨为我国传统杂志转型提供参考蓝本。

如今，媒介数字化转型的深度和广度都今非昔比，而相关探索仍在进行中。在文献梳理之后，希望能以FT中文网为原创性个案，通过对FT中文网的数字化转型探析，对其转型过程进行梳理和分析，运用传播学理论对其进行解析。

二、FT中文网数字化转型探索

中国改革开放以来，西方的资本力量一直是极为关键的角色。西方资本开拓了巨大而富有潜力的中国市场，并且带来了管理及各方面的经营创新。跟其他行业领域相比，媒体对于西方资本的开放是相对缓慢的，这是因为意识形态领域在任何国家都是一个极为敏感的领域。也有一些西方纸媒选择入驻中国，并在不断地探索中，取得了一些成果，它们中最具代表性的例子便是FT中文网。西方纸媒拥有远比中国纸媒悠久的历史，在新闻专业主义上也有更加丰富精深的经验，相信随着它们自身的改进和中国媒体市场的进一步开放，西方纸媒在中国的本土化还会大有可为。

（一）媒介技术层面，整合资源平台

数字化转型最根本的内涵在于数字技术之上的传播介质和媒介形式的转型。在数字技术的海量储存和交互性能基础上，多媒体应用及新媒体传播形态应时而

生，网络技术、通信技术及传输技术的进步为新旧媒体带来全方位的融合。FT中文网除了搭建多媒体信息发布系统，能够同时获取、处理、编辑、存储和展示文字、图片、视频等多媒体信息，还打造原创视频与互动工具。

为了重新定义数字化报纸体验，《金融时报》将流技术插入 iOS App 及社交网站中，内容均以流形式呈现，将信息、照片、视频聚合，信息无穷无尽。所有内容都被标签化处理，可以清晰辨识，方便读者有效率地访问目标信息。以 FT 中文网 2020 年 6 月 19 日的版面为例，本期的头条是《特朗普因素：亚洲盟友质疑美国的可靠性》，这是一篇由四位记者共同编写的报道，标签是"地缘政治"。它阐述了美国与韩国因分摊军费而产生纠纷，这加剧了美国亚洲盟友的担忧：唐纳德·特朗普的交易型外交策略会导致它们的利益被边缘化。四位记者分别来自中国台湾台北、中国香港、新西兰惠灵顿、泰国曼谷四地。而在本期的新闻和评论中，中国和国外的报道各占一半，国外的报道涉及美国、欧洲、中东、东亚等地区。

同时读者还可以将其在 FT 中文网 App 和网站所发现的信息保存或分享给其他读者，借助微信、新浪微博、领英、脸书、推特等国内外社交网站，既可以发送至公开流，也可以发送至个人流。通过流技术，读者也加以区分，可以找到与自己志同道合的人。

（二）媒介内容层面，创新报道模式

互联网尤其是社交工具的出现，使信息传播的权利分化，给予每位用户参与信息生产的权利和空间，实现了自下而上的议题主题泛化。在打破议程设置的同时，甚至会呈现反议程设置现象，即受众关注和讨论的话题成为媒介机构选题的重要标准。目前，FT 中文网向专栏作家授信发布系统，开放发稿平台，吸纳更多的业界专业人士和读者贡献内容，共享式发布平台使新闻的产生和传播门槛降低。有关"媒介融合"的思想可以追溯至 20 世纪 60 年代马歇尔·麦克卢汉"媒介即信息"的观点中。媒介的回流和整合的趋势不仅体现在传播科技上，媒体的产业的垂直于水平整合，宣告了跨媒体时代的来临。随着 90 年代互联网的广泛应用，媒介融合的趋势日趋明显。❶

---

❶ 刘笑盈. 国际新闻史：从传播的世界化到全球化 [M]. 北京：中国广播影视出版社，2018：310.

对话与变革
——智能媒体技术驱动下的国际传播

西方媒体给中国读者带来的首先是全球视野，所谓全球视野并非简单地看国外新闻，媒体的全球视野背后是整个社会对全球事件的关注。以FT中文网2020年6月28日的社评为例，题为《来自北极圈的气候警告》，标签是"上半年经济解读"，该篇评论从全球视野出发，强调了全球气候变暖的问题严峻性，同时提醒世界各国关注并保护好我们赖以生存的地球。FT中文网的稿件全部来自母报译文和记者独家采写。以母报为依托翻译的稿件本身就为网站增添了权威性。此外，FT中文网邀请的特约评论员往往是各行业的精英。邀请知名人士专稿大大提升了稿件的质量和媒体的影响力，这一点对中国媒体来说尤为值得借鉴。

（三）媒介营销层面，增设付费阅读

以联合国前秘书长潘基文撰稿《从疫情中复苏的世界需要更紧密的合作》为例，当读者遵循FT中文网的官微给出的网络链接点击进入之后，呈现出来的是："担任联合国秘书长让我有了看待世界的新视角。在短时间内，我看到了南极洲正在融化的冰川、泰国和巴基斯坦的毁灭性洪水，2011年日本的海啸和美国的桑迪飓风（Hurricane Sandy）。2011年9月，我在南太平洋的基里巴斯岛遇到一个小男孩，他夜不能寐，因为他担心海平面上升会毁掉他的家。"这段话相当于引文，但不能阅读全文，读者充值会员就可以看全文。事实上，FT中文网的会员模式分为以下三种：第一，年度标准会员；第二，高端会员；第三，月度标准会员。这三种不同的会员类型所享受到的阅读权限不尽相同，如年度会员与月度会员的每日所需费用分别是0.7元和0.9元，而高端会员每日所需的花费要高一些，总价也自然比年度与月度会员多一些。同时，不同类型的会员享受的权限也不同，如高端会员可得到"FT研究院专题报告和行业报告""编辑精选，总编/各版块主编每周五为您推荐本周必读资讯，分享他们的思考与观点"等。总之，我们可以把这种类似FT中文网的付费阅读模式概括为"会员模式"。

此外，FT中文网非常注重用户体验。设置英语电台学习栏目，以及按照重要性设置一周新闻排行榜，无一不是为了方便受众，增强受众对媒体的依赖度。读者在读者来信栏和评论栏里可以自由发言。同时，运用在本土的社交化媒体也是必要的手段。FT中文网在微信公众号、新浪微博、QQ空间均设有官方账号，这增加了受众接触媒体的便捷性，也有利于增加用户黏性。FT中文网阅读特色就是中文、英文、中英双语对照等切换，方便多种语言，以及为用户提供阅读原

文的便利，通过搜索功能也可以成为天然的语料库。

三、FT中文网数字化转型存在的问题

首先，FT中文网缺乏知识盈余和知识共享，会员制最核心的问题是此平台能否只依靠会员年费的方式达到收支平衡。这取决于两个因素：一个是每年能够收取多少会员费，另一个是运营成本能控制在什么范围内。❶所以要获得更多的盈利，就需要增加年费，并降低成本。但是，这会造成读者群体流失。因此，FT中文网如继续在知识付费而不是知识服务上进行经营，发展道路可能会越来越窄。作为英国在华新闻媒体，其经营策略有待进一步优化和转型，尤其是要和中国的媒体生态环境对接起来，学会"中国化经营"。

其次，在FT中文网的内容中，英文网站的文章内容一般来说都是直接翻译过来的，没有经过更适合本土市场的改写和再创造，其翻译的功能仅仅是翻译，而没有发挥出作为媒体记者的优势，这一方面制约了文章契合读者的趣味，另一方面也在人力资源上制约了翻译编辑力量向更高水平的职业素质迈进。

一方面，在网站主页的结构上，FT中文网的形式也表现得较为传统，它按照英文网站的传统分类为中国、全球、经济等数个内容，简单来说，包括了财经、金融、政经及生活方式和文化几大类别，版块划分较为合理，但也过于传统，看不到版面的创意化表现。另一方面，FT中文网在西方媒体的中文版中算是做得最为成功的，它和中国媒体的内容又大不相同，这使它缺乏真正意义上的竞争对手，因此FT中文网的创新动力不足。

四、结语

当代中国处于一个瞬息万变的时代，在当下，传统媒体正在面临剧烈的行业变化，市场竞争也在发生改变，随着它们的日渐成熟，FT中文网的既有优势很可能会失去，因此它也需要创新。创新的原则应该是适应市场和读者需求，并最大可能地发挥自己的竞争优势，加大原创性内容。在中国，越来越多受到良好教

---

❶ 王艳.知识付费背景下学术自媒体的可持续发展[J].出版广角，2017（23）：25-27.

对话与变革
———智能媒体技术驱动下的国际传播

育的年轻人涌现出来,他们关心公共议题,希望从媒体上获得更具个人色彩和更理性的言论,这都可以是中文网的努力方向。转型时期的中国有各种足够被关注的议题,站在文明的民众立场上,发出自己独具特色的声音,这一方面有利于国内媒体在对比中发现自己的不足,引领媒体变革,另一方面对于中国公共空间的建构,也是一个贡献。虽然未来是光明的,但FT中文网当下面临的市场竞争也是激烈和残酷的。随着越来越多的新闻媒体开始绞尽脑汁发力读者付费订阅、增加营收,FT中文网要想取得下一个破百万的战绩将会越来越难。现如今,《金融时报》的读者群体早已不限于英国本土。FT中文网公布数据显示,来自英国以外的读者人数占比高达70%,因此FT中文网付费订阅用户增长的想象空间依然巨大。此外,FT中文网决定重点突破企业读者订户群体,将他们视为FT中文网的重点目标人群,这一读者群体无论是在付费能力、订阅可持续性还是在订阅潜力上都要甩普通读者好几个身位。因此FT中文网付费订阅的未来大有可期。

总之,FT中文网于海外在华媒体中数字化转型可谓是一枝独秀,相信随着中国新闻业的进一步发展和进步,它还会展现出更丰富的面貌。从知识"买卖"到"服务"的阅读转型不仅有利于海外在华新闻新媒体的发展,还将有利于全球知识传播。

互联网时代对华传播的策略研究
——以国际主流媒体网络中文版为例

田智辉　刘颖琪[*]

【内容摘要】本文从国际主流媒体纷纷开设中文版入手,从其最初的报纸,广播演变到如今的互联网平台,中文版占据重要地位。通过对国际主流媒体网络中文版的探究,分析其传播特性与策略,从而进一步地探究其目的与意义。

【关键词】国际主流媒体;中文版;对华传播;传播特性与策略

随着中国国际地位的不断攀升及全球化的不断加深,国际媒体间的交流与合作日渐增多。中国广大的受众市场也日渐成为国际媒体争夺话语权、开辟传媒市场的重要目标。在 2014 年 10 月 19 日世界中文报业协会第四十七届年会上,时任中央宣传部部长刘奇葆致辞说:"希望海外的中文报纸更加积极主动地向国际社会介绍中国,更加生动准确地介绍中国道路和中国梦,传播当代中国价值观念,展示中华文化独特魅力。"谈及传播就不可避免地涉及媒体的概念,那么主流媒体是指哪些媒体呢?麻省理工学院教授诺姆·乔姆斯里(Noam Chomsry)一篇题为《主流媒体何以成为主流》的文章中指出,主流媒体又叫"精英媒体"(Elite Media)或"议程设定媒体"(Agenda-setting Media)。这类媒体设置着新闻框架(The Framework)。国际主流媒体长期以来无论是在国家间信息的传播,还是主导国际舆论等层面,都占据着主导地位。国际主流媒体纷纷开设中文版这一举动,表明中国国际地位的同时,也显示出了国际传播的某种趋向性。下面我

---

[*] 田智辉系中国传媒大学互联网信息研究院教授;刘颖琪系中国传媒大学 2015 级硕士研究生。

们就从三个方面来分析国际主流媒体开设中文版的目的与意义所在。同时，在这里我们主要探讨的是国际主流媒体网络中文版，仅限于对国际媒体中文（不包括粤语、台湾地区媒体等）的版本探究。

一、国际主流媒体网络中文版历史沿革和发展现状

（一）国际主流媒体网络中文版历史沿革

随着科技与时代的发展，被深刻镌刻上"互联网时代"的21世纪的到来标志着一个新时代的开启，对华广播基本上都已走向没落，2011年3月，还差55天就满70周岁的BBC中文广播在"友谊地久天长"中落下帷幕；德国唯一的对外广播电台"德国之声"在播出47年之后，也在2013年1月1日停止了中文短波节目。然而，对华广播时代的结束并不意味着终结，与此同时他们开启了互联网时代，从一个终结走向了另一个开端。

随着互联网时代的到来，国际主流媒体并未放弃中国广大的市场，他们纷纷转型互联网，将意识形态的宣传战场转移到了网络。一方面，各大国际主流媒体纷纷开设中文版网站，如BBC中文网、《华尔街日报》中文网等，数量激增。另一方面，入驻社交媒体，包括脸书、推特的官方中文账户，以及微博、博客等的官方中文账户，可谓是在互联网范围内造势，规模空前。他们充分利用了互联网传播及受众范围广、信息量大及传播速度快的特点，将自己媒体的影响力用一种造价成本较低、相对效率较高的方式在短期内快速提升。

（二）国际主流媒体网络中文版发展现状

西方主流媒体在全球范围内的权威地位，长久以来一直未被撼动。根据相关统计，影响力居前的国外主流媒体包括报纸类的《纽约时报》《华盛顿邮报》《华尔街日报》《泰晤士报》《卫报》《金融时报》《世界报》《朝日新闻》《联合早报》等；杂志类的《时代周刊》《新闻周刊》等；广播电视类的CNN、ABC、BBC、日本放送协会（NHK）等；通讯社类的美联社、彭博社、路透社、法新社、俄新社、韩联社等，以及纯网络类的雅虎、谷歌新闻、俄罗斯卫星网等。各类媒体借助互联网强大的传播能力与速率，在全球范围内建立自己的信息传播网，将想要表达的在短时间内利用社交平台较为高效地传递到全世界。从时期划分上来

看，20世纪90年代中期，美国之音（VOA）、新加坡《联合早报》是最早设立中文网站的外媒。随后《华尔街日报》《福布斯》《金融时报》、BBC等媒体开始建立中文网站。之后路透社、俄新社、NHK等也相继开设中文网站。2012年，《纽约时报》《朝日新闻》的全球综合性时事媒体的中文专版正式上线。随着各大世界主流媒体中文版的开设，中国这个拥有众多人口受众的市场越来越成为世界媒体争相争取的对象。境外媒体开设中文版已俨然成为一种趋势，涉及媒体种类范围之广、数量之多、规模之大是空前的。这一点从社交媒体中的中文版官方账号便可窥其一斑。仅在中国的社交媒体微博上，外国媒体抓住其受众广大的特点纷纷开设中文账户。2010年被称为外国媒体在中国微博的"春天"，有许多的外国媒体都于这一年在微博上开通了官方微博，如路透中文网、FT中文网等，足以证明这种潮流的形成。目前，国际主流媒体网络中文版在社交媒体中占据一席之地，为中国的受众提供了更加方便、更加多元的信息。如FT中文网，在微博的公共官方账号中以"一周精选"为主题，将一周内对国际的时事新闻给予很大程度的关注，也与网友有很好的评论互动，使FT中文网在国内的传播模式变得更加鲜活与即时。

二、国际主流媒体网络中文版的传播策略

（一）国际主流媒体网络中文版的运作模式

国际主流媒体网络中文版的运作模式有各自的运营体系。目前，如FT中文网总部设在英国《金融时报》全资设立的北京融金广告有限责任公司内，融金上海分公司内设2名员工负责中文网相关栏目在华东地区的新闻采编、约稿工作。美国《华尔街日报》中文网总部设在美国道琼斯北京公司内，工作人员80多名，网站市场部在上海派驻1名联络人员，主要负责网站日常市场营销及媒体合作，不进行采编和约稿。美国《福布斯》中文网则设在2009年美国福布斯公司与复星传媒控股有限公司合作成立，由复星传媒控股的"上海智惠文化传播有限公司"旗下，有7名工作人员负责网站运营。并没有一种可以统领全部外媒中文网站的运作模式存在，现下的外媒中文网在内容方面主要有以下三种经营模式。第一，中文网内容基本沿袭原版内容，编译而来，变化较少。比如，FT中文网，其内容有绝大部分编译自原网站，直接重新排版呈现在网页上面，内容与原版相似度较高，

同样模式的中文网站有《纽约时报》中文网、《卫报》中文网等。第二，在原版内容基础上另辟蹊径，开设属于中文网的特有内容。《朝日新闻》中文版则开辟了独家内容，如名人访谈、旅游信息等。类似的还有BBC中文网，开设了《中国丛谈》专门针对中国的版块。第三，作为独立的官方中文网站，独资经营，管理内容。比如，俄罗斯卫星网，美国《侨报》等，作为独立的中文版媒体，一方面代表本国的利益立场，另一方面为中国的读者提供信息、资讯，甚至是专门面向中国习俗等的内容版块建设。

另外，随着新媒体的快速发展，外媒中文网的传播途径也早已不限于网站这一种。随着中国4G时代的到来，用户可以通过手机网络访问外媒中文网的手机版。另外手机功能的健全与多元化，使外媒的App应用抢夺先机，在App下载排行中榜上有名。各大外媒也都纷纷使用新浪微博等社交平台发布新闻信息与"粉丝"开展互动，旨在赢得关注和好评。再通过分享互动等方式推广外媒中文网。这种双向交互式的运作方式，最为有力地利用了现有条件，将广度与深度进一步延伸的同时节约了成本，花最少的钱，达到了最佳宣传效果。

（二）国际主流媒体网络中文版的聘用人员机制

国际主流媒体的聘用机制有一个很明显的共同点，即聘用人员的国际化与重视采编人员的比重。就其中文版而言，采编人员基本上由两方面的人员组成：一少部分为国际各类问题的专家的供稿，包括专栏的撰写；另外一部分由于中文网站旨在本土化，具有针对性传播的策略及目标，其采编人员主要是国内由国际采访经验的记者及专业性较强的国内专家（包括专栏的撰写）和自由供稿人。英国《金融时报》每天的内容细分为两部分，很大一部分来源于英国原版《金融时报》的内容编译，而编译人员大多是具有一定语言基础、有相关媒体经验的记者或者是较高学历的学生；另外一部分则是中国顶尖的经济学家、分析师、行业专栏作家阵容，给出最新最及时专业的分析预测，这可以说是FT中文网的特色栏目。例如，2016年4月11日的《金融时报》中文版网站上的内容，主要分为中国、全球、经济、金融市场、商业、观点与管理这几个主要部分。其中专栏部分分为中国与国际金融专家两部分；而首页部分的文章大多是翻译自英文版的《金融时报》，译者是在《金融时报》实习的相关专业学生和部分有采访经历的海外记者等。

（三）国际主流媒体网络中文版的用户范围

国际主流媒体中文所针对的受众从整体看来是有着一定的等级分布的。在国际媒体中文版初设的阶段，针对的目标受众是受过良好教育的，有一定技术知识水平及社会地位较高的人群，包括社会精英、学术研究者、海外华人等。这一点也是基于国际媒体本身在本国的受众定位而划分的。不同类别的媒体针对的目标受众也不尽相同。例如，《纽约时报》将受众细分，分为中国大陆读者、中国台湾读者，以及北美地区海外华人。《金融时报》的目标受众则是中国商业精英及企业决策者。虽然媒体性质不同，但是随着外媒中文网站的陆续开设，不难发觉各大外媒中文网的受众发展有一个共同的特点——日渐泛化。随着互联网的发展，外媒中文网不但在传播途径上依托互联网为载体，而且越发快速和便捷，并且信息获取突破空间及时间的束缚，使外媒中文网的受众在一定程度上自上而下地扩散。虽没有层次分明的社会阶层分布，但是信息传递和分享的广度使外媒中文网在中国有着良好的发展前景，以及较为宽广的潜在受众开发群体。

三、国际主流媒体网络中文版开设目的与意义探究

（一）国际主流媒体网络中文版开设目的探究

国际主流媒体作为在世界范围内传递与交换信息的载体，其影响力一方面是短时间迅速传播式的；另一方面更多的则是潜移默化的。首先，国际话语权的争夺是其目的之一，也是最为举足轻重的目的。媒体间争夺国际话语权实际上除了抢夺新闻的时效性以外，便是一场舆论战。受众广泛影响深刻的媒体，便会在世界话语权方面取得先机，所以面对广大的中国受众市场，国际主流媒体当然不会放弃如此好的宣传市场。其次，便是国内信息的出口转内销，开辟新的市场可以降低信息获取及其后期加工生产的成本，可以达到对信息最有效的应用。最后，是价值观的灌输，这方面潜移默化的影响需要的是长期与持续的灌输。国际主流媒体一方面代表的是媒体本身的风格特征，但从另一个方面来说，难以避免的是国家的烙印。这样的信息产品，无论是从价值观方面还是思维方式方面，对于受众都有或多或少的影响。刻板效应是不可避免并普遍存在的，国际主流媒体也正是基于这一点，对于中文版的开设给予很大的期望，广大的受众便是他们赖以生

存的氧气。正是基于自己国家利益的出发点，媒体依托社会化工具，利用网络时代的巨大优势，国际主流媒体网络中文版的开设从某种程度而言成为其政治宣传与争夺世界话语权的工具。

（二）国际主流媒体网络中文版开设对我国媒体的影响

国际主流媒体网络中文版的开设对我国媒体的冲击力不容小觑，其影响主要在于以下三个方面。首先，对于高端受众的争夺，影响我国媒体的经济利益。国外主流媒体中文网站对高端受众用户人群进行有效传播，就会瓜分受众市场，在巨大商业利益的面前争夺激烈。其次，会导致竞争加剧，抢夺市场资源。媒体的自身发展很大程度上取决于大量的广告业务，参与竞争的媒体增多必然会导致广告资源的争夺，同时人才方面的争夺也会同时加剧。同等条件的人才，在面对国际先进的传播技术及优越的薪资待遇，工作环境等方面的条件，有可能就会倾向于选择条件优渥的一方，从而导致我国人才的流失。最后，国际主流媒体网络中文版对于国内受众的舆论方面会产生或大或小的影响，尤其是存在阶级立场及国家利益方面的观点倾向，会给受众带来一定程度的诱导，也就是信息的"不一致性"所带来的问题。这里所提到的不一致性是指中文网内容与其"母体"网站内容的差别性，即中国境内被屏蔽的不利于国家及社会立场不一致的言论或消息，这样的现象对我国的社会舆论等会在不同程度上造成不良影响。

（三）国际主流媒体网络中文版开设对我国媒体的借鉴意义

国际主流媒体开设中文网站的实践对于我国媒体具有很好的借鉴意义。首先，外媒借助新媒体的平台优势进行跨国界、跨文化、跨语言传播，这是其最大的优势之一。打破国家间的界限，使信息传递拥有更广阔的天地和更加新鲜多元的养料，本身这点对于媒体自身的发展也是大有裨益的。其次，依托母媒体的品牌优势和影响力。这样的中文网在诞生之日就拥有其母媒体的自动宣传效果，更易于吸引受众，拥有较高的起点，为其之后的发展奠定了良好的品牌与受众基础。再次，则是其内容的本土化与人员的本土化，因地制宜。这一点体现在内容与人才两个方面。内容方面开辟中文网特有的特色栏目，贴近受众；内容方面的本土化是建立在人才本土化的基础上的，本土化的人才对于本国的文化、地域特征等有更好的理解，对于内容层面的呈现才会更加到位。最后，则是对互联网新闻业务的创新。国外媒体除了提供新闻、信息等基本服务，也开始拓展新的业务，这对我国互联网产业的创新有很大的借鉴意义。例如，彭博社和道琼斯等新闻机构已经开始帮助华尔街客户自动筛选有助于股票交易的新闻，让客户及时把握股市动态。这提醒我国互联网产业加快创新的步伐，增强技术交流，取长补短，扩展自己的业务范围，在市场中多元化发展，以拥有更广的受众群和更强的竞争力。

除此之外，中文媒体的英文版是我国对外传播的另一扇窗口。例如，在国际社会争相夺取国际话语权的环境中，新华网英文版借助新华社在国际的知名程度，利用自身发展较为完善的采编团队优势及语言方面的便利，坚守新闻的客观性与真实性，恪守求真务实的原则；另外，对于负面舆论的处理及时有效，做到了有理、有利、有节。